杨春宝　孙　瑱／著

U0959440

第二版

Private Equity Fund

私募股权投资基金
风险防控操作实务

Practices on Risk Management

中国法制出版社
CHINA LEGAL PUBLISHING HOUSE

再版说明

2018年4月，《私募股权投资基金风险防控操作实务》出版后，受到广大私募基金及其管理人以及股权投资企业的青睐，迅速跻身各大电商平台法律类图书畅销榜。以下为各大电商平台购书者有代表性的评论：

×××××：“本书既是PE行业新人具有实操指导价值的红宝书，也是具有多年从业经验的专业人士启迪思考、探讨热点、共同为中国PE行业发展建策献言的好素材，杨律师的勤勉积累、深刻洞察、专业精神和赤诚之心值得推荐。”

××××w：“听了杨老师的课后购买的，杨老师课讲得生动风趣，案例翔实，书的参考价值更大，很多实用的内容，对私募管理人和相关人员都很有参考价值。法规出处也都列得很明确，一目了然。”

d×××d：“介绍了私募股权投资基金的主要风险防范措施，主要是针对法律层面的，值得在应用中加以借鉴和参考。”

众××××循：“具有实务操作借鉴意义，非常感谢杨律师分享多年积累的经验与研究。理论与实践相结合！”

y×××5：“听完杨老师的课觉得还不过瘾，必须买一本书来学习，收获颇多，值得一读，推荐大家购买！”

1×××p：“内容贴切，理论与实践结合得很好。”

××××4：“这本书讲得非常实际，紧贴工作。”

t×××t：“特别全面实用的一本工具用书，适合企业高管、老板以及律师参考。”

××××i："条理清晰，详略得当，引经据典，值得一读。"

……

根据中国证券投资基金业协会发布的《私募基金管理人登记及产品备案月报（2021年4月）》，截至2021年4月末，存续私募股权、创业基金管理人达14947家，存续私募股权、创业投资基金合计41313只，规模合计11.96万亿元，而三年前这三个数字则分别为：14037家、29819只、7.76万亿元。也就是说，较之三年前，私募股权、创业基金管理人小幅增长，但管理的基金数量和规模分别增长了38.55%和54.12%。① 由此可见，中国私募股权投资基金行业在近三年来呈现出快速增长的态势。

然而，在行业高速发展的同时，也出现了一些违规操作。根据证监会的相关行业处罚数据，私募基金领域的违法案件主要涉及内幕交易、信息披露、违规备案等方面。在私募基金的募资环节，突破合格投资者的标准、违规承诺保底保收益、不充分揭示投资风险、不对投资者适当性进行评估等的违法违规现象时有发生。为此，证监会等监管部门先后发布了《关于规范金融机构资产管理业务的指导意见》《关于加强私募投资基金监管的若干规定》等规范，基金业协会也适时更新了《私募基金管理人登记须知》，并发布了《关于公布私募投资基金备案申请材料清单的通知》《基金经营机构及其工作人员廉洁从业实施细则》等一系列旨在规范私募基金管理人登记、私募基金备案和运营，以及私募行业从业人员操守的自律规则，还向私募基金投资者开放了信息披露系统，供其及时了解所投私募基金及其管理人的最新情况。

此外，随着各类与私募基金相关的纠纷出现，各级法院以及仲裁机构审理了此类案件，并针对各类型案件不断总结出新的裁判规则。与行政执法部门加强监管力度相适应，各级法院对于私募基金相关纠纷案件的审理，在兼顾合同

① 《私募基金管理人登记及产品备案月报（2021年4月）》，载中国证券投资基金业协会官网，https：//www.amac.org.cn/index/search/? key =%E5%A4%87%E6%A1%88%E6%9C%88%E6%8A%A5，2021年10月8日访问。

自由、意思自治原则的同时，强调从防范化解重大金融风险的角度认定相关协议的效力。最高人民法院于2019年11月8日印发的《全国法院民商事审判工作会议纪要》以及相关判例对于私募股权投资影响较大。

国务院《关于进一步提高上市公司质量的意见》明确，“大力发展创业投资，培育科技型、创新型企业”“发挥股权投资机构在促进公司优化治理、创新创业、产业升级等方面的积极作用”。

如果说专业能力是进攻的“矛”，那么合规建设就是防守的“盾”，没有“矛”，自然无法取得优异的投资业绩，但如果没有“盾”，则无法抵御各种形式的风险，甚至可能被迫“退出战场”（被基金业协会注销登记/列入黑名单，或受到证监会的行政处罚）。因此，我们在总结过去三年的私募基金行业监管动态和相关司法判例的基础上，为广大私募股权投资机构及相关专业人士升级了“盾”，具体而言：

1. 根据近三年来最新法律法规、行业自律规则和司法实践对全书内容进行全面修订，并力图再深入一些。

2. 增补一些参考案例，帮助读者更好地理解相关法律规定以及其背后的含义。

3. 结合我们代理的相关诉讼案例和最新监管政策，对“对赌条款”等章节进行了全面修改和补充。

我们期待更多的批评、指正，以帮助我们做得更好。

杨春宝　孙瑱

2021年夏

前　言

私募股权投资基金（Private Equity，PE）堪称20世纪经济领域的一项伟大发明，有力推动了科技企业乃至世界经济的发展。而在我国，私募股权基金行业的发展仅有十几年的时间，可谓尚处于初始阶段，无论是市场对私募股权基金的认可度，还是私募股权基金自身的发展均处于较低水平。近年来，随着国内企业融资需求和投资者投资需求的快速增长，私募股权基金的规模也得到快速扩张。根据中国证券投资基金业协会（以下简称基金业协会）发布的《2020年私募基金统计分析简报》，截至2020年底，存续私募基金96818只，较2019年末增长18.5%；管理规模16.96万亿元，较2019年末增长20.5%。其中，私募股权投资基金（含FOF）29402只，较2019年末增长3.3%，基金规模9.87万亿元，较2019年末增长11.3%。[①] 截至2021年8月底，存量的私募股权、创业基金管理人数量达14930家。[②]

然而，正是由于还处在发展初期，我国针对私募股权基金或与之相关的法律法规体系尚不完善，一方面，私募股权基金运营的法律支持有待补足；另一方面，政府对私募股权基金的监管力度有待增强。

监管层和相关行业自律组织也意识到了这一点，基金业协会于2014年2月发布了《私募投资基金管理人登记和基金备案办法（试行）》，随后，中国证监

---

① 《2020年私募基金统计分析简报》，载中国证券投资基金业协会官网，https：//www.amac.org.cn/researchstatistics/report/zgsmjjhysjbg/202106/P020210625357218469626.pdf，2021年10月8日访问。

② 《分类型私募基金管理人登记通过情况》，载中国证券投资基金业协会官网，https：//www.amac.org.cn/researchstatistics/datastatistics/privategravefundindustrydata/，2021年10月8日访问。

会于2014年8月出台了《私募投资基金监督管理暂行办法》，正式开始对包括股权基金管理机构在内的私募基金管理人进行登记，并对其管理的私募基金开展备案和自律管理工作。

为了进一步规范包括股权基金管理人在内的私募基金管理人及其管理的私募基金的各项活动，基金业协会于2016年2月发布了《关于进一步规范私募基金管理人登记若干事项的公告》，要求新申请私募基金管理人进行登记、已登记的私募基金管理人发生重大事项变更，需通过私募基金登记备案系统提交中国律师事务所出具的法律意见书。此后，基金业协会陆续发布了《私募投资基金管理人内部控制指引》《私募投资基金信息披露管理办法》《私募投资基金募集行为管理办法》等私募行业自律规则，旨在督促私募基金管理人履行诚实信用、谨慎勤勉的受托人义务，在管理私募基金的过程中进行切实有效的风险控制，以保护投资者合法权益，促进私募基金行业规范健康发展。

自上述公告发布以来，凭借多年来为私募行业客户提供相关法律服务的丰富经验，笔者已就众多股权基金管理机构登记为股权基金管理人以及进行重大事项变更出具了初始登记法律意见书和专项法律意见书，并在出具法律意见书的过程中为该等机构建立或完善了相应的风控体系，包括为其制订全套风控制度等。在提供服务的过程中，笔者深切感受到，建立健全风险控制制度并使其有效运行，不仅仅是满足监管部门的监管要求，更是私募股权基金管理人自身健康发展的迫切需求。

就私募股权基金而言，风险存在于基金募集、投资、管理、退出的每个环节，且其不仅来自外部环境，也存在于基金管理人与基金自身。只有有效地识别、控制及规避风险，才能保证投资收益的实现，因此，私募股权基金管理人必须防患于未然，做好风险控制。所谓风险控制，是指基金管理人通过建立严谨、有效、可行的制度，采取各种措施和方法，消灭或减少风险事件发生的各种可能性，或者减少风险事件发生时造成的损失。

鉴于目前已出版的私募股权基金法律专业书籍，大多是对私募股权基金的筹备、运营和管理的整体介绍和分析，尚无专门针对私募股权基金风险控制方面的书籍。因此，笔者希望通过对于风险控制制度和股权投资风控条款的详细介绍、分析，为广大私募股权基金管理人以及有志于从事私募股权基金运营的人士提供有益参考。本书上篇根据监管层的监管要求和基金管理人自身经营发展的需求，从制订依据、制度要点和执行要点等多个角度对监管层要求私募股权基金管理人必备的以及股权基金管理人在实践中所必需的十大风控制度，进行详细介绍，并附上相关参考模板和案例。本书下篇则结合私募股权基金行业的惯例和笔者的法律服务经验，对私募股权投资协议中的十大常用风险控制条款进行具体剖析，并提供了各种参考条款。

需要说明的是，风险控制是个系统工程，本书着重从法律角度对私募基金的募、投、管、退过程中的风险控制为私募股权基金管理人提供方案，而企业运营的其他法律风险控制则可参考杨春宝律师与程强律师合著的《公司全程法律风险防控实务操作与案例评析》。

杨春宝　孙瑱
二〇一八年春

目　录
Contents

上篇　私募股权基金管理人十大必备风险控制制度

上篇

私募股权基金管理人十大必备风险控制制度

第一章　运营风险控制制度

作为基金业协会要求私募基金管理人必须具备的各项风控制度之一，运营风险控制制度贯穿股权基金整个募集、投资、管理、退出过程的始末，旨在控制股权基金投资运作过程中的整体风险，内容涵盖股权基金的组织架构、防火墙机制、分工与授权制度、风险监控与追责机制等。因此，其重要性不言而喻。

我们认为，要制定一项完善的《运营风险控制制度》，必须把握以下五项原则：

全面性，即应全面覆盖基金运营的各项工作、各级人员和各个环节；

审慎性，即应以审慎经营为目的建立相应的组织架构和内部控制制度；

独立性，即应保持风险控制的独立性和权威性；

有效性，即应符合国家相关法律法规并须全员严格遵守，再辅以相应的考核与问责机制；

适时性，即应根据国家政策法规的变化、行业演变、公司内部环境的改变以及业务的发展和调整适时进行修改和完善。

第一节　制订依据

运营风险控制制度的主要制订依据为中国证监会发布的《证券公司和证券投资基金管理公司合规管理办法》、基金业协会发布的《私募基金管理人登记须知》（2018 年 12 月更新）、《私募投资基金管理人内部控制指引》《私募基金登记备案相关问题解答（十四)》和《证券投资基金管理公司合规管理规范》[1]，《基金经营机构及其工作人员廉洁从业实施细则》。具体规定如下：

(1)《证券公司和证券投资基金管理公司合规管理办法》

第三条 证券基金经营机构的合规管理应当覆盖所有业务，各部门、各分支机构、各层级子公司和全体工作人员，贯穿决策、执行、监督、反馈等各个环节。

第七条 证券基金经营机构董事会决定本公司的合规管理目标，对合规管理的有效性承担责任，履行下列合规管理职责：

（一）审议批准合规管理的基本制度；

（二）审议批准年度合规报告；

（三）决定解聘对发生重大合规风险负有主要责任或者领导责任的高级管理人员；

（四）决定聘任、解聘、考核合规负责人，决定其薪酬待遇；

（五）建立与合规负责人的直接沟通机制；

（六）评估合规管理有效性，督促解决合规管理中存在的问题；

（七）公司章程规定的其他合规管理职责。

第八条 证券基金经营机构的监事会或者监事履行下列合规管理职责：

（一）对董事、高级管理人员履行合规管理职责的情况进行监督；

（二）对发生重大合规风险负有主要责任或者领导责任的董事、高级管理人员提出罢免的建议；

（三）公司章程规定的其他合规管理职责。

第九条 证券基金经营机构的高级管理人员负责落实合规管理目标，对合规运营承担责任，履行下列合规管理职责：

（一）建立健全合规管理组织架构，遵守合规管理程序，配备充足、适当的合规管理人员，并为其履行职责提供充分的人力、物力、财力、技术支持和保障；

（二）发现违法违规行为及时报告、整改，落实责任追究；

---

① 虽然《证券公司和证券投资基金管理公司合规管理办法》和《证券投资基金管理公司合规管理规范》的适用对象为公募证券投资基金管理机构，但我们认为，其中关于合规与内控方面的规定亦可为股权基金的相关制度建设提供一定参考。

（三）公司章程规定或者董事会确定的其他合规管理职责。

第十条　证券基金经营机构各部门、各分支机构和各层级子公司（以下统称下属各单位）负责人负责落实本单位的合规管理目标，对本单位合规运营承担责任。

证券基金经营机构全体工作人员应当遵守与其执业行为有关的法律、法规和准则，主动识别、控制其执业行为的合规风险，并对其执业行为的合规性承担责任。

下属各单位及工作人员发现违法违规行为或者合规风险隐患时，应当主动及时向合规负责人报告。

第十一条　证券基金经营机构设合规负责人。合规负责人是高级管理人员，直接向董事会负责，对本公司及其工作人员的经营管理和执业行为的合规性进行审查、监督和检查。

合规负责人不得兼任与合规管理职责相冲突的职务，不得负责管理与合规管理职责相冲突的部门。

证券基金经营机构的章程应当对合规负责人的职责、任免条件和程序等作出规定。

第十二条　证券基金经营机构合规负责人应当组织拟定合规管理的基本制度和其他合规管理制度，督导下属各单位实施。

合规管理的基本制度应当明确合规管理的目标、基本原则、机构设置及其职责，违法违规行为及合规风险隐患的报告、处理和责任追究等内容。

法律法规和准则发生变动的，合规负责人应当及时建议董事会或高级管理人员并督导有关部门，评估其对合规管理的影响，修改、完善有关制度和业务流程。

第二十一条　证券基金经营机构应当设立合规部门。合规部门对合规负责人负责，按照公司规定和合规负责人的安排履行合规管理职责。合规部门不得承担与合规管理相冲突的其他职责。

证券基金经营机构应当明确合规部门与其他内部控制部门之间的职责分工，建立内部控制部门协调互动的工作机制。

第二十五条　证券基金经营机构应当保障合规负责人和合规管理人员充分履行职责所需的知情权和调查权……

第二十六条　证券基金经营机构应当保障合规负责人和合规管理人员的独

立性……

(2)《私募基金管理人登记须知》(2018 年 12 月更新)

二、申请机构应当按规定具备开展私募基金管理业务所需的从业人员、营业场所、资本金等运营基本设施和条件，并建立基本管理制度

(一)【内控基本要求】根据《私募投资基金管理人内部控制指引》及私募基金登记备案相关问题解答相关要求，申请机构应当建立健全内部控制机制，明确内部控制职责，完善内部控制措施，强化内部控制保障，持续开展内部控制评价和监督……

十一、私募基金管理人登记完成后应特别知悉事项

(二)【持续内控要求】根据《私募投资基金监督管理暂行办法》、《私募投资基金管理人内部控制指引》、《私募投资基金合同指引》等相关要求，为保证新登记私募基金管理人的公司治理、组织架构和管理团队的稳定性，确保私募基金管理人持续有效执行登记申请时所提出的商业运作计划和内部控制制度，自《私募基金登记备案相关问题解答(十四)》发布之日起，申请私募基金管理人登记的机构应当书面承诺：申请登记机构保证其组织架构、管理团队的稳定性，在备案完成第一只基金产品前，不进行法定代表人、控股股东或实际控制人的重大事项变更；不随意更换总经理、合规风控负责人等高管人员。法律法规另有规定或发生不可抗力情形的除外……

(3)《私募投资基金管理人内部控制指引》

第十条 私募基金管理人组织结构应当体现职责明确、相互制约的原则，建立必要的防火墙制度与业务隔离制度，各部门有合理及明确的授权分工，操作相互独立。

第十五条 授权控制应当贯穿于私募基金管理人资金募集、投资研究、投资运作、运营保障和信息披露等主要环节的始终。私募基金管理人应当建立健全授权标准和程序，确保授权制度的贯彻执行。

(4)《私募基金登记备案相关问题解答(十四)》

问：未完成首只私募基金备案的私募基金管理人可否办理法定代表人、实际控制人或控股股东的重大事项变更？

答：根据《私募投资基金监督管理暂行办法》、《私募投资基金管理人内部控制指引》、《私募投资基金合同指引》等相关要求，为保证新登记私募基金管理人的公司治理、组织架构和管理团队的稳定性，确保私募基金管理人持续有效执行登记申请时所提出的商业运作计划和内部控制制度，自本问答发布之日起，申请私募基金管理人登记的机构应当书面承诺：申请登记机构保证其组织架构、管理团队的稳定性，在备案完成第一只基金产品前，不进行法定代表人、控股股东或实际控制人的重大事项变更；不随意更换总经理、合规风控负责人等高级管理人员。法律法规另有规定或发生不可抗力情形的除外……

(5)《证券投资基金管理公司合规管理规范》

第三条 基金管理公司应当通过有效的内部控制措施，将合规管理落到实处，并应当遵循以下原则：

(一) 健全性原则。公司应当设立健全的合规管理制度和体系，配备相应的合规人员，结合本公司的业务规模、类型、内部机构设置等实际情况，做到合规管理的全面覆盖。

(二) 有效性原则。公司应当运用科学的管理方法和系统化的管理工具，建立有效的合规管理流程，确保公司和基金的合规运作，提高合规管理的有效性。

(三) 权责匹配原则。合规管理中的职权和责任应当在公司董事会、管理层、下属各单位（各部门、各分支机构、各层级子公司）及工作人员中进行合理分配和安排，做到权责匹配，所有主体对其职责范围内的违规行为应当承担相应的合规责任。

(四) 相互制约原则。公司内部部门和岗位的设置应当权责分明、相互制衡，在治理结构、机构设置及权责分配、业务流程等方面体现相互制约、相互监督的作用。

(五) 及时性原则。合规管理应当反映基金行业发展的新动向，及时体现法律法规、规范性文件、监管政策、自律规则的最新要求，并不断进行调整和完善。

第四条 基金管理公司的合规管理体系应当具有独立性。

基金管理公司的股东、董事和高级管理人员不得违反规定的职责和程序，直接向督察长和合规管理部门下达指令或者干涉其工作。

基金管理公司的督察长和合规管理部门在履职过程中不应受任何股东、董事、高级管理人员以及其他部门和人员的不当影响，对于侵害基金份额持有人利益的指令或者授意应当予以拒绝。

基金管理公司配合股东工作时，应当遵守法律法规、自律规则等关于关键信息隔离的规定。

第十一条 督察长应当按照《办法》的规定履行职责，指导合规管理部门开展合规管理工作，包括但不限于合规审查、合规检查、合规咨询、合规宣导与培训、合规情况报告等。

督察长不得有下列行为：

……（二）违反规定授权他人代为履行职责……

第二十二条 基金管理公司应当建立合规考核与问责机制，对高级管理人员、下属各单位及其负责人、全体工作人员的合规履职情况进行专项考核，对在经营管理及执业过程中违反法律、法规、自律规则的责任单位或责任人进行合规问责，并与绩效考核和薪酬发放相挂钩。

基金管理公司应当建立奖励机制，对于在执业过程中识别或协助识别合规风险、积极提出合规建议并有效避免重大合规风险的下属单位及人员给予奖励。

(6)《基金经营机构及其工作人员廉洁从业实施细则》

第四条 基金经营机构承担廉洁文化建设、廉洁从业风险防控主体责任，应当在公司重要制度中以专门章节明确廉洁从业要求，建立健全涵盖所从事的业务及各个环节的廉洁从业内部控制制度，制定具体、有效的事前防范体系、事中管控措施和事后追责机制，明确董事、监事、高级管理人员和各级负责人的廉洁文化建设和廉洁从业管理责任，并对廉洁从业风险防控工作的相关底稿留档保存。

第八条第一款 基金经营机构应当强化财经纪律，杜绝账外账等不规范行为。对于基金业务及相关活动中产生的费用支出制定明确的内部决策流程和具体标准，确保相关费用支出合法合规。

第二节 制订要点

根据《私募投资基金管理人内部控制指引》的要求，运营风险控制制度的制订要点应当包括：

1. 职责明确、相互制约的组织架构。

2. 必要的防火墙与业务隔离制度。

3. 贯穿始终的授权控制制度。即贯穿于资金募集、投资研究、投资运作、运营保障和信息披露等环节的授权控制制度（包括授权标准和程序）。

此外，既然有分工和授权，那么相应的风险监控与责任追究机制也是必不可少的。

下面我们就对前述要点进行具体说明。

一、职责明确、相互制约的组织架构

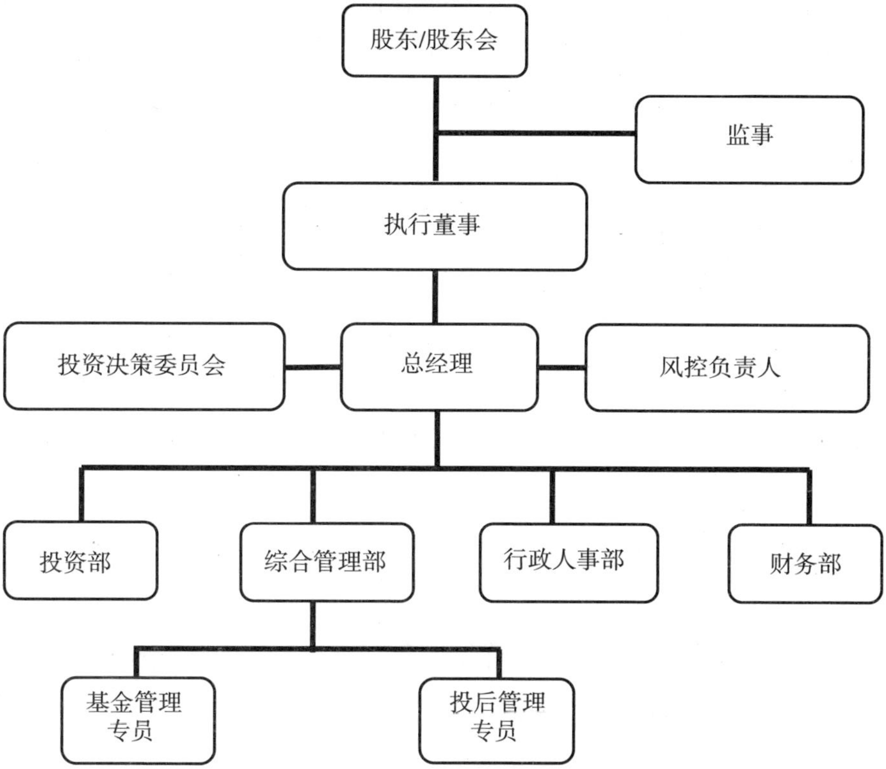

成立初期的公司制股权基金管理人的组织架构图

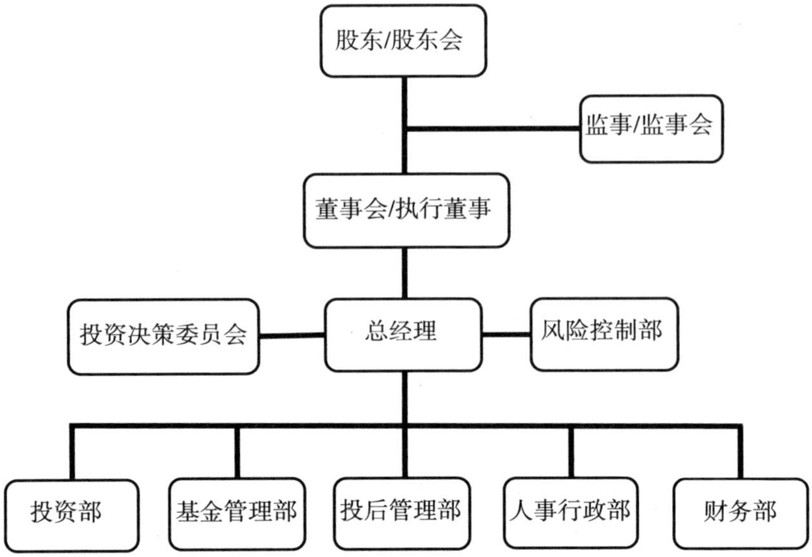

成熟期的公司制股权基金管理人的组织架构图

我们认为，“一步到位”的理想架构对于一个成立初期、规模不大的股权基金管理人而言很难达成。因此，基金业协会对股权基金管理人内部组织架构的要求是一个循序渐进、不断完善的过程。

以公司制股权基金管理人为例，上图是我们为一个新设立的公司制股权基金管理人设计的成立初期和成熟期的组织架构。并且，我们根据相关法律法规和基金业协会相关自律规则的要求，对前述两个阶段的人员配置提出如下建议：

管理人内部机构	成立初期	成熟期	主要职责
投资决策委员会	3 名委员，由总经理和综合管理部的相关人员组成	3 ~ 7 名委员，由执行董事、总经理和投资部、基金管理部和投后管理部的相关人员组成	负责对基金投资项目的投资和退出作出决策

续表

<table>
<tr><th>管理人内部机构</th><th>成立初期</th><th>成熟期</th><th>主要职责</th></tr>
<tr><td>风险控制负责人/部</td><td>1 名风控负责人</td><td>2～3 人组成风险控制部，设 1 名负责人</td><td>负责制定、审查与基金募、投、管、退相关的管理制度和业务流程以及相关合同、协议等法律文件；监督基金各项业务和流程执行情况；跟踪基金和投资项目的实施情况，及时进行数据分析并作出风险提示</td></tr>
<tr><td>投资部</td><td>2～3 人组成，设 1 名负责人</td><td>同成立初期，可随着管理的基金数量和规模的增加相应增加人员数量，甚至分设多个专业投资部门</td><td>负责考察、选择拟投资项目并对拟投资项目进行初步研究和调查，对拟投资项目提出立项建议；组织、协调专业机构对拟投资项目进行全面尽职调查，投资协议谈判及签署，完成投资并对相关执行事项进行审议和执行</td></tr>
<tr><td>基金管理部</td><td rowspan="2">初期在业务量不多的情况下，可暂缓设立这两个部门，但需设置至少 1 名综合管理专员，负责基金管理、项目管理和投后管理</td><td rowspan="2">随着业务量的增加，适时撤销综合管理部，并正式设立基金管理部和投后管理部，同时根据实际情况进行人员配置</td><td>负责基金的设立工作，提出基金募集方案、基金解散及清算方案，并在批准后负责实施</td></tr>
<tr><td>投后管理部</td><td>负责投资项目的投后管理，包括：在完成对项目的投资后，跟踪了解被投企业的发展情况，及时向风险控制部和投委会披露被投企业相关信息及项目进展情况，识别、评估基金运营过程中的风险隐患和风险，进行投资项目开发、执行、退出过程中的风险控制，协调处理与被投企业管理层的关系，以及与各业务部门共同制定基金退出方案</td></tr>
<tr><td>人事行政部</td><td>2 人组成，设 1 名负责人</td><td>同成立初期，可随着业务量的增加相应增加人员数量</td><td>负责人力资源管理、印章管理、投资项目的文档管理，相关会议资料的管理以及不属于其他部门职责范围的任何事项</td></tr>
</table>

续表

管理人内部机构	成立初期	成熟期	主要职责
财务部	2 人组成，出纳和会计各 1 名	同成立初期，可随着业务量的增加相应增加人员数量	负责投资业务的财务核算和资金划拨等财务事项，为投资项目分别设置账户、独立核算、分账管理

从以上表格可以看出，股权基金管理人在成立初期和成熟期的组织架构和人员配置存在一些区别，作为新设立的股权基金管理人，可以在某些事项上进行简化。但是，根据相关法律法规和基金业协会的自律规则，以下三条原则和底线，是所有股权基金管理人必须遵守的：

1. 组织架构和相关人员构成必须能够支持私募基金运营的整个过程，即基金募集、基金投资、基金管理和基金退出，以保证内控制度能够有效执行。

2. 所有合规风控（部）人员必须保持独立性，不得在投资部门或其他业务部门兼职从事业务工作，在履职过程中不应受股权基金管理人的任何股东、董事、高管以及其他部门和人员的不当影响，对于侵害基金份额持有人利益的指令或者授意应当予以拒绝；在配合股东工作时，应注意依法隔离关键信息。

3. 投资部负责人应尽量为专职人员。当然，我们也注意到，随着私募投资机构的成熟，“盲投基金”已经较难募集，有些股权基金管理人系专为某个特定基金而设立，很多基金拟投资的项目已经选定（即为某个特定项目而设立基金），在这些特定情形下，股权基金管理人的组织架构和人员配置可以在遵循上述原则的前提下作出必要的调整。

二、必要的防火墙与业务隔离制度

根据《私募投资基金管理人内部控制指引》，管理人应建立必要的防火墙和业务隔离制度，下面我们将就此展开说明。

防火墙原为建筑设计专业术语，但作为计算机术语更为人们所熟知，指一种位于内部网络与外部网络之间的网络安全系统。那么，一个用于网络安全的术语，与管理人从事基金管理业务有着怎样的联系呢？

根据我们对相关法律法规进行的梳理，目前与基金业相关的法律法规虽然并无对防火墙的明确定义，但是，相关的规定明确要求建立防火墙制度，或提出类似的要求。具体规定如下：

1. 明确提出“防火墙”概念的规定：

（1）《私募投资基金管理人内部控制指引》

第十条　私募基金管理人组织结构应当体现职责明确、相互制约的原则，建立必要的防火墙制度与业务隔离制度，各部门有合理及明确的授权分工，操作相互独立。

（2）《基金管理公司固有资金运用管理暂行规定》

第十六条　基金管理公司运用固有资金投资，应当建立防火墙制度，指定专门的部门负责，确保固有资金投资与本公司及子公司的资产管理业务在人员、信息、账户、资金、会计核算上严格分离，投资决策及操作应当独立于本公司及子公司管理的投资组合的投资决策及操作，不得利用本公司及子公司管理的投资组合的未公开信息获取利益。

（3）《通过互联网开展资产管理及跨界从事金融业务风险专项整治工作实施方案》

二、（三）具有多项金融业务资质，综合经营特征明显的互联网企业。重点查处各业务板块之间未建立防火墙制度，未遵循禁止关联交易和利益输送等方面的监管规定，账户管理混乱，客户资金保障措施不到位等问题。

（4）《资产管理机构开展公募证券投资基金管理业务暂行规定》

第十一条第一款　资产管理机构开展基金管理业务，应当设立专门的基金业务部门，建立独立的基金投资决策流程及相关防火墙制度，有效防范利益输送和利益冲突。

（5）《金融资产投资公司管理办法（试行）》

第四十八条　控股或参股金融资产投资公司的商业银行与金融资产投资公司之间应当建立防火墙，在资金、人员、业务方面进行有效隔离，防范风险传染。

(6)《个人税收递延型商业养老保险资金运用管理暂行办法》

第二十二条 保险公司及投资管理人应当建立公平交易、关联交易管理等制度，建立健全风险隔离和防火墙机制，有效防控操作风险、道德风险、内幕交易风险及利益输送风险。

(7)《保险资金运用管理办法》

第十条 保险资金投资证券投资基金的，其基金管理人应当符合下列条件：

……（五）建立有效的证券投资基金和特定客户资产管理业务之间的防火墙机制……

第三十七条 保险集团（控股）公司、保险公司的保险资产管理部门应当在投资研究、资产清算、风险控制、业绩评估、相关保障等环节设置岗位，建立防火墙体系，实现专业化、规范化、程序化运作。

(8)《关于规范债券市场参与者债券交易业务的通知》

二、参与者应按照中国人民银行和银监会、证监会、保监会（以下统称各金融监管部门）有关规定，加强内部控制与风险管理，健全债券交易合规制度。

……

（二）参与者应将自营、资产管理、投资顾问等各类前台业务相互隔离，在资产、人员、系统、制度等方面建立有效防火墙，且不得以人员挂靠、业务包干等承包方式开展业务，或以其他形式放松管理、实施过度激励。

……

(9) 中国银行间市场交易商协会关于发布《非金融企业债务融资工具信用评级机构自律公约》的公告

第六条 评级机构及评级人员应遵守相关法律法规和自律规则条款的规定，自觉履行自律义务：

……3. 建立健全包括防火墙制度、回避制度、分析师轮换、离职人员追溯等在内的利益冲突防范机制，有效识别、防范和消除信用评级业务中产生的利益冲突；无法有效消除的，应当及时披露实际及潜在的利益冲突、采取的措施及可能导致的后果……

2. 可引申出“防火墙”概念的规定主要包括：

（1）《中华人民共和国证券投资基金法》

第七十三条　基金财产不得用于下列投资或者活动：

……

（五）向基金管理人、基金托管人出资；

（六）从事内幕交易、操纵证券交易价格及其他不正当的证券交易活动；

……

运用基金财产买卖基金管理人、基金托管人及其控股股东、实际控制人或者与其有其他重大利害关系的公司发行的证券或承销期内承销的证券，或者从事其他重大关联交易的，应当遵循基金份额持有人利益优先的原则，防范利益冲突，符合国务院证券监督管理机构的规定，并履行信息披露义务。

（2）《私募投资基金监督管理暂行办法》

第二十二条　同一私募基金管理人管理不同类别私募基金的，应当坚持专业化管理原则；管理可能导致利益输送或者利益冲突的不同私募基金的，应当建立防范利益输送和利益冲突的机制。

（3）《私募投资基金募集行为管理办法》

第六条　募集机构应当恪尽职守、诚实信用、谨慎勤勉，防范利益冲突……

虽然上述各项规定并非完全针对股权基金管理人，但概括起来，这些规定中所提及的“防火墙”，均是针对以基金财产进行投资的行为，主要是指能够有效防范利益输送、利益冲突和内幕交易，并对关联交易进行规范，从而最大限度地确保基金财产安全的一种风险控制机制。

那么如何做才能达到这些目的呢？答案是进行有效的风险隔离。风险隔离主要包含资产隔离、部门隔离和产品隔离三个方面：

第一是资产隔离。通常的做法是将基金管理人的自有资产、受托管理的资产和其他资产的运作进行严格分离，分别设置独立账户并进行独立管理。

第二是部门隔离。指将基金募集、基金投资、基金决策、决策执行、退出和清算、风险控制和评估等部门和岗位在物理上适当隔离，使各部门具有合理明确的职责和分工，并在操作上相互独立。例如，我们在前文中提及的，风险控制部门人员不得在投资部门或其他业务部门兼职，以及投资部门的人员应尽可能为专职人员等。

第三是产品隔离。即基金管理人应建立健全相关机制，防范管理的各股权基金产品之间的利益输送和利益冲突，公平对待管理的各私募基金产品，保护投资者利益。例如，为旗下管理的各股权基金产品分别设置独立的募集和投资账户、组建不同的管理团队等。最为典型的利益冲突莫过于在新三板投资热潮中募集的基金无法顺利退出，基金管理人在未经全面、如实披露的情形下发行新的基金去受让老基金产品持有的新三板企业股份，帮助老基金产品退出。

因此，我们认为，进行资产、部门和产品的风险隔离旨在分别从财务、人事和业务三个方面为基金资产建立起稳固的防火墙，确保基金资产的安全，从而最大限度地保护基金投资者的正当权益。

三、贯穿始终的授权控制制度

《私募投资基金管理人内部控制指引》规定，基金管理人应具备贯穿于基金运营各主要环节全流程的授权控制制度，并根据实际情况建立起相应的标准和程序。以下为某基金管理人在基金运营各主要环节的基本授权控制制度（摘要）。

1. 基金募集

基金募集由基金管理部负责。具体的授权控制流程为：

（1）募集专员向基金管理部负责人提交书面的《基金募集方案》初稿；

（2）基金管理部负责人对初稿进行审核并提出修改意见；

（3）募集专员对初稿进行修改后由基金管理部负责人签字，再提交合规风控部复审；

（4）合规风控部审核后提出进一步修改意见；

（5）募集专员根据合规风控部的意见对初稿进行二次修改并提交合规风控负责人签字，再将终稿提交执行董事或董事会审批；

（6）终稿经执行董事或董事会批准后交基金管理部，正式启动基金募集。

（后续流程略）

2. 投资研究

投资研究由投资部负责。具体的授权控制流程为：

（1）投资经理经研究判断后，筛选出拟投资项目并将相关《投研报告》提交投资部负责人初审；

（2）投资部负责人初审后提交合规风控部复审；

（3）合规风控部复审后提交投资决策委员会审批；

（4）投资决策委员会批准后交投资部正式立项。

3. 投资运作

投资运作由投资部负责。具体的授权控制流程为：

（1）投资部对正式立项的项目进行全面的尽职调查并出具《尽职调查报告》（尽职调查的内容应涵盖业务、财务和法律合规等方面，财务和法律合规尽职调查一般应委托专业机构进行）；

（2）投资部将上述《尽职调查报告》《投资建议书》等材料提交投资决策委员会研究、讨论；

（3）投资决策委员会召集会议对投资项目进行表决；

（4）项目经表决通过后交由投资部执行。

4. 运营保障

基金的运营保障通常由投后管理部负责。具体的授权控制流程为：

（1）投后管理部将基金运营中的相关风险和隐患形成《专项报告》；

（2）合规风控部对《专项报告》所述风险和隐患进行评估；

（3）执行董事/董事会就相关风险和隐患作出最终决策。

5. 信息披露

基金的信息披露贯穿于基金投资运营的全过程，基金管理人各个部门均承担相关的信息披露职责。例如，基金管理部需在募集基金的过程中披露《募集说明书》等宣传推介材料，投后管理部需在基金运作期间根据监管要求对基金的运营状况进行持续披露等。就整体而言，基金信息披露的授权控制流程为：

（1）相关业务部门拟定需披露事项；

（2）合规风控部对拟披露事项进行复核、修改；

（3）执行董事/董事会对拟披露事项进行审核；

（4）相关业务部门进行信息披露。

事实上，授权控制机制不仅存在于上述基金运营的各主要环节中，更应体现在基金募集、基金投资、基金管理和基金退出的整个基金生命周期中，例如：基金运营过程中的人员招聘、基金各类账户的开立、资金划拨、新产品开发过程中的风险评估等，均应制定完善的授权体系和流程（包括具体的授权权限、会签制度、重大决策的复审甚至三审制度等）。只有这样，基金运营过程中的各种风险才能得到全面监控和防范。

四、问责机制

“权力即职责”，既然有分工授权，就少不了问责机制。我们建议基金管理人采取“部门定期自查”和“合规风控监督”相结合的方式对各部门履行职责的情况进行检查。

1. 部门定期自查

（1）各部门可定期（按月或按季度）进行内部小结，汇总本部门近期在工作中发现的问题、风险和隐患，并提出相应的改进措施，再由部门负责人形成书面报告提交至合规风控部和执行董事/董事会；

（2）合规风控部和执行董事/董事会应对各部门提交的书面报告进行研读并提出整改要求，如有必要，合规风控部应提议召集风险控制工作会议进行审议。

2. 合规风控监督

（1）合规风控部在每年年初为各部门分别制定风险控制指标；

（2）执行董事/董事会审批通过前述风险控制指标；

（3）合规风控部对各部门执行风险控制指标的情况进行持续监督；

（4）合规风控部在每年年终召集所有部门参加风险控制总结会。

3. 监督问责机制

（1）部门自查

凡是在部门定期自查中发现的因员工故意或疏忽而导致的问题、风险和隐患，部门负责人应将相关情形如实体现在书面报告中并进行上报；合规风控部应向执行董事/董事会提出相关处理意见，由执行董事/董事会作出最终处理决定。部门负责人的失职行为应由合规风控部直接上报执行董事/董事会进行处理。

（2）风控监督

如合规风控部在对各部门进行持续监督的过程中发现有可能对基金运营产生不利影响的风险和隐患，应对该问题展开深入调查；被调查部门的负责人应予以积极配合。合规风控部应在调查完毕后形成书面报告上报执行董事/董事会进行处理。

（3）惩戒/奖励措施

因相关员工失责而给基金运营造成不良影响或损失的，管理人员应结合该员工的主观故意或重大过失和客观上造成的影响或损失的程度给予该员工口头批评、书面警告、降低薪酬、赔偿损失、调离原职直至解除劳动合同等处分（须按照劳动法和公司员工手册的规定进行）。对于违反相关法律法规的行为，管理人员还应追究该员工的法律责任。当然，有罚亦当有奖，对于在履职过程中能够及时识别风险，或积极提出合理建议以降低相关运营风险的部门和/或员工，基金管理人应给予一定奖励。

第三节　参考模板

以下是我们为某公司制股权基金管理人制订的运营风险控制制度简略版，基本涵盖了相关法律法规和基金业协会自律规则所要求的制订要点，建议基金管理人可根据各自的具体情况在此版本上进行调整：

《××有限公司运营风险控制制度》

第一章　总　　则

第一条　为保障基金运营和投资业务的安全运作和管理，加强××有限公司（以下简称公司）及所管理基金的投资风险管理，规范基金运营和投资行为，提高风险防范能力，有效防范与控制基金运营和投资项目运作风险，根据法律法规的相关规定和公司章程，特制定本运营风险控制制度（以下简称本制度）。

第二条　本制度所称风险控制，是指对基金运营和项目投资中的各种投资风险进行识别、评估，并在基金运营、项目管理、项目退出中实施动态风险监控，提出解决方案。

第三条 风险控制原则

（1）全面性原则：风险控制制度应覆盖基金运营和投资业务的各项工作和各级人员，并渗透到决策、执行、监督、反馈等各个环节。

（2）审慎性原则：风险控制的核心是有效防范基金的各种风险，公司部门的构成、内部管理制度的建立要以防范风险、审慎经营为出发点。

（3）独立性原则：风险控制工作应保持高度的独立性和权威性，并贯彻到基金运营和业务的各具体环节。

（4）有效性原则：风险控制制度应当符合国家法律法规和监管部门的要求，具有高度的权威性，成为所有员工严格遵守的行动指南；执行风险控制制度不能存在任何例外，任何人员不得拥有超越制度或违反规章的权力。

（5）适时性原则：应随着国家法律法规、政策制度的变化，公司经营战略、经营方针、风险管理理念等内部环境的改变，以及公司业务的发展，及时对风险控制制度进行相应修改和完善。

第二章 风险控制组织体系

第四条 风险控制组织体系

公司应根据基金运营、投资业务流程和风险特征，将风险控制工作纳入公司的风险控制体系之中。公司的风险控制体系共分为六个层次：执行董事、投资决策委员会、投资部、基金管理部、投后管理部及合规风控部。

在公司运营初期，设立综合管理部，下设基金管理专员和投后管理专员，分别履行基金管理部和投后管理部的职责。公司将适时撤销综合管理部，正式设立基金管理部、投后管理部，并严格根据前述的风险控制体系进行部门和人员配置。

第五条 各层级的风险控制职责

公司的组织结构应体现职责明确、相互制约的原则，各部门有合理及明确的授权分工，操作相互独立。具体如下：

投资决策委员会职责：根据相关业务部门提交的各类文件（包括但不限于

报告、建议书等）对基金投资项目的投资和退出作出决策。

投资部职责：对筛选的拟投资项目进行初步调查和判断，对拟投资项目立项提出决策建议，对立项的拟投资项目进行全面尽职调查，投资协议谈判及签署，完成投资并对相关执行事项进行审议和执行。

基金管理部职责：负责基金的设立工作，提出基金募集方案、基金解散及清算方案，并在批准后负责实施。

投后管理部职责：负责投资项目的投后管理；在完成对项目的投资后，跟踪了解被投企业的发展情况，及时披露企业相关信息及项目进展情况；完成季度、半年度及年度分析；建立被投企业与公司及基金之间的联系，并作为基金委派的代表，参与被投企业的各种会议，并就会议议题提前准备相关对策；负有识别、评估基金运营过程中的风险隐患和风险问题的职责；负责基金投资项目开发、执行、退出过程中的风险控制；投后管理部负责人作为投资项目风险管理的第一责任人，负责组织部门内部的风险控制执行工作，并负有及时报告、反馈项目投资过程中发现的风险隐患和风险问题的职责；与基金管理部和风险控制部共同制定基金退出方案。

合规风控部职责：为保证基金和投资业务合法、合规，制定、审查相关的管理制度和业务流程；制订、审阅投资业务的相关合同、协议，确保合同的规范性和合法性；监督基金和投资业务管理制度和业务流程的执行情况，确保国家法律、法规和公司内部控制制度有效地执行；跟踪基金和投资项目的实施情况，及时进行数据分析并作出风险提示，每半年提交每一投资项目的实施情况报告；对新产品、新业务进行合规和风险评估，并出具书面意见提交投资决策委员会进行决策。

第六条 审批流程

基金事项审批流程：基金管理部初审→合规风控部复审→执行董事审批。

投资项目审批流程：投资部初审→合规风控部复审→投资决策委员会审批。

第七条 为建立健全内控机制，公司设立独立的后台管理。

财务部门负责投资业务的财务核算和资金划拨等财务事项，为投资项目分别设置账户、独立核算、分账管理。

人事行政部负责投资项目的人力资源管理、文档管理、印章管理、相关会议资料的管理以及不属于其他部门职责范围的任何事项。

第三章　风险控制流程和操作

第八条　公司制定专门的投资管理制度，对基金设立、退出、处置及清算的风险进行控制，对投资项目立项、投资、投后管理及退出的各个阶段的风险进行控制。

第四章　风险监控及责任追究

第九条　公司各部门应定期对风险管理工作进行自查，及时发现缺陷并改进，其自查报告应及时报送公司领导、合规风控部及投资决策委员会。

第十条　合规风控部于每年初为各部门制订合规风控指标并负责对该指标的执行情况进行全年监督，并在年底召集合规风控会议进行工作总结。

第十一条　公司员工由于工作失职或违反本制度规定，给公司造成严重不利影响或损失的，公司将根据具体情况给予责任人批评、警告、降薪、赔偿、调职直至解除劳动合同等处分。对于违反法律的，公司将追究相关责任人的法律责任。对于在风险管理工作提供有益协助（包括有效识别运营风险或提出合理化建议等）的部门和/或员工，公司将视情形给予一定奖励，具体奖励办法详见《员工手册》。

第五章　附　　则

第十二条　本制度如与国家日后颁布的法律、法规、规范性文件或经合法程序修改后的公司章程等相抵触时，应按国家有关法律、法规、规范性文件、公司章程的规定执行，并及时作出修订。

第十三条　本制度自法定代表人签署之日起生效并实施。由执行董事负责修订与解释。

法定代表人签名（盖章）：

××有限公司（公章）

年　　月　　日

附：运营风险控制制度示意图

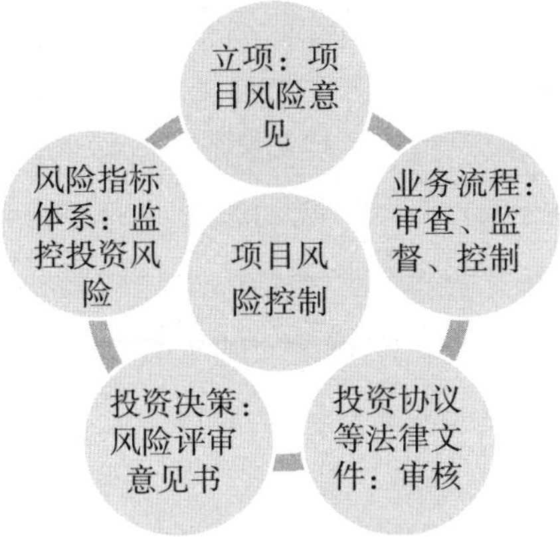

第四节 执行要点

制度的生命在于执行。作为私募基金整个生命周期中跨度最长、涉及范围最广的运营风险控制制度，我们认为其主要执行要点应包括：

一、通过培训等方式提高风险防范意识，严格执行授权审批机制

正是由于运营风险贯穿于私募基金的整个生命周期，因而，该项风控制度可被视为私募基金风控制度中的纲领性文件，其中规定了私募基金管理人各职能部门的职责，以及详细的授权和审批机制。若能得到有效执行，可以在很大程度上防范和控制风险。因此，在具体的执行过程中，提高全员风险意识是前提，这就需要反复进行全面的业务培训（包括业务流程中的各风险点提示及解决方案的培训、责任追究制度的释明等），特别是对新入职员工的培训。只有这样，才能确保各部门能够严格执行运营风险控制制度所规定的各项机制，避免未经适当授权的业务行为以及越权审批等不规范的操作，从而确保基金运营风险的可控性。

二、进行全面细致的尽职调查

私募基金最终能否作出对具体项目的投资决策，首先须依据投资部门所做

的尽职调查结果进行初步判断。因此，尽职调查是私募基金“募投管退”之“投资”环节的重中之重。我们认为，一个全面细致的尽职调查至少应包括以下几个方面：

1. 行业/技术尽职调查。投资研究人员需要较深入理解拟投行业，除了须研究相关专业研究机构的行业报告外，还须与行业内经营类似业务的企业进行实地沟通，了解行业竞争状况以及他们关注的重点问题。在此基础上，还需了解拟投企业上下游的市场情况，从而较全面地了解拟投企业所在行业的情况。同时，也可以通过与拟投企业的同业竞争对手和上下游企业的沟通交流从侧面对拟投企业进行一番调查。

技术尽职调查一般适用于高科技行业的投资项目，如果基金管理人并没有了解拟投企业技术的专家，应当聘请相关技术专家对拟投企业技术的可行性、技术前景、市场前景作出专业判断。

2. 财务尽职调查。应聘请财务顾问对拟投企业所在行业、企业所有者、财务与会计、税收、人力资源、营销与销售、研究与开发、生产与服务、采购、法律与监管、管理信息系统等进行全面调查。

3. 法律尽职调查。应聘请有相关专业经验的律师事务所对拟投企业进行设立登记、资质许可、治理结构、对外投资、风险内控、知识产权、资产、财务与税务、业务合同、债权债务、担保、劳动用工、保险、环境保护、涉诉情况等进行详细的法律尽职调查。

第二章　投资者风险揭示制度

不同于贯穿股权投资基金整个生命周期的运营风险控制制度，投资者风险揭示制度则侧重于在股权投资基金募集阶段向投资者揭示风险。具体而言，私募基金管理人在向相关投资者宣传推介股权投资基金时，应充分揭示关于该基金的各类潜在风险。该项制度旨在加强投资者教育，让投资者充分知悉投资风险的种类及该等风险可能造成的不利影响，并在充分了解前述信息的基础上，作出相关投资决策。

近年来，私募基金行业发展迅猛，但在其发展的过程中，也滋生出一些不规范甚至违法的行为。正因如此，证监会和基金业协会从2015年下半年开始，密集出台了许多针对私募基金行业的法规和自律性规则，其中加强投资者教育被列为重中之重。投资者教育工作要以风险揭示为重点，除了让投资者应知应会，掌握知识外，最重要的目的是做好风险警示和风险防范工作。要把“了解你的客户”作为基本的经营准则，要明明白白告诉投资者风险在哪里、风险有多大，千万不要把投资者教育简化为介绍新业务、演示新产品，搞成变相的市场推介活动，尤其是市场经营机构，不要担心因为讲有风险的话而流失客户。衡量投资者教育做得好不好，就要以风险揭示是否到位，投资者是否被触动、是否对风险可能产生的后果有充分了解为标准。与此同时，基金业协会也建立起私募基金失联公示制度，通过在其官方网站上定期公示失联机构名单来向相关投资者发出警示，而证监会及各地证监局亦在其官方网站上纷纷开辟“投资者保护”专栏，通过普及私募基金相关投资常识对相关投资者进行教育。

我们认为，对于私募基金管理人而言，制订完善的投资者风险揭示制度并据此对相关投资者进行风险揭示和教育，可能会导致一些风险识别能力和风险承受能力较低的投资者流失，但却能够大大增强风险识别能力和风险承受能力较高的投资者对基金管理人的信赖程度。一旦那些已向投资者揭示过的投资风险实际发生，并对私募股权投资基金的运作造成不利后果时，投资者将会更理性地看待该等不利后果，并基于其对基金管理人的信赖，与基金管理人一起共渡难关，寻求降低风险的方案。与此相反，近年来，一些投资者由于轻信私募基金管理人的宣传或者对投资前景盲目乐观，对投资风险没有足够的认识，在发生风险或可能发生风险时，实施一些情绪化行为。这也从另一角度说明投资者教育与风险揭示的重要性。

第一节　制订依据

投资者风险揭示制度的主要制订依据为《中华人民共和国证券投资基金法》①《证券期货投资者适当性管理办法》②《证券期货经营机构私募资产管理业务运作管理暂行规定》《证券期货经营机构私募资产管理业务管理办法》《私募投资基金备案须知》（2019 版）、《基金募集机构投资者适当性管理实施指引（试行）》，以及《中国证券监督管理委员会证券投资基金信息披露内容与格式准则（第 5 号）——〈招募说明书的内容与格式〉》，具体规定如下：

（1）《中华人民共和国证券投资基金法》

第九条第二款　基金管理人运用基金财产进行证券投资，应当遵守审慎经营规则，制定科学合理的投资策略和风险管理制度，有效防范和控制风险。

第八十七条　非公开募集基金应当向合格投资者募集，合格投资者累计不得超过二百人。

前款所称合格投资者，是指达到规定资产规模或者收入水平，并且具备相

---

① 虽然该法以及相关配套规定是针对证券投资基金而制定的，也没有明确规定可以参照适用于股权投资基金，但是自 2013 年中央编办《关于私募股权基金管理职责分工的通知》明确证监会负责私募股权基金的监督管理后，证监会以及基金业协会均将相关证券投资基金的规定适用于股权投资基金。

② 该办法同样适用于私募股权投资基金，详见该办法第二条：向投资者销售公开或者非公开发行的证券、公开或者非公开募集的证券投资基金和股权投资基金（包括创业投资基金，以下简称“基金”）、公开或者非公开转让的期货及其他衍生产品，或者为投资者提供相关业务服务的，适用本办法。

应的风险识别能力和风险承担能力、其基金份额认购金额不低于规定限额的单位和个人。

合格投资者的具体标准由国务院证券监督管理机构规定。

第九十八条　基金销售机构应当向投资人充分揭示投资风险，并根据投资人的风险承担能力销售不同风险等级的基金产品。

(2)《证券期货投资者适当性管理办法》

第三条　向投资者销售证券期货产品或者提供证券期货服务的机构（以下简称经营机构）应当遵守法律、行政法规、本办法及其他有关规定，在销售产品或者提供服务的过程中，勤勉尽责，审慎履职，全面了解投资者情况，深入调查分析产品或者服务信息，科学有效评估，充分揭示风险，基于投资者的不同风险承受能力以及产品或者服务的不同风险等级等因素，提出明确的适当性匹配意见，将适当的产品或者服务销售或者提供给适合的投资者，并对违法违规行为承担法律责任。

第十五条　经营机构应当了解所销售产品或者所提供服务的信息，根据风险特征和程度，对销售的产品或者提供的服务划分风险等级。

第十九条　经营机构告知投资者不适合购买相关产品或者接受相关服务后，投资者主动要求购买风险等级高于其风险承受能力的产品或者接受相关服务的，经营机构在确认其不属于风险承受能力最低类别的投资者后，应当就产品或者服务风险高于其承受能力进行特别的书面风险警示，投资者仍坚持购买的，可以向其销售相关产品或者提供相关服务。

第二十条　经营机构向普通投资者销售高风险产品或者提供相关服务，应当履行特别的注意义务，包括制定专门的工作程序，追加了解相关信息，告知特别的风险点，给予普通投资者更多的考虑时间，或者增加回访频次等。

(3)《证券期货经营机构私募资产管理业务运作管理暂行规定》

第三条　证券期货经营机构及相关销售机构不得违规销售资产管理计划，不得存在不适当宣传、误导欺诈投资者以及以任何方式向投资者承诺本金不受损失或者承诺最低收益等行为，包括但不限于以下情形：

……

（十一）夸大或者片面宣传产品，夸大或者片面宣传资产管理计划管理人及其管理的产品、投资经理等的过往业绩，未充分揭示产品风险，投资者认购资产管理计划时未签订风险揭示书和资产管理合同。

第四条 证券期货经营机构设立结构化资产管理计划，不得违背利益共享、风险共担、风险与收益相匹配的原则，不得存在以下情形：

……

（三）未在资产管理合同中充分披露和揭示结构化设计及相应风险情况、收益分配情况、风控措施等信息；

……

第五条 证券期货经营机构开展私募资产管理业务，不得委托个人或不符合条件的第三方机构为其提供投资建议，管理人依法应当承担的职责不因委托而免除，不得存在以下情形：

……

（二）未签订相关委托协议，或未在资产管理合同及其它材料中明确披露第三方机构身份、未约定第三方机构职责以及未充分说明和揭示聘请第三方机构可能产生的特定风险；

……

第九条 证券期货经营机构不得开展或参与具有“资金池”性质的私募资产管理业务，资产管理计划不得存在以下情形或者投资存在以下情形的其他资产管理产品：

……

（六）资产管理计划所投资产发生不能按时收回投资本金和收益情形的，资产管理计划通过开放参与、退出或滚动发行的方式由后期投资者承担此类风险，但管理人进行充分信息披露及风险揭示且机构投资者书面同意的除外。

(4)《证券期货经营机构私募资产管理业务管理办法》

第十六条 证券期货经营机构从事私募资产管理业务，可以聘请符合中国证监会规定条件并接受国务院金融监督管理机构监管的机构为其提供投资顾问服务。证券期货经营机构依法应当承担的责任不因聘请投资顾问而免除。

证券期货经营机构应当向投资者详细披露所聘请的投资顾问的资质、收费等情况，以及更换、解聘投资顾问的条件和程序，充分揭示聘请投资顾问可能产生的特定风险。

……

第二十二条第三款　分级资产管理计划的名称应当包含“分级”或“结构化”字样，证券期货经营机构应当向投资者充分披露资产管理计划的分级设计及相应风险、收益分配、风险控制等信息。

第二十七条第一款　证券期货经营机构和销售机构在募集资产管理计划过程中，应当按照中国证监会的规定，严格履行适当性管理义务，充分了解投资者，对投资者进行分类，对资产管理计划进行风险评级，遵循风险匹配原则，向投资者推荐适当的产品，禁止误导投资者购买与其风险承受能力不相符合的产品，禁止向风险识别能力和风险承受能力低于产品风险等级的投资者销售资产管理计划。

第四十八条　资产管理计划应向投资者提供下列信息披露文件：

（一）资产管理合同、计划说明书和风险揭示书……

第四十九条　证券期货经营机构募集资产管理计划，除向投资者提供资产管理合同外，还应当制作计划说明书和风险揭示书，详细说明资产管理计划管理和运作情况，充分揭示资产管理计划的各类风险。

计划说明书披露的信息应当与资产管理合同内容一致。销售机构应当使用证券期货经营机构制作的计划说明书和其他销售材料，不得擅自修改或者增减材料。

风险揭示书应当作为资产管理计划合同的一部分交由投资者签字确认。

（5）《私募投资基金备案须知》（2019 版）

（九）【风险揭示书】管理人应当向投资者披露私募投资基金的资金流动性、基金架构、投资架构、底层标的、纠纷解决机制等情况，充分揭示各类投资风险。

私募投资基金若涉及募集机构与管理人存在关联关系、关联交易、单一投资标的、通过特殊目的载体投向标的、契约型私募投资基金管理人股权代持、私募投资基金未能通过协会备案等特殊风险或业务安排，管理人应当在风险揭示书的“特殊风险揭示”部分向投资者进行详细、明确、充分披露。

投资者应当按照《私募投资基金募集行为管理办法》的相关规定，对风险揭示书中“投资者声明”部分所列的13项声明签字签章确认。管理人在资产管理业务综合报送平台（以下简称“AMBERS系统”）进行私募投资基金季度更新时，应当及时更新上传所有投资者签署的风险揭示书。经金融监管部门批准设立的金融机构和《私募投资基金募集行为管理办法》第三十二条第一款所列投资者可以不签署风险揭示书。

(6)《基金募集机构投资者适当性管理实施指引（试行）》

第四条 基金募集机构按照本指引，建立健全投资者适当性管理制度。在销售基金产品或者服务过程中，勤勉尽责，诚实信用深入调查分析基金管理人、基金产品或者服务及投资者信息，充分揭示基金产品或者服务风险，降低投诉风险。

第三十八条 基金产品或者服务的风险等级要按照风险由低到高顺序，至少划分为：R1、R2、R3、R4、R5五个等级。

第四十七条 基金募集机构在向普通投资者销售R5风险等级的基金产品或者服务时，应向其完整揭示以下事项：

（一）基金产品或者服务的详细信息、重点特性和风险；

（二）基金产品或者服务的主要费用、费率及重要权利、信息披露内容、方式及频率；

（三）普通投资者可能承担的损失；

（四）普通投资者投诉方式及纠纷解决安排。

(7)《中国证券监督管理委员会证券投资基金信息披露内容与格式准则（第5号）——〈招募说明书的内容与格式〉》

第四条第一款 基金管理人编制招募说明书应将所有对投资人作出投资判断有重大影响的信息予以充分披露，并充分披露投资于基金的风险，以便投资人更好地作出投资决策。

第十一条 《摘要》必须载明（但不限于）以下事项：

……

（十二）基金的风险收益特征

……

第三十三条第一款　列明“过往业绩不代表未来表现”等风险提示内容。

第四十四条　列明各项风险因素，包括但不限于：

（一）市场风险；

（二）管理风险；

（三）流动性风险；

（四）特定的基金品种、特定的投资方法及基金所投资的特定投资对象可能引起的特定风险；

（五）其他风险。

第二节　制订要点

根据前述主要制订依据，投资者风险揭示制度的制订要点应当包括：

1. 明确风险揭示的对象。该对象应为具有一定风险识别能力和风险承受能力的合格投资者。

2. 充分揭示投资风险。

3. 明确风险类型。即外部风险、内部风险、固有风险和投资者流动性风险等。

4. 产品分级 + “量体裁衣”。即对销售的产品或者提供的服务划分风险等级，并根据投资人的风险承担能力销售不同风险等级的基金产品。

5. 附上《私募投资基金风险揭示书》模板。

同时，该制度还应规定特殊情况下（如投资者要求购买超出其风险承受能力的产品或服务）的风险揭示，以及对普通投资者应履行的特别注意义务。

下面我们就对前述要点进行具体说明。

一、明确风险揭示的对象

根据相关规定，私募基金管理人仅能向法律规定的合格投资者进行基金募集和风险揭示。关于合格投资者的界定，我们将在下一章“合格投资者内部审核制度”中进行详细说明。

二、充分揭示投资风险

无论是《中华人民共和国证券投资基金法》，还是《证券期货投资者适当性管理办法》，抑或是《中国证券监督管理委员会证券投资基金信息披露内容与格式准则（第5号）——〈招募说明书的内容与格式〉》均强调对投资者的风险揭示应做到“充分”。通过对前述三个法律法规的深入解读，我们认为，所谓“充分”应包含以下两个方面：

1. 对各类型的投资风险进行全方位揭示。诚然，私募股权投资基金可能会给投资者带来丰厚的回报，但与此同时，潜在风险也贯穿于基金产品募集、投资、管理和退出的整个过程。有的私募股权投资基金投资者普遍风险意识淡薄，抱着投资所谓“原始股”的心态投资私募股权基金，一味追求高收益。另外，有的基金管理人为了顺利募集资金，在对基金产品进行宣传推介时，刻意避谈基金风险，仅宣称基金高额的预期收益，导致许多缺乏投资经验的私募股权基金投资者误将基金产品当作“稳赚不赔”的高息银行存款。而近几年国内资本市场（特别是新三板市场）的表现，使得许多私募股权投资基金面临亏损的不利局面。因此，基金管理人应在基金募集阶段，向投资者如实并充分地揭示基金产品可能涉及的各类风险，使投资者能够全方位地认识和了解这些风险，并在此基础上理性而慎重地作出投资决策。

2. 风险揭示内容应体现于各种基金文件。我们认为，私募股权投资基金的风险揭示内容应体现于基金“募投管退”过程中的各种基金文件，包括但不限于基金募集说明书、各类纸质和/或电子版基金宣传资料、基金合同、合伙协议、定期和不定期的各类信息披露文件等。我们认为，对于投资者而言，尤其是非专业投资者（关于普通投资者和专业投资者的区分，我们将在下一章“合格投资者内部审核制度”中进行详述），可能并不会一一阅读基金管理人提供的所有基金文件，如果风险揭示能够覆盖各种基金文件，那么投资者只需阅读募集说明书、宣传资料、基金合同和/或合伙协议中的一种或者几种文件，就能较全面地认识和了解投资基金可能涉及的各类风险。另外，对于基金管理人而言，全覆盖的风险揭示能够令其在与投资者的相关纠纷中拥有已经履行适当性义务的证据，从某种意义上说，也是对基金管理人自身的一种保护。并且，完善的风险揭示也能够凸显基金管理人的规范性和专业性。

三、明确风险类型

如前所述，私募股权投资基金在“募投管退”过程中存在各种风险。我们在此对这些风险进行系统性梳理，以帮助基金管理人更有针对性地进行制度建设和风险揭示：

1. 外部风险

外部风险指非源于基金管理人和基金产品本身的风险，主要包括政策法规风险、市场风险和被投企业风险等：

（1）政策法规风险

我国目前正处于法治化进程中，政策法律本身尚有待健全。加之我国的资本市场尚处于发展初期阶段，各项相关法律法规亟待规范和完善。虽然从2015年下半年开始，证监会以及基金业协会密集出台了许多针对私募基金的规范性政策和自律性文件，包括：《关于进一步规范私募基金管理人登记若干事项的公告》《私募投资基金信息披露管理办法》《私募投资基金管理人内部控制指引》《私募投资基金募集行为管理办法》《证券期货投资者适当性管理办法》等，在一定程度上规范了整个市场。但未来监管层还会出台更多相关的政策法规。这些政策法规的出台是否会对基金管理人和其管理的基金产品构成不利影响，是基金管理人无法预估的。因此，对于私募股权投资基金而言，很难回避政策法规风险，只能通过积极应对的方式，以最大限度降低其造成的不利影响。

（2）市场风险

通常情况下，私募股权投资基金的运作周期至少为“3+2”，即3年投资期+2年退出期，期限较长，而风险投资基金的运作周期可达5年至7年，甚至更长。在整个基金运作周期中，国内外整体的经济环境和市场环境可能会发生变化，此外，因通货膨胀而导致的汇率和银行利率变动，也进一步导致货币购买力相对下降，将直接影响私募股权投资基金的预期投资收益。

（3）被投企业风险

被投企业风险即私募股权投资基金所投被投企业的经营风险，通常包括被投企业的管理、技术研发、销售、市场、人事、法律和财务等方面存在的潜在风险，这些风险会间接影响私募股权投资基金的预期投资收益。其中又以管理风险，即因被投企业管理层决策失误而招致的经营风险为重中之重。我们认为，私募股权投资基金选择投资标的时，很大程度上取决于被投企业是否拥有优秀的管理团队。如果不考虑行业排名、财务状况、产品或服务的核心优势这些关键因素，一个优秀的管理团队应当是被投企业的最大亮点，因为被投企业的技术研发、销售、市场、人事和财务等方面的经营决策均是由其管理团队决定的。而由于被投企业大多为中小型企业，基本上由核心创始人个人进行决策，所以其个人的素质和能力，将直接影响被投企业的未来发展。一旦因创始人决策失误或因管理团队内部矛盾而导致无法作出有效决策，轻微的则令被投企业蒙受损失，严重的将导致被投企业陷入僵局甚至解散注销，从而导致私募股权投资基金投资失败。

2. 内部风险

内部风险指源于私募股权投资基金内部的各种风险因素，不同于外部风险，基金的内部风险往往可以通过制订有效的相关制度和采取必要的相关措施加以避免。该等风险主要包括设立和募集风险、基金管理风险和基金财产的其他风险：

（1）设立和募集风险

该风险主要是指，私募股权投资基金在设立和/或募集的过程中存在重大瑕疵，并且无法通过及时而有效的方式加以修复，从而导致基金设立或募集失败。对前期投入较多人力、物力和财力的基金管理人而言损失较大，而对于已缴纳投资款的投资者来说，可能会存在一定的利息损失和投资机会的丧失。

（2）基金管理风险

如前文所述，被投企业风险是私募股权投资基金的外部风险之一，虽说该风险取决于企业的管理团队等因素，但如果基金管理人能够在拟投资阶段对被投企业风险进行全面、细致的调查和评估，便能够在一定程度上降低被投企业风险。因此，可以说，基金管理风险是私募股权投资基金内部风险的核心。当然，基金管理人在进行投资管理的过程中，还可能遭遇一些无法预知的因素，例如，关键人士（如高管人员、基金经理）离职、管理人的控股股东或实际控制人变更等，此外，如基金需聘请外部投资顾问，也会存在一定的风险，上述因素均将对基金管理构成实质性影响。

（3）基金财产的其他风险

该风险主要是指基金财产的不可预见也无法避免的风险因素，通常包括基金的非正常终止，基金财产无法正常流动的风险，战争、自然灾害、金融危机等不可抗力事件的影响等。

3. 固有风险

固有风险是由私募股权基金自身特点决定的必然存在的风险，主要包括退出风险、集中投资风险和产品风险等：

（1）退出风险

私募股权投资基金的投资标的均为未上市公司，该类公司的股权流动性较差，在一定程度上增加了基金的退出难度。

（2）集中投资风险

相对于证券投资基金主要投资于股票、债券等，投资范围较广，投资对象较多，因此可以通过投资组合来分散投资风险的优点而言，私募股权基金由于其投资对象均为未上市公司，其风险集中度较高。有些基金专门为投资某一家未上市公司而设立，即便不是如此，一般私募股权基金也只投资数家未上市公司，因而很难找到有效的分散风险的措施。

（3）产品风险

产品风险是指基金因其自身属性而天然具有的风险，例如结构化私募股权投资基金的优先级投资者和劣后级投资者之间因对投资收益的分配存在异议而导致基金产品的运营陷入僵局的风险等。

4. 投资者流动性风险

基金投资者应在购买基金产品的时候充分了解私募股权投资基金产品的流动性特征。投资者流动性风险主要是指在整个基金存续期内，不同于证券投资基金会设置开放申购和赎回日，股权基金产品为全封闭运作。即在基金存续期内（如前所述，短则3年至5年，长则5年至7年，甚至更长），如投资者拟退出投资，仅能通过将投资份额转让给该基金的其他投资者、基金管理人或该基金投资者以外的第三方（具体应以基金合同或合伙协议的约定为准）的方式实现。这正是监管机构强调只有合格投资者方能投资私募基金的原因之一。即使是合格投资者，也应在充分考虑投资风险和流动性的前提下，合理配置资产，不致因为投资私募基金而影响正常生活。

四、产品分级 + “量体裁衣”

在《证券期货投资者适当性管理办法》颁布之前，《中华人民共和国证券投资基金法》以及证监会出台的相关规定仅要求基金管理人根据投资者的风险承受能力向其销售不同风险等级的基金产品，没有细化的具体规定。但是，在2016年12月出台的《证券期货投资者适当性管理办法》[①] 中，明确规定基金管理人应对产品划分风险等级，并列明了进行产品分级时应考虑的因素。而在其后出台的《基金募集机构投资者适当性管理实施指引（试行）》中，更是对基金产品或者服务的风险等级进行了细化，即，基金产品或服务的风险等级应按照风险由低到高顺序，至少划分为：R1、R2、R3、R4、R5 五个等级。并且，无论是《证券期货投资者适当性管理办法》，还是《基金募集机构投资者适当性管理实施指引（试行）》均规定，基金管理人和/或基金募集机构应根据其适当性内部管理制度（即下文的“合格投资者内部审核制度”）对每名投资者提出匹配意见，并确定最终向投资者销售的基金产品，即“量体裁衣”。

五、附上《私募投资基金风险揭示书》模板

基金业协会在发布《私募投资基金募集行为管理办法》时，将《私募投资基金风险揭示书内容与格式指引》作为附件一并发布，足见其对风险揭示之重视程度。该指引分为基金管理人承诺、风险揭示和投资者声明三大部分（具体内容详见本章尾部所附指引）。当然，我们认为，前述指引应仅仅是基金业协会对广大私募基金管理人向私募基金投资者进行风险揭示的方向性指导。我们在此建议私募基金管理人在该指引的基础上，结合旗下私募基金的特点（包括但不限于行业属性、存续期限、募集规模等）制作有针对性的《风险揭示书》（包括对基金风险作出进一步细化，如私募基金资金流动性所涉风险、私募基金

---

① 《证券期货投资者适当性管理办法》第十六条规定：“划分产品或者服务风险等级时应当综合考虑以下因素：（一）流动性；（二）到期时限；（三）杠杆情况；（四）结构复杂性；（五）投资单位产品或者相关服务的最低金额；（六）投资方向和投资范围；（七）募集方式；（八）发行人等相关主体的信用状况；（九）同类产品或者服务过往业绩；（十）其他因素。涉及投资组合的产品或者服务，应当按照产品或者服务整体风险等级进行评估。”

关联交易所涉风险、私募基金单一投资标的所涉风险、私募基金产品架构所涉风险、私募基金底层标的所涉风险等）作为投资者风险揭示制度的附件，并在基金募集时供投资者阅读并签署。值得一提的是，前述指引对投资者签署《风险揭示书》的方式也进行了较为细致的规定，例如：自然人投资者应针对每一项投资者陈述/声明分别签名，而机构投资者则应在每页上盖章并在整份《风险揭示书》上加盖骑缝章。

第三节　参考模板

以下是我们为某私募股权基金管理人制订的投资者风险揭示制度简略版，基本涵盖了前述制订要点①，建议基金管理人根据各自的具体情况以及最新的法律法规和基金业协会的自律规则在此版本上进行调整：

《××有限公司投资者风险揭示制度》

为加强××有限公司（以下简称公司）所管理的基金的风险控制，根据《中华人民共和国证券投资基金法》《证券期货投资者适当性管理办法》等相关法律法规以及中国基金业协会的相关规则，特制定本投资者风险揭示制度（以下简称本制度）。

第一章　总　　则

第一条　公司应当了解所销售产品或者所提供服务的信息，根据风险特征和程度，对销售的私募基金或者提供的服务划分风险等级，向投资者充分揭示投资风险，并根据投资者的风险承担能力向其销售不同风险等级的私募基金，以降低投诉风险。投资者分为普通投资者与专业投资者（具体定义详见公司另行制订的《合格投资者内部审核制度》）。普通投资者在风险警示方面应享有特别保护，并且公司不向普通投资者推介风险等级高于其风险承受能力的产品或者服务。

第二条　在私募基金存续和投资过程中，存在市场风险、标的风险等诸多

---

①　部分章节整合了前文所述的一些要点，因此并非一一对应。

风险以及本公司难以控制的因素，可能导致私募基金遭受损失，公司应当在募集资金时向投资者充分揭示上述投资风险。

第三条 公司《私募基金风险揭示书》（模板见本制度附件）的“投资者声明”部分所列的13类签字项，应当由全体投资人逐项签字确认。

第四条 私募基金的特殊风险包括但不限于私募基金的基金合同与基金业协会合同指引不一致所涉风险、未托管所涉风险、委托募集所涉风险、外包事项所涉风险、聘请投资顾问所涉风险、未在基金业协会履行登记备案手续所涉风险以及资金流动性、关联交易、单一投资标的、产品架构、底层标的等所涉特殊风险等。

第五条 私募基金的一般风险包括市场风险、标的风险、设立和募集风险、基金管理风险、基金财产的其他风险，以及投资者的流动性风险。

第二章 市场风险

第六条 市场风险表现为市场整体低迷导致的风险，造成这类风险的原因有政策因素、经济周期因素、利率因素、购买力因素等不可控的因素。

第七条 政策因素：货币政策、财政政策、产业政策等国家政策的变化对私募基金投资的目标项目具有相当的影响，可能影响私募基金投资成本和收益。

第八条 经济周期因素：经济运行具有周期性的特点，这种周期性会对私募基金及其投资的目标项目的经营产生影响，从而影响私募基金的收益。

第九条 利率因素：金融市场利率的波动会直接导致目标项目收益率的变动。私募基金收益水平可能会受到利率变化和货币市场供求状况的影响。

第十条 购买力因素：私募基金的目的是投资本金的保值增值，如果发生通货膨胀，则投资于目标项目获得的收益可能会被通货膨胀抵销，从而影响到基金的保值增值。

第三章 标的风险

第十一条 私募基金所投资的被投企业存在一定的经营风险，通常包括该企业在管理、技术研发、销售、市场、人事和财务等方面存在的潜在风险。这些风险会对被投企业的经营业绩造成不同程度的负面影响，从而间接影响私募基金的预期投资收益。

第四章　设立和募集风险

第十二条　私募基金设立阶段或私募基金募集阶段存在不确定性风险，主要表现为：基金设立或募集的架构存在一定瑕疵，导致该瑕疵所引致的风险可能传导至私募基金的投资者；募集失败的风险。

第五章　基金管理风险

第十三条　公司应按照相关法律法规和监管部门的规定对私募基金进行运营及管理，但面对繁杂的法律、法规和各种政府文件，公司无法保证自己的行为能够随时、永久、完全地符合所有规定。

第十四条　公司应努力通过完善基金合同与投资者建立清晰的权利义务关系，但客观情况发展变化可能超出基金合同订立时可预见的情形，从而使已经确定的双方关系发生缺陷，影响私募基金的稳定。

第十五条　公司应严格遵循基金合同的约定并尽职履行诚实、信用、谨慎、有效管理的义务。但公司可能因不可预知的客观因素无法完全按照基金合同的约定对私募基金实施管理，从而对私募基金的财产产生不利影响。

第十六条　在私募基金的管理运作过程中，公司及基金经理的知识、经验、决策、技能等会影响其对投资信息的获取、分析，以及对投资前景的判断，由此产生的投资决策风险可能导致私募基金财产遭受损失。

第六章　基金财产的其他风险

第十七条　目标项目存在包括但不限于知识产权、人力资源等可能对基金的投资权益产生影响的法律风险。

第十八条　在基金存续期内，由于不可预知的情况，存在基金非正常终止的风险。如果私募基金非正常终止，公司将被迫强制变现私募基金财产，由此可能导致私募基金财产遭受损失。

第十九条　私募基金投资项目的流动性和变现能力存在不确定性，如投资标的未能实现良性发展，使其他未来的投资人不能给予该项目的后续发展以合理的或更高的估值，则可能面临基金财产不能流动的风险。此外，基金财产还受制于市场波动、受让方购买力、政府的交易限制等。该流动性风险可能对于私募基金财产产生不利影响。

第二十条 战争、自然灾害等不可抗力以及其他不可预知的意外事件，可能导致基金财产遭受损失。

第二十一条 金融市场危机等其他不可预知的、超出公司自身直接控制能力之外的风险，可能导致基金财产遭受损失。

第七章 投资者的流动性风险

第二十二条 参照私募基金监管部门的规定，本公司管理的基金无投资赎回条款，故投资人要求赎回投资资金的权利不受保护，在基金存续期间只能转让基金受益权。

第二十三条 我国目前私募基金交易市场尚处于初期阶段，基金权益的流动性存在一定的局限性。

第八章 风险等级

第二十四条 划分产品或者服务的风险等级时应当综合考虑以下因素：

（一）流动性；

（二）到期时限；

（三）杠杆情况；

（四）结构复杂性；

（五）投资单位产品或者相关服务的最低金额；

（六）投资方向和投资范围；

（七）募集方式；

（八）发行人等相关主体的信用状况；

（九）同类产品或者服务过往业绩；

（十）其他因素。

涉及投资组合的产品或者服务，应当按照产品或者服务的整体风险等级进行评估。

第二十五条　产品或者服务存在下列因素的，应当审慎评估其风险等级：

（一）存在本金损失的可能性，因杠杆交易等因素容易导致本金大部分或者全部损失的产品或者服务；

（二）产品或者服务的流动变现能力，因无公开交易市场、参与投资者少等因素导致难以在短期内以合理价格顺利变现的产品或者服务；

（三）产品或者服务的可理解性，因结构复杂、不易估值等因素导致普通人难以理解其条款和特征的产品或者服务；

（四）产品或者服务的募集方式；

（五）产品或者服务的跨境因素，存在市场差异、适用境外法律等情形的跨境发行或者交易的产品或者服务；

（六）自律组织认定的高风险产品或者服务；

（七）其他有可能构成投资风险的因素。

第二十六条　公司应当根据产品或者服务的不同风险等级，对适合销售产品或者提供服务的投资者类型作出判断；根据投资者的不同分类，对其适合购买的产品或者接受的服务作出判断。

第二十七条　公司告知投资者不适合购买相关产品或者接受相关服务后，投资者主动要求购买风险等级高于其风险承受能力的产品或者接受相关服务的，公司在确认其不属于风险承受能力最低类别的投资者后，应当就产品或者服务风险高于其承受能力进行特别的书面风险警示，投资者仍坚持购买的，可以向其销售相关产品或者提供相关服务。

第二十八条　公司在向普通投资者销售 R5 风险等级的基金产品或者服务时，应向其完整揭示以下事项：

（一）基金产品或者服务的详细信息、重点特性和风险；

（二）基金产品或者服务的主要费用、费率及重要权利、信息披露内容、方式及频率；

（三）普通投资者可能承担的损失；

（四）普通投资者投诉方式及纠纷解决安排。

除告知特别的风险点之外，公司在向普通投资者销售高风险产品或者提供相关服务，还应当履行特别的注意义务，包括制订专门的工作程序，追加了解相关信息，给予普通投资者更多的考虑时间，或者增加回访频次等。

第九章　附　　则

第二十九条　本制度由公司董事会负责制定、解释和修改。

第三十条　本制度自公司法定代表人签署之日起生效实施。本制度的内容与法律、法规、公司章程相冲突时，应以法律、法规、公司章程的规定为准。

法定代表人签名（盖章）：

××有限公司（公章）

年　　月　　日

第四节　案例解读

如前所述，向投资者揭示基金投资风险，并在基金合同签署后进行回访确认等操作是私募股权基金管理人在募集基金过程中的必经程序，如不履行该程序，将对基金管理人造成极大的负面影响，轻则导致对基金投资者承担经济赔偿责任，重则受到监管层的严厉惩处或行业协会的纪律处分。具体而言：

1. 未履行必经程序会导致基金投资关系不成立

在王某与中×公司、路×公司合同纠纷一案[①]中，法院认为，虽然中×公司、路×公司与王某签订了《委托投资协议书》，但协议并未对基金的募集期、存续期、封闭期等进行约定；在协议签订前，中×公司并未向王某进行投资风险的书面提示，在协议签订后，也未向其出具基金认购确认书、未进行回访确认等，故双方之间并不存在认购基金的基本事实，中×公司、路×公司与王某之间签订的合同虽然名为委托投资协议，实为民间借贷合同，中×公司向王某收取的"投资款"实质是借款，其承诺的"年化收益"实际为支付的利息。因此，法院判决被告向原告返还投资款本金和利息。

上述案件仅是中×公司系列诉讼中的一则，其他案例中，由于该公司仍存在

① （2018）鄂0504民初123号。

“未向其出具基金认购确认书、未进行回访确认”等违规行为，故其与其他投资人签订的基金认购合同也无一例外地被法院认定为无效，按照一般借贷关系处理。①

在原告朱某诉被告孝×公司借款合同纠纷一案②中，法院认为，原告与被告签订的《基金认购书》名为基金认购，但违反了《私募投资基金监督管理暂行办法》的规定，原告缴纳认购款后，被告未向原告进行回访确认、投资风险揭示，加之被告未能向原告出具认购确认手续、未向原告报告合伙企业是否成立的情况、未办理投资人作为合伙企业合伙人的登记注册事宜，故原告、被告之间不成立合法的基金合同关系。最终，法院认定原告、被告之间成立借款合同关系，依据《中华人民共和国合同法》的相关规定③，借款合同是借款人向贷款人借款，到期返还借款并支付利息的合同，其与基金投资合同最本质的区别在于，贷款人无须承担基金投资过程中的各种风险。因此，法院判令被告按照合同向原告返还投资本金并支付到期收益。

而在郝某与长盛××公司等合同纠纷一案④中，法院认为《长盛汇盈证券投资基金合伙协议》中已明确提示了风险，郝某在风险揭示书上也签字确认，表明其已知晓认购该基金的风险，因此不支持郝某要求被告退还本金及承担损失的诉求。

如前所述，向投资者揭示私募基金投资风险、让其签署《风险揭示书》（具体模板附于本章最后）并进行回访确认是私募基金向投资者进行募集过程中的必经程序。本案的被告虽然系证券基金管理人，但我们认为，履行前述程序，是相关法律法规和监管层对所有类型的私募基金管理人的要求。之所以要这么做，一方面是为了维护基金投资者的知情权，让其在知晓基金投资所涉及的各种风险之后作出投资决定；另一方面也是为了打破刚性兑付，遵循投资风险共担的原则。一旦有充分证据证明基金管理人已履行风险揭示和回访确认等必经程序，而投资者依然选择进行投资，就证明其已充分了解并愿意承担相应的投资风险，也就无

---

① 参见：李某清诉中×公司、路×公司合同纠纷案［（2019）鄂0506民初3458号］；代某荣诉中×公司、路×公司合同纠纷案［（2019）鄂0504民初120号］；龙某珍诉中×公司、路×公司合同纠纷案［（2018）鄂0504民初124号］。

② （2016）云0111民初1654号。

③ 此处指1993年3月15日公布的《中华人民共和国合同法》，其已被2020年5月28日公布的《中华人民共和国民法典》废止。本书收录的案例均适用当时有效的法律法规及司法解释，下文将不再对此进行提示。

④ （2015）二中民（商）终字第06260号。

权在未能取得预期投资收益甚至出现本金亏损的情况下，向基金管理人主张赔偿。因此，私募基金管理人向投资者进行风险揭示和回访确认等程序，也是保护其自身合法权益的需要。

2. 未履行必经程序将受到监管层的严厉惩处或行业协会的纪律处分

江苏某投资管理公司因未对销售的私募基金进行风险评级等违规行为，于2019年8月23日被江苏证监局决定采取责令改正措施，要求其在收到决定之日起30日内予以改正，并向江苏证监局提交书面报告。① 陕西某投资管理公司因未按照规定对自行销售的私募基金进行风险评级等行为，也被陕西证监局决定采取出具警示函的行政监管措施。②

湖南某资产管理公司因未自行或者委托第三方机构对私募基金进行风险评级等违规违法行为，于2016年7月被湖南证监局出具警示函，要求其对存在的问题进行整改，并在一个月内提交整改报告。③ 山西某投资担保公司因未能取得个人投资者签字确认的《风险揭示书》等违规违法行为，于2017年6月受到山西证监局的行政处罚，除公司本身受到了警告和罚款的处罚外，前述违法募集行为的直接和间接责任人员也受到了相应的惩处。④ 此外，浙江某投资管理有限公司因未对私募基金进行风险评级而于2021年2月受到了基金业协会要求限期整改的纪律处分。⑤

综上，私募股权基金管理人在具体执行投资者风险揭示制度的过程中应合法合规地履行必经程序，一方面可以避免在与基金投资者之间产生纠纷时，因违法募集行为而导致败诉并对投资者作出赔偿；另一方面也可以免除因违法违

① 《关于对江苏某投资管理有限公司采取责令改正措施的决定》，载中国证券监督管理委员会官网，http：//www. csrc. gov. cn/pub/zjhpublicofjs/tzgg/201908/t20190829_ 361175. htm，2021年10月10日访问。

② 《关于对陕西某投资管理有限公司采取出具警示函措施的决定》，载中国证券监督管理委员会官网，http：//www. csrc. gov. cn/pub/zjhpublicofsax/tzgg/201909/t20190917_ 361962. htm，2021年10月10日访问。

③ 《关于对湖南某资产管理有限公司采取出具警示函措施的决定》，载中国证券监督管理委员会官网，http：//www. csrc. gov. cn/pub/hunan/hnjxzjgcs/201607/t20160720_ 300947. htm，2021年10月10日访问。

④ 《山西某投资担保公司基金募集违法违规案行政处罚决定书》，载中国证券监督管理委员会官网，http：//www. csrc. gov. cn/shanxi/xzcf/201706/t20170627_ 319169. htm，2021年10月10日访问。

⑤ 《纪律处分决定书》（中基协处分〔2021〕25号），载中国证券监督管理委员会官网，https：//www. amac. org. cn//selfdisciplinemeasures/cyry/hyjg/202102P020210219606319464818. pdf，2021年10月10日访问。

规行为受到监管层处罚从而对其正常经营和声誉产生不利影响的风险。

附 1：投资者风险揭示制度示意图

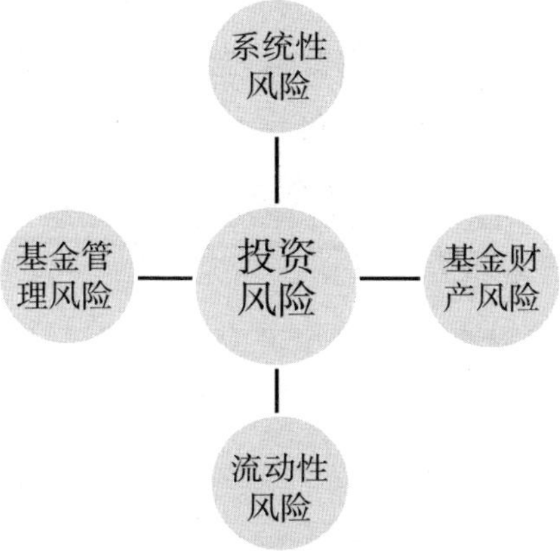

附 2：《私募投资基金风险揭示书》内容与格式指引

尊敬的投资者：

投资有风险。当您/贵机构认购或申购私募基金时，可能获得投资收益，但同时也面临着投资风险。您/贵机构在做出投资决策之前，请仔细阅读本风险揭示书和基金合同、公司章程或者合伙协议（以下统称基金合同），充分认识本基金的风险收益特征和产品特性，认真考虑基金存在的各项风险因素，并充分考虑自身的风险承受能力，理性判断并谨慎做出投资决策。

根据有关法律法规，基金管理人［具体机构名称］及投资者分别作出如下承诺、风险揭示及声明：

一、基金管理人承诺

（一）私募基金管理人保证在募集资金前已在中国证券投资基金业协会（以下简称中国基金业协会）登记为私募基金管理人，并取得管理人登记编码［具体编码］。

（二）私募基金管理人向投资者声明，中国基金业协会为私募基金管理人和私募基金办理登记备案不构成对私募基金管理人投资能力、持续合规情况的认可；不作为对基金财产安全的保证。

（三）私募基金管理人保证在投资者签署基金合同前已（或已委托基金销售机构）向投资者揭示了相关风险；已经了解私募基金投资者的风险偏好、风险认知能力和承受能力；已向私募基金投资者说明有关法律法规，说明投资冷静期、回访确认的制度安排以及投资者的权利。

(四) 私募基金管理人承诺按照恪尽职守、诚实信用、谨慎勤勉的原则管理运用基金财产，不保证基金财产一定盈利，也不保证最低收益。

二、风险揭示

(一) 特殊风险揭示

[具体风险应由管理人根据私募基金的特殊性阐明]

若存在以下事项，应特别揭示风险：

1. 基金合同与中国基金业协会合同指引不一致所涉风险；

2. 私募基金未托管所涉风险；

3. 私募基金委托募集所涉风险；

4. 私募基金外包事项所涉风险；

5. 私募基金聘请投资顾问所涉风险；

6. 私募基金未在中国基金业协会履行登记备案手续所涉风险。

(二) 一般风险揭示

1. 资金损失风险

基金管理人依照恪尽职守、诚实信用、谨慎勤勉的原则管理和运用基金财产，但不保证基金财产中的认购资金本金不受损失，也不保证一定盈利及最低收益。

本基金属于 [相应评级水平] 风险投资品种，适合风险识别、评估、承受能力 [相应评级水平] 的合格投资者。

2. 基金运营风险

基金管理人依据基金合同约定管理和运用基金财产所产生的风险，由基金财产及投资者承担。投资者应充分知晓投资运营的相关风险，其风险应由投资者自担。

3. 流动性风险

本基金预计存续期限为自基金成立之日 [　　] 起至 [存续期限] [包括延长期 (如有)] 结束并清算完毕止。在本基金存续期内，投资者可能面临资金不能退出带来的流动性风险。

根据实际投资运作情况，本基金有可能提前结束或延期结束，投资者可能因此面临委托资金不能按期退出等风险。

4. 募集失败风险

本基金的成立需符合相关法律法规的规定，本基金可能存在不能满足成立条件从而无法成立的风险。

基金管理人的责任承担方式：

(1) 以其固有财产承担因募集行为而产生的债务和费用；

(2) 在基金募集期限届满（确认基金无法成立）后三十日内返还投资人已交纳的款项，并加计银行同期存款利息。

5. 投资标的风险

本基金投资标的的价值取决于投资对象的经营状况，原股东对所投资企业的管理和运营，相关市场宏观调控政策、财政税收政策、产业政策、法律法规、经济周期的变化以及区域市场竞争格局的变化等都可能影响所投资企业经营状况，进而影响本基金投资标的的价值。

6. 税收风险

契约性基金所适用的税收征管法律法规可能会由于国家相关税收政策调整而发生变化，投资者收益也可能因相关税收政策调整而受到影响。

7. 其他风险

包括但不限于法律与政策风险、发生不可抗力事件的风险、技术风险和操作风险等。

三、投资者声明

作为该私募基金的投资者，本人/机构已充分了解并谨慎评估自身风险承受能力，自愿自行承担投资该私募基金所面临的风险。本人/机构做出以下陈述和声明，并确认（自然人投资者在每段段尾"【________】"内签名，机构投资者在本页、尾页盖章，加盖骑缝章）其内容的真实和正确：

1. 本人/机构已仔细阅读私募基金法律文件和其他文件，充分理解相关权利、义务、本私募基金运作方式及风险收益特征，愿意承担由上述风险引致的全部后果。【________】

2. 本人/机构知晓，基金管理人、基金销售机构、基金托管人及相关机构不应当对基金财产的收益状况作出任何承诺或担保。【________】

3. 本人/机构已通过中国基金业协会的官方网站（www.amac.org.cn）查询

了私募基金管理人的基本信息，并将于本私募基金完成备案后查实其募集结算资金专用账户的相关信息以及与打款账户信息的一致性。【________】

4. 在购买本私募基金前，本人/机构已符合《私募投资基金监督管理暂行办法》有关合格投资者的要求并已按照募集机构的要求提供相关证明文件。【________】

5. 本人/机构已认真阅读并完全理解基金合同的所有内容，并愿意自行承担购买私募基金的法律责任。【________】

6. 本人/机构已认真阅读并完全理解基金合同第××章第××节“当事人的权利与义务”的所有内容，并愿意自行承担购买私募基金的法律责任。【________】

7. 本人/机构知晓，投资冷静期及回访确认的制度安排以及在此期间的权利。【________】

8. 本人/机构已认真阅读并完全理解基金合同第××章第××节“私募基金的投资”的所有内容，并愿意自行承担购买私募基金的法律责任。【________】

9. 本人/机构已认真阅读并完全理解基金合同第××章第××节“私募基金的费用与税收”的所有内容。【________】

10. 本人/机构已认真阅读并完全理解基金合同第××章第××节“争议的处理”的所有内容。【________】

11. 本人/机构知晓，中国基金业协会为私募基金管理人和私募基金办理登记备案不构成对私募基金管理人投资能力、持续合规情况的认可；不作为对基金财产安全的保证。【________】

12. 本人/机构承诺本次投资行为是为本人/机构购买私募投资基金。【________】

13. 本人/机构承诺不以非法拆分转让为目的购买私募基金，不会突破合格投资者标准，将私募基金份额或其收益权进行非法拆分转让。【________】

基金投资者（自然人签字或机构盖章）：

日期：

经办员（签字）：

日期：

募集机构（盖章）：

日期：

第三章　合格投资者内部审核制度

如果说投资者风险揭示制度更侧重于保护投资者的利益，即通过对意向投资者揭示各类投资风险，从而让投资者作出理性投资决策，那么合格投资者内部审核制度则是更多地从基金管理人的角度出发，在相关法律法规的框架内，通过制订一整套科学而严谨的内部审核流程，对投资者数量及其应具备的各项条件进行全方位的审查和考量，以最终确认有资格投资私募股权投资基金的投资者及其数量。从某种意义上而言，合格投资者内部审核制度是为了保护基金管理人的利益。

如果基金管理人未能依据相关法律法规对投资者数量和各项条件进行详细审核，使得私募股权投资基金的最终投资者在数量和/或资质方面未能符合相关法律法规的规定，将会导致怎样的后果？我们认为，不利后果有两方面：其一是监管层的处罚。从已有的一些案例中，我们不难做出判断，如基金管理人敢于突破法律法规对合格投资者数量和标准的限制，等待他们的将会是监管层的严厉处罚，不仅基金管理人将会受到警告和罚款，其相关业务负责人也将受到惩处。而如果前述对监管的突破并非由于基金管理人刻意所为，而是因为其未能制订全面而严谨的相关审核流程，岂不是很冤枉？其二是基金管理人与投资者之间将更易产生纠纷。相关法律法规之所以对合格投资者的标准作出了非常详细的规定，是因为充分考虑到私募基金的投资风险，而仅有那些具备一定经济能力和投资经验的投资者才能够承受该等投资风险。一旦由于基金管理人未能履行严格的合格投资者审查流程，使得最终投资于私募股权投资基金的投资者不具备相应的投资经验和/或经济能力，就必然导致其无法承受相应的投资风险，继而极有可能与基金管理人产生激烈的矛盾与冲突，甚至将该等争议诉诸法院或者以非理性方式维权，这将对私募股权投资基金的运营产生巨大的负面影响。

因此，我们认为，制订一整套完善的合格投资者内部审核制度并严格遵照执行，能够在一定程度上有效地保护基金管理人，既能降低被监管层处罚的风险，也能减少因投资者不适格而对基金运营造成的干扰。

第一节 制订依据

合格投资者内部审核制度的主要制订依据为《中华人民共和国证券投资基金法》《证券期货投资者适当性管理办法》《私募投资基金监督管理暂行办法》《私募投资基金募集行为管理办法》《证券期货经营机构私募资产管理业务运作管理暂行规定》《关于规范金融机构资产管理业务的指导意见》《关于加强私募投资基金监管的若干规定》《基金募集机构投资者适当性管理实施指引（试行）》《私募投资基金管理人内部控制指引》，以及《私募投资基金备案须知》（2019版），具体规定如下：

（1）《中华人民共和国证券投资基金法》（略）①

（2）《证券期货投资者适当性管理办法》

第六条 经营机构向投资者销售产品或者提供服务时，应当了解投资者的下列信息：

（一）自然人的姓名、住址、职业、年龄、联系方式，法人或者其他组织的名称、注册地址、办公地址、性质、资质及经营范围等基本信息；

（二）收入来源和数额、资产、债务等财务状况；

（三）投资相关的学习、工作经历及投资经验；

（四）投资期限、品种、期望收益等投资目标；

（五）风险偏好及可承受的损失；

（六）诚信记录；

（七）实际控制投资者的自然人和交易的实际受益人；

---

① 与第二章投资者风险揭示制度的依据相同，不再重复列明。

（八）法律法规、自律规则规定的投资者准入要求相关信息；

（九）其他必要信息。

第七条 投资者分为普通投资者与专业投资者。

普通投资者在信息告知、风险警示、适当性匹配等方面享有特别保护。

第八条 符合下列条件之一的是专业投资者：

（一）经有关金融监管部门批准设立的金融机构，包括证券公司、期货公司、基金管理公司及其子公司、商业银行、保险公司、信托公司、财务公司等；经行业协会备案或者登记的证券公司子公司、期货公司子公司、私募基金管理人。

（二）上述机构面向投资者发行的理财产品，包括但不限于证券公司资产管理产品、基金管理公司及其子公司产品、期货公司资产管理产品、银行理财产品、保险产品、信托产品、经行业协会备案的私募基金。

（三）社会保障基金、企业年金等养老基金，慈善基金等社会公益基金，合格境外机构投资者（QFII）、人民币合格境外机构投资者（RQFII）。

（四）同时符合下列条件的法人或者其他组织：

1. 最近1年末净资产不低于2000万元；

2. 最近1年末金融资产不低于1000万元；

3. 具有2年以上证券、基金、期货、黄金、外汇等投资经历。

（五）同时符合下列条件的自然人：

1. 金融资产不低于500万元，或者最近3年个人年均收入不低于50万元；

2. 具有2年以上证券、基金、期货、黄金、外汇等投资经历，或者具有2年以上金融产品设计、投资、风险管理及相关工作经历，或者属于本条第（一）项规定的专业投资者的高级管理人员、获得职业资格认证的从事金融相关业务的注册会计师和律师。

前款所称金融资产，是指银行存款、股票、债券、基金份额、资产管理计划、银行理财产品、信托计划、保险产品、期货及其他衍生产品等。

第九条 经营机构可以根据专业投资者的业务资格、投资实力、投资经历等因素，对专业投资者进行细化分类和管理。

第十条 专业投资者之外的投资者为普通投资者。

经营机构应当按照有效维护投资者合法权益的要求，综合考虑收入来源、资产状况、债务、投资知识和经验、风险偏好、诚信状况等因素，确定普通投资者的风险承受能力，对其进行细化分类和管理。

第十一条 普通投资者和专业投资者在一定条件下可以互相转化。

符合本办法第八条第（四）、（五）项规定的专业投资者，可以书面告知经营机构选择成为普通投资者，经营机构应当对其履行相应的适当性义务。

符合下列条件之一的普通投资者可以申请转化成为专业投资者，但经营机构有权自主决定是否同意其转化：

（一）最近1年末净资产不低于1000万元，最近1年末金融资产不低于500万元，且具有1年以上证券、基金、期货、黄金、外汇等投资经历的除专业投资者外的法人或其他组织；

（二）金融资产不低于300万元或者最近3年个人年均收入不低于30万元，且具有1年以上证券、基金、期货、黄金、外汇等投资经历或者1年以上金融产品设计、投资、风险管理及相关工作经历的自然人投资者。

第十二条 普通投资者申请成为专业投资者应当以书面形式向经营机构提出申请并确认自主承担可能产生的风险和后果，提供相关证明材料。

经营机构应当通过追加了解信息、投资知识测试或者模拟交易等方式对投资者进行谨慎评估，确认其符合前条要求，说明对不同类别投资者履行适当性义务的差别，警示可能承担的投资风险，告知申请的审查结果及其理由。

第二十一条 经营机构应当根据投资者和产品或者服务的信息变化情况，主动调整投资者分类、产品或者服务分级以及适当性匹配意见，并告知投资者上述情况。

第二十三条 经营机构向普通投资者销售产品或者提供服务前，应当告知下列信息：

……

（六）本办法第二十九条规定的适当性匹配意见。

第二十九条 经营机构应当制定适当性内部管理制度，明确投资者分类、产品或者服务分级、适当性匹配的具体依据、方法、流程等，严格按照内部管理制度进行分类、分级，定期汇总分类、分级结果，并对每名投资者提出匹配意见。

经营机构应当制定并严格落实与适当性内部管理有关的限制不匹配销售行为、客户回访检查、评估与销售隔离等风控制度，以及培训考核、执业规范、监督问责等制度机制，不得采取鼓励不适当销售的考核激励措施，确保从业人员切实履行适当性义务。

第三十条　经营机构应当每半年开展一次适当性自查，形成自查报告。发现违反本办法规定的问题，应当及时处理并主动报告住所地中国证监会派出机构。

第三十二条　经营机构应当按照相关规定妥善保存其履行适当性义务的相关信息资料，防止泄露或者被不当利用，接受中国证监会及其派出机构和自律组织的检查。对匹配方案、告知警示资料、录音录像资料、自查报告等的保存期限不得少于20年。

第三十四条第一款　经营机构应当妥善处理适当性相关的纠纷，与投资者协商解决争议，采取必要措施支持和配合投资者提出的调解。经营机构履行适当性义务存在过错并造成投资者损失的，应当依法承担相应法律责任。

(3)《私募投资基金监督管理暂行办法》

第十一条第一款　私募基金应当向合格投资者募集，单只私募基金的投资者人数累计不得超过《证券投资基金法》①、《公司法》、《中华人民共和国合伙企业法》等法律规定的特定数量。

第十二条　私募基金的合格投资者是指具备相应风险识别能力和风险承担能力，投资于单只私募基金的金额不低于100万元且符合下列相关标准的单位和个人：

（一）净资产不低于1000万元的单位；

（二）金融资产不低于300万元或者最近三年个人年均收入不低于50万元的个人。

前款所称金融资产包括银行存款、股票、债券、基金份额、资产管理计划、

---

① 《证券投资基金法》第八十七条第一款规定："非公开募集基金应当向合格投资者募集，合格投资者累计不得超过二百人。"

银行理财产品、信托计划、保险产品 、期货权益等。

第十三条 下列投资者视为合格投资者：

(一) 社会保障基金、企业年金等养老基金，慈善基金等社会公益基金；

(二) 依法设立并在基金业协会备案的投资计划；

(三) 投资于所管理私募基金的私募基金管理人及其从业人员；

(四) 中国证监会规定的其他投资者。

以合伙企业、契约等非法人形式，通过汇集多数投资者的资金直接或者间接投资于私募基金的，私募基金管理人或者私募基金销售机构应当穿透核查最终投资者是否为合格投资者，并合并计算投资者人数。但是，符合本条第(一)、(二)、(四) 项规定的投资者投资私募基金的，不再穿透核查最终投资者是否为合格投资者和合并计算投资者人数。

第十六条第一款 私募基金管理人自行销售私募基金的，应当采取问卷调查等方式，对投资者的风险识别能力和风险承担能力进行评估，由投资者书面承诺符合合格投资者条件；应当制作风险揭示书，由投资者签字确认。

(4)《私募投资基金募集行为管理办法》

第十一条 募集机构应当妥善保存投资者适当性管理以及其他与私募基金募集业务相关的记录及其他相关资料，保存期限自基金清算终止之日起不得少于10年。

第十八条 在向投资者推介私募基金之前，募集机构应当采取问卷调查等方式履行特定对象确定程序，对投资者风险识别能力和风险承担能力进行评估。投资者应当以书面形式承诺其符合合格投资者标准。

投资者的评估结果有效期最长不得超过3年。募集机构逾期再次向投资者推介私募基金时，需重新进行投资者风险评估。同一私募基金产品的投资者持有期间超过3年的，无需再次进行投资者风险评估。

投资者风险承担能力发生重大变化时，可主动申请对自身风险承担能力进行重新评估。

(5)《证券期货经营机构私募资产管理业务运作管理暂行规定》

第四条 证券期货经营机构设立结构化资产管理计划，不得违背利益共享、风险共担、风险与收益相匹配的原则，不得存在以下情形：

……

（二）未对结构化资产管理计划劣后级份额认购者的身份及风险承担能力进行充分适当的尽职调查；

……

(6)《关于规范金融机构资产管理业务的指导意见》

四、资产管理产品按照募集方式的不同，分为公募产品和私募产品。公募产品面向不特定社会公众公开发行。公开发行的认定标准依照《中华人民共和国证券法》执行。私募产品面向合格投资者通过非公开方式发行……

六、金融机构发行和销售资产管理产品，应当坚持“了解产品”和“了解客户”的经营理念，加强投资者适当性管理，向投资者销售与其风险识别能力和风险承担能力相适应的资产管理产品……

十、……私募产品的投资范围由合同约定……并严格遵守投资者适当性管理要求……

二十三、……金融机构运用人工智能技术开展资产管理业务应当严格遵守本意见有关投资者适当性、投资范围、信息披露、风险隔离等一般性规定……

(7)《关于加强私募投资基金监管的若干规定》

第七条　私募基金的投资者人数累计不得超过《证券投资基金法》《公司法》《合伙企业法》等法律规定的特定数量。投资者转让基金份额的，受让人应当为合格投资者且基金份额受让后投资者人数应当符合本条规定。国务院金融监督管理部门监管的机构依法发行的资产管理产品、合格境外机构投资者、人民币合格境外机构投资者，视为《私募办法》第十三条规定的合格投资者，不再穿透核查最终投资者。

任何单位和个人不得通过将私募基金份额或者其收（受）益权进行拆分转让，或者通过为单一融资项目设立多只私募基金等方式，以变相突破合格投资者标准或投资者人数限制。

(8)《基金募集机构投资者适当性管理实施指引（试行）》

第三条第一款　投资者适当性是指基金募集机构在销售基金产品或者服务

的过程中，根据投资者的风险承受能力销售不同风险等级的基金产品或者服务，把合适的基金产品或者服务卖给合适的投资者。

第四条 基金募集机构按照本指引，建立健全投资者适当性管理制度。在销售基金产品或者服务过程中，勤勉尽责，诚实信用深入调查分析基金管理人、基金产品或者服务及投资者信息，充分揭示基金产品或者服务风险，降低投诉风险。

第六条 基金募集机构在实施投资者适当性的过程中遵循以下指导原则：

（一）投资者利益优先原则。当基金募集机构或基金销售人员的利益与投资者的利益发生冲突时，优先保障投资者的合法利益；

（二）客观性原则。建立科学合理的方法，设置必要的标准和流程，保证适当性管理的实施。对基金管理人、基金产品或者服务和投资者的调查和评价，尽力做到客观准确，并作为基金销售人员向投资者推介合适基金产品或者服务的重要依据；

（三）有效性原则。通过建立科学的投资者适当性管理制度与方法，确保投资者适当性管理的有效执行；

（四）差异性原则。对投资者进行分类管理，对普通投资者和专业投资者实施差别适当性管理，履行差别适当性义务。

第七条 基金募集机构建立适当性管理制度，至少包括以下内容：

（一）对基金管理人进行审慎调查的方式和方法；

（二）对基金产品或者服务的风险等级进行设置、对基金产品或者服务进行风险评价的方式或方法；

（三）对投资者进行分类的方法和程序、投资者转化的方法和程序；

（四）对普通投资者风险承受能力进行调查和评价的方式和方法；

（五）对基金产品或者服务和投资者进行匹配的方法；

（六）投资者适当性管理的保障措施和风控制度。

第八条 基金募集机构选择销售基金产品或者服务，要对基金管理人进行审慎调查并做出评价，了解基金管理人的诚信状况、经营管理能力、投资管理能力产品设计能力和内部控制情况，并可将调查结果作为是否销售该基金管理人产品或者服务、是否向投资者推介该基金管理人的重要依据。

基金管理人在选择基金募集机构时，为确保适当性的贯彻实施，要对基金募集机构进行审慎调查，了解基金募集机构的内部控制情况、信息管理平台建设、账户管理制度、销售人员能力和持续营销能力，并可将调查结果作为选择基金募集机构的重要依据。

第九条　基金募集机构要建立对销售人员的考核、监督问责、培训等机制规范销售人员履行投资者适当性工作职责的情况。

基金募集机构不得采取鼓励其向投资者销售不适当基金产品或者服务的考核、激励机制或措施。

第十条　基金募集机构要加强对销售人员的日常管理，建立管理档案，对销售人员行为、诚信、奖惩等方面进行记录。

第十一条　基金募集机构及其销售人员要对履行投资者适当性管理职责过程中获取的投资者信息、投资者风险承受能力评价结果等信息和资料严格保密，防止该等信息和资料泄露或被不当利用。

第十二条　基金募集机构要建立健全普通投资者回访制度，对购买基金产品或者服务的普通投资者定期抽取一定比例进行回访，对持有R5等级基金产品或者服务的普通投资者增加回访比例和频次。

基金募集机构对回访时发现的异常情况进行持续跟踪，对异常情况进行核查，存在风险隐患的及时排查，并定期整理总结，以完善投资者适当性制度。

第十四条　基金募集机构要建立完备的投资者投诉处理体系，准确记录投资者投诉内容。

基金募集机构要妥善处理因履行投资者适当性职责引起的投资者投诉，及时发现业务风险，完善内控制度。

第十五条　基金募集机构每半年开展一次投资者适当性管理自查。自查可以采取现场、非现场及暗访相结合的方式进行，并形成自查报告留存备查。

自查内容包括但不限于投资者适当性管理制度建设及落实情况，人员考核及培训情况，投资者投诉处理情况，发现业务风险及时整改情况，以及其他需要报告的事项。

第四十八条　普通投资者主动要求购买与之风险承受能力不匹配的基金产品或者服务的，基金销售要遵循以下程序：

（一）普通投资者主动向基金募集机构提出申请，明确表示要求购买具体的、高于其风险承受能力的基金产品或服务，并同时声明，基金募集机构及其工作人员没有在基金销售过程中主动推介该基金产品或服务的信息；

（二）基金募集机构对普通投资者资格进行审核，确认其不属于风险承受能力最低类别投资者，也没有违反投资者准入性规定；

（三）基金募集机构向普通投资者以纸质或电子文档的方式进行特别警示，告知其该产品或服务风险高于投资者承受能力；

（四）普通投资者对该警示进行确认，表示已充分知晓该基金产品或者服务风险高于其承受能力，并明确做出愿意自行承担相应不利结果的意思表示；

（五）基金募集机构履行特别警示义务后，普通投资者仍坚持购买该产品或者服务的，基金募集机构可以向其销售相关产品或者提供相关服务。

第四十九条 投资者信息发生重大变化的，基金募集机构要及时更新投资者信息，重新评估投资者风险承受能力，并将调整后的风险承受能力告知投资者。

第五十条 基金募集机构销售的基金产品或者服务信息发生变化的，要及时依据基金产品或者服务风险等级划分参考标准，重新评估其风险等级。基金募集机构还要建立长效机制，对基金产品或者服务的风险定期进行评价更新。

第五十一条 由于投资者风险承受能力或基金产品或者服务风险等级发生变化，导致投资者所持有基金产品或者服务不匹配的，基金募集机构要将不匹配情况告知投资者，并给出新的匹配意见。

(9)《私募投资基金管理人内部控制指引》

第十六条 ……私募基金管理人应当建立合格投资者适当性制度。

(10)《私募投资基金备案须知》(2019 版)

（五）【合格投资者】私募投资基金应当面向合格投资者通过非公开方式对外募集。合格投资者应当符合《私募投资基金监督管理暂行办法》的相关规定，具备相应风险识别能力和风险承担能力。单只私募投资基金的投资者人数累计不得超过《证券投资基金法》、《公司法》、《合伙企业法》等法律规定的特定数量。

（六）【穿透核查投资者】以合伙企业等非法人形式投资私募投资基金的，募集机构应当穿透核查最终投资者是否为合格投资者，并合并计算投资者人数。投资者为依法备案的资产管理产品的，不再穿透核查最终投资者是否为合格投资者和合并计算投资者人数。

管理人不得违反中国证监会等金融监管部门和协会的相关规定，通过为单一融资项目设立多只私募投资基金的方式，变相突破投资者人数限制或者其他监管要求。

（七）【投资者资金来源】投资者应当确保投资资金来源合法，不得汇集他人资金购买私募投资基金。募集机构应当核实投资者对基金的出资金额与其出资能力相匹配，且为投资者自己购买私募投资基金，不存在代持。

第二节　制订要点

根据前述主要制订依据，合格投资者内部审核制度的制订要点应当包括：

1. 明确合格投资者（含单位和个人）须具备的条件；
2. 仅能向特定数量的合格投资者募集；
3. 列明可被视为合格投资者的情形；
4. 列明合格投资者（含单位和个人）须提交的信息或文件；
5. 合格投资者应填写《私募基金投资者风险调查问卷》；
6. 每隔三年对投资者资格进行重新审核；
7. 明确专业和普通投资者的定义及相互转化；
8. 明确适当性内部管理制度。

下面我们就对前述要点进行具体说明。

一、明确合格投资者（含单位和个人）须具备的条件

《私募投资基金监督管理暂行办法》明确了合格投资者应具备的条件：

投资于单只私募基金的金额不低于100万元且符合下列相关标准的单位和个人：

（一）净资产不低于1000万元的单位；

（二）金融资产不低于300万元或者最近三年个人年均收入不低于50万元

的个人。

前款所称金融资产包括银行存款、股票、债券、基金份额、资产管理计划、银行理财产品、信托计划、保险产品 、期货权益等。

虽然其仅对合格投资者应具备的经济能力作出了具体要求，但《证券期货投资者适当性管理办法》等法律法规进一步明确了基金管理人在向投资者销售私募基金产品或服务时，应了解投资者的投资经验、投资目标和诚信记录等信息。因此，我们认为，基金管理人在对投资者的资质进行审核时，不应只局限于投资者的经济能力，而应对投资者的相关情况进行全方位的了解，如此才能确保其符合合格投资者应具备的各项法定条件。此外，基金业协会曾在就私募基金登记备案的相关问题进行解答的过程中表示，对于以合伙企业、契约等非法人形式，通过汇集多数投资者的资金直接或者间接投资于私募基金的，私募基金管理人或者私募基金销售机构应当穿透核查最终投资者是否为合格投资者。①

需要进一步说明的是，我们认为《私募投资基金监督管理暂行办法》规定的条件是基金管理人进行合格投资者审核必须遵守的最低条件，募资能力强的基金管理人完全可以在制度中规定更高的标准，比如，有些基金管理人已经不再向个人募资，其只需列明机构投资者应当具备的条件，并明确任何个人不视为合格投资者；有些基金管理人则将募资门槛提高到300万元甚至更高，因而其对合格投资者应具备的经济能力也会相应更高。更高的标准意味着投资者的风险识别能力和风险承受能力也更高，发生投资者与基金管理人纠纷的概率也会大幅降低。此外，采用更高的标准也可以提高募资效率。《关于规范金融机构资产管理业务的指导意见》对合格投资者的认定标准则要高于《私募投资基金监督管理暂行办法》，可供参考（具体可参考本章第一节的制订依据部分）。

二、仅能向特定数量的合格投资者募集

根据《中华人民共和国公司法》和《中华人民共和国合伙企业法》的规

---

① 参见《私募投资基金监督管理暂行办法》第十三条第二款。

定，有限公司的股东和合伙企业的合伙人均不应超过 50 人①，因此，有限公司型和合伙型私募基金仅能向不超过 50 个投资者进行募集。而对于契约型私募基金，则应当适用基金法关于非公开募集基金投资者人数的规定，即契约型私募基金的投资者人数最多不超过 200 人。基金管理人在审核投资者的资格时应当严格遵守上述投资者数量的限制，以避免被认定为公开募集。此外，基金业协会曾在就私募基金登记备案的相关问题进行解答的过程中表示，对于以合伙企业、契约等非法人形式，通过汇集多数投资者的资金直接或者间接投资于私募基金的，私募基金管理人或者私募基金销售机构应当穿透核查最终投资者是否为合格投资者，并合并计算投资者人数②。也就是说，在有嵌套的情况下，经穿透核查的最终投资者数量不得超过上述数量限制。但是，国务院金融监督管理部门监管的机构依法发行的资产管理产品、合格境外机构投资者、人民币合格境外机构投资者；社会保障基金、企业年金等养老基金，慈善基金等社会公益基金；依法设立并在基金业协会备案的投资计划以及中国证监会规定的其他投资者可以不再穿透核查最终投资者是否为合格投资者和合并计算投资者人数③。

三、列明可被视为合格投资者的情形

虽然《私募投资基金监督管理暂行办法》等法律法规对私募基金的合格投资者的资格提出了明确要求，但也规定了几种被视为合格投资者的情形，即国

---

① 《中华人民共和国公司法》第二十四条规定："有限责任公司由五十个以下股东出资设立。"

《中华人民共和国合伙企业法》第六十一条第一款规定："有限合伙企业由二个以上五十个以下合伙人设立；但是，法律另有规定的除外。"

② 参见《私募投资基金监督管理暂行办法》第十三条第二款。

③ 《私募投资基金监督管理暂行办法》第十三条规定："下列投资者视为合格投资者：（一）社会保障基金、企业年金等养老基金，慈善基金等社会公益基金；（二）依法设立并在基金业协会备案的投资计划；（三）投资于所管理私募基金的私募基金管理人及其从业人员；（四）中国证监会规定的其他投资者。以合伙企业、契约等非法人形式，通过汇集多数投资者的资金直接或者间接投资于私募基金的，私募基金管理人或者私募基金销售机构应当穿透核查最终投资者是否为合格投资者，并合并计算投资者人数。但是，符合本条第（一）、（二）、（四）项规定的投资者投资私募基金的，不再穿透核查最终投资者是否为合格投资者和合并计算投资者人数。"

《关于加强私募投资基金监管的若干规定》第七条规定："私募基金的投资者人数累计不得超过《证券投资基金法》《公司法》《合伙企业法》等法律规定的特定数量。投资者转让基金份额的，受让人应当为合格投资者且基金份额受让后投资者人数应当符合本条规定。国务院金融监督管理部门监管的机构依法发行的资产管理产品、合格境外机构投资者、人民币合格境外机构投资者，视为《私募办法》第十三条规定的合格投资者，不再穿透核查最终投资者。"

务院金融监督管理部门监管的机构依法发行的资产管理产品、合格境外机构投资者、人民币合格境外机构投资者；社会保障基金、企业年金等养老基金，慈善基金等社会公益基金；依法设立并在基金业协会备案的投资计划；投资于所管理私募基金的私募基金管理人及其从业人员；以及中国证监会规定的其他投资者。然而即便如此，我们还是建议基金管理人在对这些能突破合格投资者资格限制的情形进行审查时，对其相关信息进行仔细核查，以确保其符合上述要求。例如，对于投资计划而言，应要求其提供已在基金业协会完成备案的相关证明等。而对于慈善基金等社会公益基金而言，则应严格核查其主体资质，以确保其属于真正的社会公益机构。对于合格境外投资者和人民币合格境外机构投资者，则应要求其提供证监会发放的相关许可证明。

四、列明合格投资者（含单位和个人）须提交的信息或文件

如果说《私募投资基金监督管理暂行办法》仅为私募股权投资基金的投资者设置了准入门槛的话，《证券期货投资者适当性管理办法》则非常细致地列明了基金管理人在进行投资者资质审核时，投资者应提交的相关信息和资料①。我们认为，《证券期货投资者适当性管理办法》列明的该等信息和资料为基金管理人在进行投资者审核的过程中应当了解的内容，基金管理人应当尽可能要求投资者提供相关资料证明其符合合格投资者条件。例如，针对个人投资者，核查其学历和职业、金融资产和个人收入以及投资经验等信息时，应要求其提供个人简历（内含学历、工作经历）和近年来的投资履历，并附上学历证明，其雇主出具的收入证明或个人所得税税单，其持有的银行存款和/或理财产品、股票、债券、基金、资管计划以及保险产品等金融资产的相关证明材料，中国人民银行征信中心出具的征信报告等。而针对机构投资者，除前述材料中适用的内容之外，还应提供企业法人或其他组织的营业执照、章程/合伙协议、实缴注

① 《证券期货投资者适当性管理办法》第六条规定："经营机构向投资者销售产品或者提供服务时，应当了解投资者的下列信息：（一）自然人的姓名、住址、职业、年龄、联系方式，法人或者其他组织的名称、注册地址、办公地址、性质、资质及经营范围等基本信息；（二）收入来源和数额、资产、债务等财务状况；（三）投资相关的学习、工作经历及投资经验；（四）投资期限、品种、期望收益等投资目标；（五）风险偏好及可承受的损失；（六）诚信记录；（七）实际控制投资者的自然人和交易的实际受益人；（八）法律法规、自律规则规定的投资者准入要求相关信息；（九）其他必要信息。"

册资本的证明文件，以及最近两年的审计报告等信息。

除此之外，基金管理人可根据自身和所募集基金的实际情况，要求投资者提供更多相关信息，以便对其是否符合合格投资者标准做出更准确的判断。

五、合格投资者应填写《私募基金投资者风险调查问卷》

依据《私募投资基金募集行为管理办法》等规定，基金管理人应通过问卷调查等方式履行合格投资者确认程序。我们认为，相较于机构投资者而言，个人投资者的构成更为多样，情况更为复杂，因此，作为募集办法附件一的《私募基金投资者问卷调查内容与格式指引（个人版）》（以下简称问卷指引），明确了针对个人投资者的调查问卷必须具备的内容，包括：姓名、年龄、联系方式、学历和职业等基本信息，金融资产和个人收入等财务状况，投资知识和投资经验，投资目标和风险偏好等。我们不难发现，该问卷指引基本涵盖了《私募投资基金监督管理暂行办法》和《证券期货投资者适当性管理办法》中对合格投资者标准以及基金管理人履行合格投资者确认程序的相关规定，建议基金管理人以此为模板，并结合实际情况制订相应的投资者调查问卷。在此须提醒基金管理人的是，调查问卷仅是合格投资者确认程序的开始，其中的许多内容，尚需根据投资者提供的相关证明材料加以验证，必要时基金管理人还应进行相应的核查。

六、每隔三年对投资者资格进行重新审核

《私募投资基金募集行为管理办法》规定，投资者的评估结果有效期最长不得超过3年。此处所称“3年”为投资者评估结果的最长有效期，即基金管理人可根据实际情况将有效期设定为3年或3年以下的任何时间周期。之所以将最长有效期设定为3年，我们认为，监管层主要基于以下两方面的考量：首先，投资者自身状况的不确定性。以个人投资者为例，假设其为企业员工，且主要收入来源为工资性收入。很多企业因出于自身利益，均倾向于将固定期限劳动合同的最长时限定为3年，而一旦3年后该投资者由于种种原因未能与原企业续签劳动合同，也未能在短期内获得一份与原岗位收入相当的新工作，其就失去了主要收入来源，极有可能将不再符合合格投资者标准。而机构投资者也同

样可能在3年内陷入经营困境，从而导致其不再符合适格投资者条件。如此时基金管理人未能及时对其资质进行重新评估，而贸然向前述可能已丧失合格投资者资质的个人或机构投资者再次进行募集，将面临极大的违法风险。其次，与私募基金的存续期相匹配。就私募证券基金而言，不同基金的存续期存在较大差异。对私募股权基金来说，“3+2”的存续期在业内较为普遍，即3年的投资期+2年的退出期。而基金管理人，通常会在私募股权基金的投资期内让投资者分期缴纳出资额，或向其追加募集投资。如果某个人或机构投资者在3年的投资期后的某个时点因某些原因导致其不再符合合格投资者的标准，而基金管理人向其追加募集投资或就另一个私募股权基金产品向该投资者进行募集，但却未履行资质重估程序，将直接面临违法风险。

因此，我们认为，监管层将投资者评估结果的最长有效期设定为3年，具有一定的合理性，基金管理人应在相关制度中对此加以明确并严格遵照执行，从而最大限度地降低违法风险。

七、明确专业和普通投资者的定义及相互转化

《证券期货投资者适当性管理办法》将投资者分为专业投资者和普通投资者，并着重对专业投资者[①]的范围进行了限定。此外，《证券期货投资者适当性管理办法》还就专业投资者和普通投资者的相互转化方式进行了规定。我们认

① 《证券期货投资者适当性管理办法》第八条规定：“符合下列条件之一的是专业投资者：（一）经有关金融监管部门批准设立的金融机构，包括证券公司、期货公司、基金管理公司及其子公司、商业银行、保险公司、信托公司、财务公司等；经行业协会备案或者登记的证券公司子公司、期货公司子公司、私募基金管理人。（二）上述机构面向投资者发行的理财产品，包括但不限于证券公司资产管理产品、基金管理公司及其子公司产品、期货公司资产管理产品、银行理财产品、保险产品、信托产品、经行业协会备案的私募基金。（三）社会保障基金、企业年金等养老基金，慈善基金等社会公益基金，合格境外机构投资者（QFII）、人民币合格境外机构投资者（RQFII）。（四）同时符合下列条件的法人或者其他组织：1. 最近1年末净资产不低于2000万元；2. 最近1年末金融资产不低于1000万元；3. 具有2年以上证券、基金、期货、黄金、外汇等投资经历。（五）同时符合下列条件的自然人：1. 金融资产不低于500万元，或者最近3年个人年均收入不低于50万元；2. 具有2年以上证券、基金、期货、黄金、外汇等投资经历，或者具有2年以上金融产品设计、投资、风险管理及相关工作经历，或者属于本条第（一）项规定的专业投资者的高级管理人员、获得职业资格认证的从事金融相关业务的注册会计师和律师。前款所称金融资产，是指银行存款、股票、债券、基金份额、资产管理计划、银行理财产品、信托计划、保险产品、期货及其他衍生产品等。”

第九条规定：“经营机构可以根据专业投资者的业务资格、投资实力、投资经历等因素，对专业投资者进行细化分类和管理。”

为，该等规定有助于基金管理人进一步对合格投资者进行细分，从而分别向专业投资者和普通投资者“精准”推介符合其风险承受能力的私募基金产品。因此，基金管理人应在相关制度中明确专业投资者和普通投资者的定义并规定其相互转化的条件和方式，从而更有效地降低投资者的相关投资风险。

八、明确适当性内部管理制度

如果说《私募投资基金管理人内部控制指引》仅明确要求基金管理人应建立合格投资者适当性管理制度，《证券期货投资者适当性管理办法》则对该项制度应具备的内容作出了具体规定。因此，我们认为，合格投资者适当性管理制度要成为合格投资者内部审核制度的重要组成部分，其中应至少包含以下内容：

1. 明确应作为适当性匹配意见提出依据的投资者分类、产品或者服务分级，以及适当性匹配的具体依据、方法、流程等；

2. 列明与适当性内部管理相关的各项风控制度，具体应包括限制不匹配的销售行为、客户回访检查、评估与销售隔离、培训考核、执业规范、监督问责等方面；

3. 明确应每半年开展一次适当性自查并出具相关自查报告；

4. 明确适当性内部管理资料的保存期限；

5. 规定与投资者就适当性内部管理制度产生争议或纠纷的解决方式。

第三节　参考模板

以下是我们为某基金管理人制订的合格投资者内部审核制度简略版，基本涵盖了前述制订要点，建议基金管理人可根据各自的具体情况在此版本上进行调整：

《××有限公司合格投资者内部审核制度》

第一章　总　　则

第一条　为规范××有限公司（以下简称公司）投资者适当性审核工作，

保护投资者合法权益，根据《中华人民共和国证券法》《私募基金管理暂行条例》《私募投资基金监督管理暂行办法》《证券期货投资者适当性管理办法》及其他相关业务规则，制定本合格投资者内部审核制度（以下简称本制度）。

第二条 投资者认购公司管理的私募基金，适用本制度、公司其他业务规则及中国基金业协会有关投资者适当性管理的规定。

第三条 公司应按照本制度的规定，严格投资者适当性管理，坚持面向《中华人民共和国证券投资基金法》《中华人民共和国公司法》《中华人民共和国合伙企业法》等法律规定的特定数量的，以及符合《私募投资基金监督管理暂行办法》和《证券期货投资者适当性管理办法》所规定的合格投资者条件的投资者募集资金。公司不得以拆分转让基金份额或者其收（受）益权，或者通过为单一融资项目设立多只私募基金等方式，以变相突破合格投资者标准或投资者人数限制。公司应明确投资者分类、产品或者服务分级、适当性匹配的具体依据、方法、流程等，严格按照内部管理制度进行分类、分级，定期汇总分类、分级结果，并对每名投资者提出匹配意见。

第四条 投资者应充分知晓，投资者适当性审核的实施并不能取代投资者本人的投资判断，也不会降低投资者认购的私募基金的固有风险，相应的投资风险、履约责任以及任何投资损失应由投资者自行承担。

第二章 审核内容和流程

第五条 投资者适当性审核包括但不限于以下内容：

1. 了解投资者的相关情况并评估其风险承受能力。

2. 向投资者提供与其风险承受能力相匹配的私募基金，并进行持续跟踪和管理。

3. 在投资者认购私募基金前，向投资者如实告知私募基金的内容、性质、特点、业务规则等，并进行有针对性的投资者教育。

4. 在投资者签署基金合同之前，充分揭示私募基金的风险，并与合格投资者签署中国基金业协会制定的《风险揭示书》。风险揭示书的内容包括但不限于：

（1）私募基金的特殊风险，包括基金合同与中国基金业协会合同指引不一致的风险、基金未托管风险、基金委托募集的风险、未在中国基金业协会备案的风险等；

（2）私募基金投资运作中面临的一般风险，包括资金损失风险、募集失败风险等；

（3）投资者对基金合同中投资者权益相关重要条款的逐项确认，包括当事人的权利义务、费用及税收、纠纷解决方式等。

第六条　公司应对参与认购私募基金的投资者设置准入条件。投资者准入条件包括但不限于财务状况、投资知识水平、投资经验等方面的要求。具体的准入条件以本制度第二条所列的相关法律法规的规定为准。

第七条　投资者要求认购私募基金的，公司认为该私募基金超出投资者的风险承受能力的，应当向投资者警示风险。对于不符合法律、行政法规、规章或公司业务规则规定的私募基金准入条件的投资者，公司应当书面拒绝其认购要求。

第八条　在完成私募基金风险揭示后，个人投资者拟认购私募基金的，应向公司提供如下资料：

1. 身份证、住址、职业、年龄、联系方式；

2. 投资相关的学习、工作经历及近5年投资履历；

3. 收入来源和数额、资产、债务等财务状况；

4. 持有金融性资产的证明文件（包括但不限于银行存款、股票、债券、基金份额、资产管理计划、银行理财产品、信托计划、保险产品、期货权益等）；

5. 投资期限、品种、期望收益等投资目标；

6. 风险偏好及可承受的损失；

7. 诚信记录（如个人征信报告等）；

8. 实际控制投资者的自然人和交易的实际受益人；

9. 法律法规、自律规则规定的投资者准入要求相关信息；

10. 其他公司认为的必要信息。

第九条　在完成私募基金风险揭示后，机构投资者拟认购私募基金的，应向公司提供如下资料：

1. 企业法人或其他组织的营业执照；

2. 章程/合伙协议；

3. 实缴注册资本的证明文件；

4. 最近两年审计报告；

5. 投资履历；

6. 持有金融性资产的证明文件（包括但不限于银行存款、股票、债券、基金份额、资产管理计划、银行理财产品、信托计划、保险产品、期货权益等）；

7. 投资期限、品种、期望收益等投资目标；

8. 风险偏好及可承受的损失；

9. 诚信记录（如企业征信报告等）；

10. 实际控制投资者的自然人和交易的实际受益人；

11. 法律法规、自律规则规定的投资者准入要求相关信息；

12. 其他公司认为的必要信息。

第十条 投资者应在其提供给公司审核的上述资料的复印件上签字或盖章，并应书面承诺上述提交文件的真实性、准确性和完整性。投资者提供虚假承诺文件的，应当承担相应责任。

第十一条 投资者应当如实填写中国基金业协会制定的《投资者风险识别能力和承担能力问卷》，公司将通过该问卷对投资者的风险承受能力进行评估，调查问卷的评分细则由公司根据中国基金业协会的相关要求另行制定。投资者填写虚假信息的，应当承担相应责任。

第十二条 公司对投资者根据本制度第七条和第八条提供的资料原件进行核查后，将该等资料的复印件留存。

第三章 冷静期、回访和复审

第十三条 在完成合格投资者确认程序后，公司应给予投资者24小时的投资冷静期，投资者在冷静期满后方可签署私募基金合同。

第十四条 公司应当在投资者签署基金合同后，指令公司的非基金管理部人员以录音电话、电邮等适当方式进行回访，以客观确认合格投资者的身份及投资决定。经回访确认程序的基金合同方可生效。

第十五条　投资者分为普通投资者与专业投资者，符合下列条件之一的是专业投资者：

（一）经有关金融监管部门批准设立的金融机构，包括证券公司、期货公司、基金管理公司及其子公司、商业银行、保险公司、信托公司、财务公司等；经行业协会备案或者登记的证券公司子公司、期货公司子公司、私募基金管理人。

（二）上述机构面向投资者发行的理财产品，包括但不限于证券公司资产管理产品、基金管理公司及其子公司产品、期货公司资产管理产品、银行理财产品、保险产品、信托产品、经行业协会备案的私募基金。

（三）社会保障基金、企业年金等养老基金，慈善基金等社会公益基金，合格境外机构投资者（QFII）、人民币合格境外机构投资者（RQFII）。

（四）同时符合下列条件的法人或者其他组织：

1. 最近1年末净资产不低于2000万元；

2. 最近1年末金融资产不低于1000万元；

3. 具有2年以上证券、基金、期货、黄金、外汇等投资经历。

（五）同时符合下列条件的自然人：

1. 金融资产不低于500万元，或者最近3年个人年均收入不低于50万元；

2. 具有2年以上证券、基金、期货、黄金、外汇等投资经历，或者具有2年以上金融产品设计、投资、风险管理及相关工作经历，或者属于本条第（一）项规定的专业投资者的高级管理人员、获得职业资格认证的从事金融相关业务的注册会计师和律师。

前款所称金融资产，是指银行存款、股票、债券、基金份额、资产管理计划、银行理财产品、信托计划、保险产品、期货及其他衍生产品等。公司可以根据专业投资者的业务资格、投资实力、投资经历等因素，对专业投资者进行细化分类和管理。

第十六条　专业投资者之外的投资者为普通投资者。

经营机构应当按照有效维护投资者合法权益的要求，综合考虑收入来源、资产状况、债务、投资知识和经验、风险偏好、诚信状况等因素，确定普通投资者的风险承受能力，对其进行细化分类和管理。

第十七条 普通投资者和专业投资者在一定条件下可以互相转化。

符合本制度第十五条第四项、第五项规定的专业投资者，可以书面向公司提交申请选择成为普通投资者，公司应当对其履行相应的核查义务。

符合下列条件之一的普通投资者可以申请转化成为专业投资者，但公司有权自主决定是否同意其转化：

（一）最近1年末净资产不低于1000万元，最近1年末金融资产不低于500万元，且具有1年以上证券、基金、期货、黄金、外汇等投资经历的除专业投资者外的法人或其他组织；

（二）金融资产不低于300万元或者最近3年个人年均收入不低于30万元，且具有1年以上证券、基金、期货、黄金、外汇等投资经历或者1年以上金融产品设计、投资、风险管理及相关工作经历的自然人投资者。

普通投资者申请成为专业投资者应当以书面形式向公司提出申请并确认自主承担可能产生的风险和后果，提供相关证明材料。

公司应当通过追加了解信息、投资知识测试或者模拟交易等方式对投资者进行谨慎评估，确认其符合前条要求，说明对不同类别投资者履行适当性义务的差别，警示可能承担的投资风险，告知申请的审查结果及理由。

第十八条 公司向普通投资者销售高风险产品或者提供相关服务，应当给予普通投资者更多的考虑时间，或者增加回访频次等。

第十九条 本公司应建立完善的投资者评估数据库，并每隔三年对所有已认购私募基金并尚在基金合同有效期内的投资者进行投资者资格复核，对于不再符合合格投资者标准的投资者不得再次向其进行基金宣传推介。

第四章 其他事项

第二十条 公司自行或委托基金销售机构募集私募基金，均应按本制度规定执行投资者适当性审核工作。

第二十一条 公司应按照法律、行政法规、规章的相关规定，建立健全公司的投资者适当性审核制度。

第二十二条 公司的投资者适当性审核工作由基金管理部具体执行，并由风险控制部进行指导、协调和监督，以进一步强化公司的投资者适当性审核工作。

第二十三条　如公司员工有任何违反本制度的行为，应承担由此对公司和任意第三方造成的一切损失，并承担相应的法律责任。

第五章　附　　则

第二十四条　本制度如与国家日后颁布的法律、法规、规范性文件或经合法程序修改后的公司章程等相抵触时，应按国家有关法律、法规、规范性文件、公司章程的规定执行，并及时作出修订。

第二十五条　本制度自法定代表人签署之日起生效实施。由董事会负责修订与解释。

法定代表人签名（盖章）：

××有限公司（公章）

年　　月　　日

附：合格投资者内部审核制度示意图

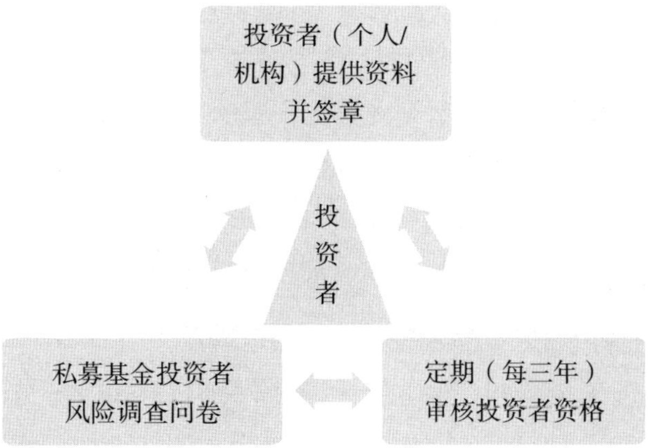

第四节　执行要点

我们认为，合格投资者内部审核制度的执行要点在于，在向投资者进行基金募集的过程中，必须严格执行该制度中所规定的投资者适当性审核内容，包括但不限于：通过让投资者填写风险调查问卷对其进行风险评估，并向投资者提供与其风险承受能力相匹配的私募基金；在投资者认购私募基金前，向其如实告知私募基金的内容、性质、特点、业务规则等，并进行投资者教育；在投资者签署基金合同之前，充分揭示私募基金的风险，并与合格投资者签署《风险揭示书》等。如果不进行该等审核工作，将会对私募基金管理人造成非常严重的后果。

一、在与基金投资者的投资纠纷中败诉

在赵某胜、洪某东、王某梅诉前海×公司、锦×公司委托理财合同纠纷一案①中，法院经审理认定，私募基金销售机构对投资人负有适当性义务，适当性义务的核心是将适当的产品销售给适当的投资者。本案中，从被告锦×公司对三原告的风险承受能力调查来看，三原告的《个人投资者风险承受能力调查问卷》中“本人接受调查问卷的结果”均显示为“稳健型”，稳健型投资者仅适合投资中低风险的资管产品。根据《资产管理合同》，涉案的资产管理计划属于较高风险、较高收益的资管产品，被告锦×公司将高风险资管产品销售给稳健型的三原告，显然属于错配销售，这说明被告锦×公司在履行适当性义务时存在随意性和在管理上存在漏洞。据此，被告锦×公司在销售涉案资管产品的过程中未能依法履行适当性义务，对三原告损失的产生有过错。适当性义务的履行是前海×公司、锦×公司“卖方尽责”的主要内容，也是三被上诉人“买者自负”的前提和基础，如无上诉人的错配销售行为，就不存在三原告的损失。因此，法院判决被告败诉，应当对其错配销售的违规行为所造成的损失承担责任。

① （2020）粤03民终19039号、（2020）粤03民终19097号、（2020）粤03民终19099号。

在谢某诉犇×公司委托理财合同纠纷一案[①]中，法院认为，依照双方合同约定及《私募投资基金监督管理暂行办法》的相关规定，私募基金管理人自行销售私募基金的，应当在签订基金合同前采取问卷调查等方式，对投资者的风险识别能力和风险承担能力进行评估，由投资者书面承诺符合合格投资者条件。按照上述规定，对投资者的风险识别能力和风险承担能力进行评估应为私募基金管理人销售私募基金的前置程序。谢某、犇×公司于2018年3月19日签订五号基金合同，但直至4月20日犇×公司才向谢某提供风险调查表。原告谢某有权请求被告犇×公司承担赔偿责任。

在原告严某诚与被告美×公司财产损害赔偿纠纷一案[②]中，法院经审理认定：美×公司作为原告认购的涉案基金的代销机构，其与原告之间构成的是金融服务法律关系，美×公司应履行该种法律关系下的相应义务。根据私募基金相关法律法规，销售机构在推介金融产品时，应当坚持投资人利益优先原则，履行适当性义务，注重根据金融消费者的风险承受能力销售不同风险等级的产品，把合适的产品推介给合适的金融消费者，以避免金融消费者因其专业知识的欠缺导致不必要的损失。对销售机构科以此种义务，可以防止其为追求自身利益，将不适格的金融消费者不当地引入资本市场，罔顾金融消费者权益而从中牟利。在本案中，被告美×公司没有按照相关法律法规，对原告进行风险识别能力和风险承担能力评估，由原告书面承诺符合合格投资者条件；也没有制作风险揭示书，由原告签字确认；更没有自行或者委托第三方机构对私募基金进行风险评级。因此，原告购买涉案私募基金系基于被告美×公司不当推介行为所致，故应认定其过错行为与原告的损失间具有因果关系，应对原告的损失承担赔偿责任。至于赔偿金额，由于被告美×公司在推介时未能根据涉案私募基金的风险和原告的实际状况履行适当的告知说明义务，未能确保原告在充分了解投资标的及其风险的基础上自主决定，具有重大过错。因此，法院最终根据《中华人民共和国侵权责任法》的相关规定，判令被告应对原告的损失承担全部的赔偿责任。

从上述案例可知，人民法院认为，进行投资者适当性审核是私募基金管理

---

① （2019）粤01民终21112号。
② （2016）苏0102民初3076号。

人的一项法定义务。如基金管理人未能遵守该项义务，将被视为具有重大过错，其很可能在与基金投资者的投资纠纷中败诉并被判令承担投资者的投资损失。

二、受到严厉的监管措施和纪律处分

2020 年 10 月 23 日，广东证监局对广州某某股权投资基金管理有限公司采取责令改正的行政监管措施，理由是该基金公司存在一些违规行为，其中之一便是，该公司作为某私募投资基金的管理人，未对部分投资者的风险识别能力和风险承担能力进行评估，也未发现部分投资者的风险识别能力和风险承担能力与该基金风险等级不匹配。①

广西某某投资基金管理有限公司在基金募集过程中，向投资者推介私募基金的风险等级与投资者的风险识别能力和风险承担能力不匹配，甚至对个别投资者未进行风险识别能力和风险承担能力评估，因而在 2019 年 8 月 22 日被广西证监局采取责令改正的行政监管措施。②

甘肃某某基金管理有限公司在 2017 年 7 月 27 日受到甘肃证监局的行政监管措施，理由是，该公司虽做了投资者风险承受能力评估，但没有向投资者出具风险承受能力评估结果，未对投资者风险承受能力与产品风险等级进行匹配。③

长春某某投资管理有限公司在 2017 年 7 月受到吉林证监局的行政监管措施，理由是该公司自行销售私募基金时，未采取问卷调查等方式，对机构投资者的风险识别能力和风险承担能力进行评估。此外，其未将投资者的风险评级与私募基金产品评级进行合理匹配。④

在投资者适当性管理方面做得不妥不仅会招致严厉的监管措施，还会受到行

---

① 《关于广州某某股权投资基金管理有限公司采取责令改正措施的决定〔2020〕154 号》，载中国证券监督管理委员会官网，http://www.csrc.gov.cn/pub/guangdong/gdjjgcs/202011/t20201105_385666.htm，2021 年 11 月 10 日访问。

② 《关于对广西某某投资基金管理有限公司采取责令改正措施的决定》，载中国证券监督管理委员会官网，http://www.csrc.gov.cn/zjhpublicofgx/gongg_7147/201908/t20190830_361255.htm，2021 年 11 月 10 日访问。

③ 《关于对甘肃某某基金管理有限公司采取责令改正措施的决定》，载中国证券监督管理委员会官网，http://www.csrc.gov.cn/pub/zjhpublicofgs/xzjgcs/201708/t20170802_321423.htm，2021 年 11 月 10 日访问。

④ 《关于对长春某某投资管理有限公司采取责令改正措施的决定》，载中国证券监督管理委员会官网，http://www.csrc.gov.cn/pub/jilin/jljgcs/201707/t20170712_320340.htm，2021 年 11 月 10 日访问。

业协会的纪律处分。义乌市某投资管理有限公司就因未采取问卷调查等方式对投资者进行风险评估，在2021年2月受到基金业协会要求限期整改的纪律处分。①

在实践中，还有部分私募股权基金管理人并未要求投资者提供关键性材料，或者对其提交的相关资料审核不严格，就接受了该等投资者的投资。最终被监管部门查实该等投资者并不符合合格投资者的必备条件，导致被要求责令整改。吉林省某某基金管理中心有限公司就因旗下产业并购基金的某个机构投资者的净资产未达到1000万元而在2016年7月受到吉林证监局的行政监管措施。②

综上所述，对于私募股权基金管理人而言，严格执行合格投资者内部审核工作，不仅是为了符合相关法律法规和监管部门的需要，而且能够使其在与投资者产生投资纠纷时，不会因未能履行该项法定义务而导致败诉并承担不必要的经济损失。

附：私募基金投资者问卷调查内容与格式指引（个人版）

[格式示例如下，问卷调查须包含但不限于以下内容]

投资者姓名：____________填写日期：____________

风险提示：私募基金投资需承担各类风险，本金可能遭受损失。同时，私募基金投资还要考虑市场风险、信用风险、流动性风险、操作风险等各类投资风险。您在基金认购过程中应当注意核对自己的风险识别能力和风险承受能力，选择与自己风险识别能力和风险承受能力相匹配的私募基金。

以下一系列问题可在您选择合适的私募基金前，协助评估您的风险承受能力、理财方式及投资目标。

请签字承诺您是为自己购买私募基金产品【　】

请签字确认您符合以下何种合格投资者财务条件：

符合金融资产不低于300万元（金融资产包括银行存款、股票、债券、基金

① 《纪律处分决定书》（中基协处分〔2021〕40号），载中国证券投资基金业协会官网，https：//www. amac. org. cn//selfdisciplinemeasures/cyry/hyjg/202102/P020210219606074409742. pdf，2021年11月10日访问。

② 《关于对吉林省某某基金管理中心有限公司采取责令改正措施的决定》，载中国证券监督管理委员会官网，http：//www. csrc. gov. cn/jilin/jljgcs/201607/t20160714_ 300700. htm，2021年11月10日访问。

份额、资产管理计划、银行理财产品、信托计划、保险产品、期货权益等)【 】

符合最近三年个人年均收入不低于50万元【 】

问卷调查应至少涵盖以下几方面:

一、基本信息

基本信息包括身份信息、联系方式、年龄、学历、职业等。通过年龄,可了解客户对收入的需要和投资期限;通过学历,可了解客户的专业背景;通过职业,可了解客户的职业背景。

样题:

1. 您的姓名【 】　联系方式【 】

证件类型【 】　证件号码【 】

2. 您的年龄介于( )

A. 18~30岁

B. 31~50岁

C. 51~65岁

D. 高于65岁

3. 你的学历为( )

A. 高中及以下

B. 中专或大专

C. 本科

D. 硕士及以上

4. 您的职业为( )

A. 无固定职业

B. 专业技术人员

C. 一般企事业单位员工

D. 金融行业一般从业人员

二、财务状况

通过财务状况,可了解金融资产状况、最近三年个人年均收入、收入中可用于金融投资的比例等信息。

样题:

1. 您的家庭可支配年收入为（折合人民币）（　　）

A. 50万元以下

B. 50万～100万元

C. 100万～500万元

D. 500万～1000万元

E. 1000万元以上

2. 在您每年的家庭可支配收入中，可用于金融投资（储蓄存款除外）的比例为（　　）

A. 小于10%

B. 10%至25%

C. 25%至50%

D. 大于50%

三、投资知识

通过投资知识，可了解客户对于金融投资知识的掌握，如由专业机构或行业协会组织金融知识的培训及相关测评，通过测评的可认为客户为该类投资的专业投资者；通过投资经验，可了解客户对于各类投资的参与情况，如客户有10年以上投资经历，或投资过期权、私募基金等高风险产品，同时了解客户的风险偏好。

样题：

1. 您的投资知识可描述为（　　）

A. 有限：基本没有金融产品方面的知识

B. 一般：对金融产品及其相关风险具有基本的知识和理解

C. 丰富：对金融产品及其相关风险具有丰富的知识和理解

2. 您的投资经验可描述为（　　）

A. 除银行储蓄外，基本没有其他投资经验

B. 购买过债券、保险等理财产品

C. 参与过股票、基金等产品的交易

D. 参与过权证、期货、期权等产品的交易

3. 您有多少年投资基金、股票、信托、私募证券或金融衍生产品等风险投资产品的经验（　　）

A. 没有经验

B. 少于 2 年

C. 2 年至 5 年

D. 5 年至 10 年

E. 10 年以上

四、投资目标

通过投资目标，可了解客户的投资需求及对投资收益成长性的要求。

样题：

1. 您计划的投资期限是（　　）

A. 1 年以下

B. 1 年至 3 年

C. 3 年至 5 年

D. 5 年以上

2. 您的投资目的是（　　）

A. 资产保值

B. 资产稳健增长

C. 资产迅速增长

五、风险偏好

通过风险偏好，可了解客户的风险承受能力，包括年龄、财务状况、投资知识、投资经验、愿意接受的投资期限、投资目标等及风险偏好。

样题：

1. 以下描述最符合您的投资态度的是（　　）

A. 厌恶风险，不希望本金损失，希望获得稳定回报

B. 保守投资，不希望本金损失，愿意承担一定幅度的收益波动

C. 寻求资金的较高收益和成长性，愿意为此承担有限本金损失

D. 希望赚取高回报，愿意为此承担较大本金损失

2. 假设有两种投资：投资 A 预期获得 10% 的收益，可能承担的损失非常小；投资 B 预期获得 30% 的收益，但可能承担较大亏损。您会怎么支配您的投资：（　　）

A. 全部投资于收益较小且风险较小的 A

B. 同时投资于A和B，但大部分资金投资于收益较小且风险较小的A

C. 同时投资于A和B，但大部分资金投资于收益较大且风险较大的B

D. 全部投资于收益较大且风险较大的B

3. 您认为自己能承受的最大投资损失是（　　）

A. 10%以内

B. 10%～30%

C. 30%～50%

D. 超过50%

［私募基金投资者风险识别能力和承担能力分为保守型、稳健型、平衡型、成长型、进取型五大类，对应分值表由机构自行制定］

投资者风险评估结果确认书：(募集机构填写)

以上问题的总分为100分，根据您所选择的问题答案，您对投资风险的整体承受程度及您的风险偏好总得分为：________分。

根据投资者风险承受能力评估评分表的评价，您的风险承受能力为：××(机构根据评级方式自己填写)，适合您的基金产品评级为××（机构根据评级方式自己填写)。

声明：本人已如实填写《私募基金投资者问卷调查内容与格式指引（个人版)》，并了解了自己的风险承受类型和适合购买的产品类型。

投资者签字：

日期：

经办员签字：

日期：

募集机构（盖章)：

日期：

第四章　私募基金宣传推介制度

如果说合格投资者风险揭示制度规定了私募基金管理人的作为义务，即规定了其应向投资者揭示私募基金投资过程中的各类潜在风险，那么，私募基金宣传推介制度则更多地规定了私募基金管理人的不作为义务，即规定了其在向投资者宣传推介私募基金过程中的禁止性行为。该项制度旨在加强对投资者的保护力度，通过规范私募基金管理人的宣传推介行为，从而最大限度地减少投资者因受误导或欺诈而遭受投资损失的可能。

监管层一方面加强了对私募基金管理人违规宣传的处罚力度，另一方面也在加紧制定相关监管规定。2016 年 7 月出台的《私募投资基金募集行为管理办法》就着重对私募基金管理人的宣传推介行为进行了规范。此后，监管层出台的多个与私募基金相关的法规，以及基金业协会的自律规则也均在不同程度上对私募基金的宣传推介加以规制。

我们相信，随着相关法律法规的不断完善，私募基金违规宣传推介的乱象将得到有效遏制，广大投资者的合法权益也将得到切实维护。就私募基金管理人而言，只有严格遵循相关监管规定并制订相应的宣传推介制度，才能既确保合规运营，又通过保护投资者权益提升品牌认知度。

第一节　制订依据

私募基金宣传推介制度的主要制订依据为《中华人民共和国证券投资基金法》《私募投资基金监督管理暂行办法》《私募投资基金募集行为管理办法》《证券期货投资者适当性管理办法》《关于加强私募投资基金监管的若干规定》

《证券期货经营机构私募资产管理业务管理办法》《私募基金管理人登记须知》(2018年12月更新)、《私募投资基金备案须知》(2019版)、《关于进一步规范金融营销宣传行为的通知》，以及《基金从业人员执业行为自律准则》。具体规定如下：

(1)《中华人民共和国证券投资基金法》

第五十六条第三款 对基金募集所进行的宣传推介活动，应当符合有关法律、行政法规的规定，不得有本法第七十七条所列行为。

第七十七条 公开披露基金信息，不得有下列行为：

(一)虚假记载、误导性陈述或者重大遗漏；

(二)对证券投资业绩进行预测；

(三)违规承诺收益或者承担损失；

(四)诋毁其他基金管理人、基金托管人或者基金销售机构；

(五)法律、行政法规和国务院证券监督管理机构规定禁止的其他行为。

第九十一条 非公开募集基金，不得向合格投资者之外的单位和个人募集资金，不得通过报刊、电台、电视台、互联网等公众传播媒体或者讲座、报告会、分析会等方式向不特定对象宣传推介。

(2)《私募投资基金监督管理暂行办法》

第十四条 私募基金管理人、私募基金销售机构不得向合格投资者之外的单位和个人募集资金，不得通过报刊、电台、电视、互联网等公众传播媒体或者讲座、报告会、分析会和布告、传单、手机短信、微信、博客和电子邮件等方式，向不特定对象宣传推介。

第十七条 私募基金管理人自行销售或者委托销售机构销售私募基金，应当自行或者委托第三方机构对私募基金进行风险评级，向风险识别能力和风险承担能力相匹配的投资者推介私募基金。

(3)《私募投资基金募集行为管理办法》

第十六条第一款 募集机构仅可以通过合法途径公开宣传私募基金管理人的品牌、发展战略、投资策略、管理团队、高管信息以及由中国基金业协会公示的已备案私募基金的基本信息。

第十七条 募集机构应当向特定对象宣传推介私募基金。未经特定对象确定程序，不得向任何人宣传推介私募基金。

第二十二条 私募基金推介材料应由私募基金管理人制作并使用。私募基金管理人应当对私募基金推介材料内容的真实性、完整性、准确性负责。

除私募基金管理人委托募集的基金销售机构可以使用推介材料向特定对象宣传推介外，其他任何机构或个人不得使用、更改、变相使用私募基金推介材料。

第二十三条 募集机构应当采取合理方式向投资者披露私募基金信息，揭示投资风险，确保推介材料中的相关内容清晰、醒目。私募基金推介材料内容应与基金合同主要内容一致，不得有任何虚假记载、误导性陈述或者重大遗漏。如有不一致的，应当向投资者特别说明。私募基金推介材料内容包括但不限于：

（一）私募基金的名称和基金类型；

（二）私募基金管理人名称、私募基金管理人登记编码、基金管理团队等基本信息；

（三）中国基金业协会私募基金管理人以及私募基金公示信息（含相关诚信信息）；

（四）私募基金托管情况（如无，应以显著字体特别标注）、其他服务提供商（如律师事务所、会计师事务所、保管机构等），是否聘用投资顾问等；

（五）私募基金的外包情况；

（六）私募基金的投资范围、投资策略和投资限制概况；

（七）私募基金收益与风险的匹配情况；

（八）私募基金的风险揭示；

（九）私募基金募集结算资金专用账户及其监督机构信息；

（十）投资者承担的主要费用及费率，投资者的重要权利（如认购、赎回、转让等限制、时间和要求等）；

（十一）私募基金承担的主要费用及费率；

（十二）私募基金信息披露的内容、方式及频率；

（十三）明确指出该文件不得转载或给第三方传阅；

（十四）私募基金采取合伙企业、有限责任公司组织形式的，应当明确说明入伙（股）协议不能替代合伙协议或公司章程。说明根据《合伙企业法》或

《公司法》，合伙协议、公司章程依法应当由全体合伙人、股东协商一致，以书面形式订立。申请设立合伙企业、公司或变更合伙人、股东的，并应当向企业登记机关履行申请设立及变更登记手续；

（十五）中国基金业协会规定的其他内容。

第二十四条　募集机构及其从业人员推介私募基金时，禁止有以下行为：

（一）公开推介或者变相公开推介；

（二）推介材料虚假记载、误导性陈述或者重大遗漏；

（三）以任何方式承诺投资者资金不受损失，或者以任何方式承诺投资者最低收益，包括宣传“预期收益”、“预计收益”、“预测投资业绩”等相关内容；

（四）夸大或者片面推介基金，违规使用“安全”、“保证”、“承诺”、“保险”、“避险”、“有保障”、“高收益”、“无风险”等可能误导投资人进行风险判断的措辞；

（五）使用“欲购从速”、“申购良机”等片面强调集中营销时间限制的措辞；

（六）推介或片面节选少于6个月的过往整体业绩或过往基金产品业绩；

（七）登载个人、法人或者其他组织的祝贺性、恭维性或推荐性的文字；

（八）采用不具有可比性、公平性、准确性、权威性的数据来源和方法进行业绩比较，任意使用“业绩最佳”、“规模最大”等相关措辞；

（九）恶意贬低同行；

（十）允许非本机构雇佣的人员进行私募基金推介；

（十一）推介非本机构设立或负责募集的私募基金；

（十二）法律、行政法规、中国证监会和中国基金业协会禁止的其他行为。

第二十五条　募集机构不得通过下列媒介渠道推介私募基金：

（一）公开出版资料；

（二）面向社会公众的宣传单、布告、手册、信函、传真；

（三）海报、户外广告；

（四）电视、电影、电台及其他音像等公共传播媒体；

（五）公共、门户网站链接广告、博客等；

（六）未设置特定对象确定程序的募集机构官方网站、微信朋友圈等互联网媒介；

（七）未设置特定对象确定程序的讲座、报告会、分析会；

（八）未设置特定对象确定程序的电话、短信和电子邮件等通讯媒介；

（九）法律、行政法规、中国证监会规定和中国基金业协会自律规则禁止的其他行为。

(4)《证券期货投资者适当性管理办法》

第二十二条 禁止经营机构进行下列销售产品或者提供服务的活动：

……

（三）向普通投资者主动推介风险等级高于其风险承受能力的产品或者服务；

（四）向普通投资者主动推介不符合其投资目标的产品或者服务；

……

(5)《关于加强私募投资基金监管的若干规定》

第六条 私募基金管理人、私募基金销售机构及其从业人员在私募基金募集过程中不得直接或者间接存在下列行为：

……

（二）通过报刊、电台、电视、互联网等公众传播媒体，讲座、报告会、分析会等方式，布告、传单、短信、即时通讯工具、博客和电子邮件等载体，向不特定对象宣传推介，但是通过设置特定对象确定程序的官网、客户端等互联网媒介向合格投资者进行宣传推介的情形除外；

（三）口头、书面或者通过短信、即时通讯工具等方式直接或者间接向投资者承诺保本保收益，包括投资本金不受损失、固定比例损失或者承诺最低收益等情形；

（四）夸大、片面宣传私募基金，包括使用安全、保本、零风险、收益有保障、高收益、本金无忧等可能导致投资者不能准确认识私募基金风险的表述，或者向投资者宣传预期收益率、目标收益率、基准收益率等类似表述；

（五）向投资者宣传的私募基金投向与私募基金合同约定投向不符；

（六）宣传推介材料有虚假记载、误导性陈述或者重大遗漏，包括未真实、准确、完整披露私募基金交易结构、各方主要权利义务、收益分配、费用安排、关联交易、委托第三方机构以及私募基金管理人的出资人、实际控制人等情况；

（七）以登记备案、金融机构托管、政府出资等名义为增信手段进行误导性宣传推介；

……

私募基金管理人的出资人、实际控制人、关联方不得从事私募基金募集宣传推介，不得从事或者变相从事前款所列行为。

……

（6）《证券期货经营机构私募资产管理业务管理办法》

第十四条　证券期货经营机构可以自行销售资产管理计划，也可以委托具有基金销售资格的机构（以下简称销售机构）销售或者推介资产管理计划。

销售机构应当依法、合规销售或者推介资产管理计划。

第二十五条第二款　证券期货经营机构、销售机构不得公开或变相公开募集资产管理计划，不得通过报刊、电台、电视、互联网等传播媒体或者讲座、报告会、传单、布告、自媒体等方式向不特定对象宣传具体资产管理计划。

第五十一条　披露资产管理计划信息，不得有下列行为：

（一）虚假记载、误导性陈述或者重大遗漏；

（二）对投资业绩进行预测，或者宣传预期收益率；

（三）承诺收益，承诺本金不受损失或者限定损失金额或比例；

（四）夸大或者片面宣传管理人、投资经理及其管理的资产管理计划的过往业绩；

（五）恶意诋毁、贬低其他资产管理人、托管人、销售机构或者其他资产管理产品；

（六）中国证监会禁止的其他情形。

（7）《私募基金管理人登记须知》（2018 年 12 月更新）

九、私募基金管理人不予登记情形根据

《中华人民共和国证券投资基金法》、《私募投资基金监督管理暂行办法》、《私募投资基金管理人登记和基金备案办法（试行）》、《关于进一步规范私募基金管理人登记若干事项的公告》及相关自律规则，申请登记私募基金管理人的机构存在以下情形的，协会将不予办理登记，且自该机构不予登记之日起一年内不接受办理其高管人员担任私募基金管理人高管人员、作为私募基金管理人的出资人或实际控制人：

（一）申请机构违反《中华人民共和国证券投资基金法》、《私募投资基金监督管理暂行办法》关于资金募集相关规定，在申请登记前违规发行私募基金，且存在公开宣传推介、向非合格投资者募集资金行为的；

……

（8）《私募投资基金备案须知》（2019版）

（八）【募集推介材料】管理人应在私募投资基金招募说明书等募集推介材料中向投资者介绍管理人及管理团队基本情况、托管安排（如有）、基金费率、存续期、分级安排（如有）、主要投资领域、投资策略、投资方式、收益分配方案以及业绩报酬安排等要素。募集推介材料还应向投资者详细揭示私募投资基金主要意向投资项目（如有）的主营业务、估值测算、基金投资款用途以及拟退出方式等信息……募集推介材料的内容应当与基金合同、公司章程和合伙协议（以下统称“基金合同”）实质一致。

（9）《关于进一步规范金融营销宣传行为的通知》①

三、金融营销宣传行为规范

本通知所称金融营销宣传行为，是指金融产品或金融服务经营者利用各种宣传工具或方式，就金融产品或金融服务进行宣传、推广的行为。

（一）建立健全金融营销宣传内控制度和管理机制。金融产品或金融服务经营者应当完善金融营销宣传工作制度，指定牵头部门，明确人员职责，建立健全金融营销宣传内控制度，并将金融营销宣传管理纳入金融消费者权益保护工作，加强金融营销宣传合规专题教育和培训，健全金融营销宣传管理长效机制。

（二）建立健全金融营销宣传行为监测工作机制。金融产品或金融服务经营

---

① 虽然该通知并未明确其是否适用于私募基金，但其制订依据之一为《中华人民共和国证券投资基金法》，而基金法则可规制私募基金。此外，根据《全国法院民商事审判工作会议纪要》，杠杆基金份额为金融产品，且其并未明确排除私募基金份额。因此可合理推断，营销新规应可适用于私募基金。

者应当对本机构金融营销宣传活动进行监测，并配合国务院金融管理部门相关工作。如在监测过程中发现金融营销宣传行为违反本通知规定，金融产品或金融服务经营者应当及时改正。

（三）加强对业务合作方金融营销宣传行为的监督。金融产品或金融服务经营者应当依法审慎确定与业务合作方的合作形式，明确约定本机构与业务合作方在金融营销宣传中的责任，共同确保相关金融营销宣传行为合法合规。金融产品或金融服务经营者应当监督业务合作方作出的与本机构相关的营销宣传活动。除法律、法规、规章另有规定外，金融产品或金融服务经营者不得以业务合作方金融营销宣传行为非本机构作出为由，转移、减免应承担的责任。

（四）不得非法或超范围开展金融营销宣传活动。金融产品或金融服务经营者进行金融营销宣传，应当具有能够证明合法经营资质的材料，以便相关金融消费者或业务合作方等进行查验。证明材料包括但不限于经营许可证、备案文件、行业自律组织资格等与金融产品或金融服务相关的身份资质信息。金融产品或金融服务经营者应当确保金融营销宣传在形式和实质上未超出上述证明材料载明的业务许可范围。

（五）不得以欺诈或引人误解的方式对金融产品或金融服务进行营销宣传。金融营销宣传不得引用不真实、不准确的数据和资料；不得隐瞒限制条件；不得对过往业绩进行虚假或夸大表述；不得对资产管理产品未来效果、收益或相关情况作出保证性承诺，明示或暗示保本、无风险或保收益；不得使用偷换概念、不当类比、隐去假设等不当营销宣传手段。

（六）不得以损害公平竞争的方式开展金融营销宣传活动。金融营销宣传不得以捏造、散布虚假事实等手段恶意诋毁竞争对手，损害同业信誉；不得通过不当评比、不当排序等方式进行金融营销宣传；不得冒用、擅自使用与他人相同或近似等有可能使金融消费者混淆的注册商标、字号、宣传册页。

（七）不得利用政府公信力进行金融营销宣传。金融营销宣传不得利用国务院金融管理部门或地方金融监管部门对金融产品或金融服务的审核或备案程序，误导金融消费者认为国务院金融管理部门或地方金融监管部门对该金融产品或金融服务提供保证，并应当提供对该金融产品或金融服务相关信息的查询方式；不得对未经国务院金融管理部门或地方金融监管部门审核或备案的金融产品或金融服务进行预先宣传或促销。相关法律、法规、规章另有规定的，从其规定。

（八）不得损害金融消费者知情权。金融营销宣传应当通过足以引起金融消费者注意的文字、符号、字体、颜色等特别标识对限制金融消费者权利和加重金融消费者义务的事项进行说明。通过视频、音频方式开展金融营销宣传活动的，应当采取能够使金融消费者足够注意和易于接收理解的适当形式披露告知警示、免责类信息。

（九）不得利用互联网进行不当金融营销宣传。利用互联网开展金融营销宣传活动，不得影响他人正常使用互联网和移动终端，不得提供或利用应用程序、硬件等限制他人合法经营的广告，干扰金融消费者自主选择；以弹出页面等形式发布金融营销宣传广告的，应当显著标明关闭标志，确保一键关闭；不得允许从业人员自行编发或转载未经相关金融产品或金融服务经营者审核的金融营销宣传信息。

（十）不得违规向金融消费者发送金融营销宣传信息。未经金融消费者同意或请求，不得向其住宅、交通工具等发送金融营销信息，也不得以电子信息方式向其发送金融营销信息。以电子信息方式发送金融营销信息的，应当明确发送者的真实身份和联系方式，并向接收者提供拒绝继续接收的方式。

（十一）金融产品或金融服务经营者不得开展法律法规和国务院金融管理部门认定的其他违法违规金融营销宣传活动。

（10）《基金从业人员执业行为自律准则》

第十一条 从业人员应当在宣传、推介和销售基金产品时，坚持销售适用性原则，客观、全面、准确地向投资者推荐或销售适合的基金产品，并及时揭示投资风险。不得进行不适当地宣传，误导欺诈投资者，不得片面夸大过往业绩，不得预测所推介基金的未来业绩，不得违规承诺保本保收益。

第二节 制订要点

根据前述主要制订依据，私募基金宣传推介制度的制订要点应当包括：

1. 明确仅向拥有相应的风险识别和承受能力的投资者推介；

2. 明确不向非特定对象宣传推介；

3. 明确不承诺投资本金不受损失或承诺最低收益；
4. 规定推介材料的具体内容；
5. 保证推介材料的真实性、完整性、准确性；
6. 明确基金管理人及其员工的禁止推介行为；
7. 明确基金管理人及其员工的禁止推介媒介；
8. 确定与业务合作方的合作形式；
9. 建立健全内控制度，加强合规培训。

下面我们就对前述要点进行具体说明。

一、明确仅向拥有相应的风险识别和承受能力的投资者推介

基金管理人应且仅应向符合相关法律法规规定的合格投资者推介私募股权基金产品。关于合格投资者需具备的各项条件，我们已在第三章“合格投资者内部审核制度”中进行了详细阐述，在此不再赘述。需强调的是，《证券期货投资者适当性管理办法》在《私募投资基金监督管理暂行办法》等法律法规的基础上，根据投资者不同的投资能力和风险承受能力对合格投资者进行了细分，分为专业投资者和普通投资者。并且，《证券期货投资者适当性管理办法》还在此基础上针对基金管理人的推介行为提出了更高的要求，即不得向普通投资者主动推介风险等级高于其风险承受能力的产品或者服务。因此，基金管理人在私募基金宣传推介制度中应当首先明确：在推介相关基金产品的过程中，不仅应严格遵守合格投资者的相关规定，而且应向不同类型的合格投资者推介适合其风险识别和承受能力的产品或服务。

二、明确不向非特定对象宣传推介

何谓“非特定对象”？首先需明确“特定对象”的含义。中国法律目前并无对特定对象的明确定义。不过，从《中华人民共和国公司法》第七十七条对募集设立股份有限公司的相关规定可以间接得出特定对象的概念。该条第三款规定：“募集设立，是指由发起人认购公司应发行股份的一部分，其余股份向社会公开募集或者向特定对象募集而设立公司。”由此可见，特定对象是与社会公众相对的一个概念，因此，我们可推断出，非特定对象就是指社会公众。据此

可知，基金管理人仅能向符合合格投资者标准的特定对象推介私募股权基金产品或服务，而不得向不特定的社会公众进行宣传推介。

三、明确不承诺投资本金不受损失或承诺最低收益

投资与借款不同，借款具备刚性兑付的属性，即到期须还本付息，典型如商业银行存款以及一部分承诺保底的理财产品等，而投资并不具备刚性兑付的属性，因此存在投资失败，导致无法取得预期收益，甚至无法收回本金的风险。对于私募股权基金而言，其在募集、投资、管理和退出的过程中存在各种不可预知且无法控制的风险因素（具体详见第二章“投资者风险揭示制度”）。因此，其属于一种高风险的投资产品。为了能够最大限度地保护投资者的利益，基金管理人不仅应当将私募股权基金产品或服务的相关风险向投资者进行全方位的揭示，还应明确告知投资者，投资于相关基金产品须自担投资风险，存在无法取得预期收益，甚至损失本金的可能。实践中，私募基金行业普遍存在的保本承诺（或承诺限定损失金额或比例）甚至最低收益承诺均是违法的，在私募基金宣传推介制度中应当予以明确禁止。

四、规定推介材料的具体内容

根据《私募投资基金募集行为管理办法》的规定，私募股权基金的推介材料内容应与基金合同主要内容一致，不应有任何虚假记载、误导性陈述或者重大遗漏。其中除应包含基金产品的名称和类型、基金管理人和托管人的相关信息以及外包情况、基金的投资概况以及收益与风险的匹配情况等基本信息外，还应包括基金产品的特殊风险揭示，募集结算资金专用账户信息，投资者和基金承担的主要费用及费率，基金产品信息披露的内容、方式及频率，以及基金业协会规定的其他内容。此外，还应明确指出该推介材料不得转载或给第三方传阅，这也正是只能向合格投资者、不得向非特定对象推介的具体要求。

五、保证推介材料的真实性、完整性、准确性

根据《私募投资基金募集行为管理办法》的规定，私募基金推介材料应由基金管理人制作并使用，并且，基金管理人应对私募基金推介材料内容的“三

性”，即真实性、完整性、准确性负责。第一，推介材料的“三性”由基金管理人负责？因为推介材料由基金管理人制作，并且只有基金管理人或其委托募集的基金销售机构才能使用推介材料对外进行宣传。因此，基金管理人应对推介材料的“三性”承担责任。第二，什么是私募基金推介材料的“三性”？首先，真实性是指推介材料的内容必须完全符合被推介的私募基金的真实情况，不应存在任何虚假信息；其次，完整性是指推介材料应当完整包含基金合同的主要内容（具体详见上述要点四），不应有任何遗漏；最后，准确性是指推介材料的内容应客观描述私募基金的各项信息，不应存在任何可能导致投资者误判的陈述。值得一提的是，《关于加强私募投资基金监管的若干规定》明确了不符合“三性”要求的情形，即，宣传推介材料有虚假记载、误导性陈述或者重大遗漏，包括未真实、准确、完整披露私募基金交易结构、各方主要权利义务、收益分配、费用安排、关联交易、委托第三方机构以及私募基金管理人的出资人、实际控制人等情况。

六、明确基金管理人及其员工的禁止推介行为

作为《私募投资基金募集行为管理办法》的上位法，《私募投资基金监督管理暂行办法》已在其第四章“资金募集”中规定了基金管理人及其委托募集的基金销售机构在进行宣传推介过程中的禁止性行为，如不得向不特定对象宣传推介、不得向投资者承诺投资本金不受损失或者承诺最低收益等。这些规定散落在不同的条款中，而《私募投资基金募集行为管理办法》将《私募投资基金监督管理暂行办法》的相关规定进行了整合，并列举了一些其他的禁止推介行为，比如：不得夸大或片面推介基金，不得使用片面强调营销时限的措辞，不得恶意贬低同行以及在基金业绩、推介主体及推介对象方面的禁止推介行为等，还规定了兜底条款。可以说，《私募投资基金募集行为管理办法》在《私募投资基金监督管理暂行办法》的基础上，进一步明确了基金管理人及其委托募集的基金销售机构的禁止推介行为。基金管理人在宣传推介制度中应对此加以明确，使其作为进行基金产品宣传推介的行动指引。2020 年 12 月 30 日，《关于加强私募投资基金监管的若干规定》公布并实施，其第六条第一款第七项进一步明确，不得以登记备案、金融机构托管、政府出资等名义为增信手段进行误导性宣传

推介，向投资者宣传的私募基金投向与私募基金合同约定投向必须一致。此外，《关于进一步规范金融营销宣传行为的通知》中也规定了一些金融营销宣传所涉的禁止性行为（包括不得以欺诈或引人误解的方式，不得以损害公平竞争的方式开展金融营销宣传活动等）。如前所述，我们认为该通知也应适用于私募基金，因此，私募基金管理人在对私募基金进行宣传推介时，亦应遵守该通知中的相关规定。

七、明确基金管理人及其员工的禁止推介媒介

与禁止推介行为类似，《私募投资基金监督管理暂行办法》第十四条规定了私募基金管理人、私募基金销售机构禁止进行基金产品推介的媒介，该等媒介包括报刊、电台、电视、互联网等公众传播媒体或者讲座、报告会、分析会和布告、传单、手机短信、微信、博客和电子邮件等。《私募投资基金募集行为管理办法》对《私募投资基金监督管理暂行办法》的前述规定进行了细化，如：将公众传播媒体分为线上和线下，线上媒体包括公共、门户网站链接广告、博客，而线下媒体则包括电视、电影、电台及其他音像等。对于讲座、报告会、分析会、手机短信、微信和电子邮件等媒介，《私募投资基金募集行为管理办法》则根据现实情况并适应互联网技术的发展，在《私募投资基金监督管理暂行办法》的基础上进行了调整，即只要设置了特定对象确定程序，这些媒介是可以用来进行私募基金推介的；同样地，《私募投资基金募集行为管理办法》也对宣传单和布告等媒介根据不同情况进行了调整，即仅有那些面向社会公众的宣传单和布告等纸质材料才被列为禁止推介媒介。不过，《私募投资基金募集行为管理办法》在“松绑”某些推介媒介的同时，也将另一些媒介列入禁止推介的范围，如公开出版资料、海报、户外广告等。值得一提的是，《证券期货经营机构私募资产管理业务管理办法》与时俱进地将自媒体列入私募资管计划的禁止推介范围。

八、确定与业务合作方的合作形式

实践中，私募基金管理人委托第三方基金销售机构代销旗下私募基金产品的情形在私募基金行业内非常普遍，然而，此前对管理人和合作方的责任划分

一直较为模糊，在出现投资纠纷时，“应该追究谁的责任?”这一问题，往往也令投资者无所适从。《关于进一步规范金融营销宣传行为的通知》在一定程度上解决了这一难题。根据该通知“三、金融营销宣传行为规范”，金融产品或金融服务经营者应依法审慎确定与业务合作方的合作形式，明确约定本机构与合作方在金融营销宣传中的责任，共同确保相关金融营销宣传行为合法合规。金融产品或金融服务经营者应监督合作方作出的与本机构相关的营销宣传活动，并不得以合作方金融营销宣传行为非本机构作出为由，转移、减免应承担的责任(法律法规另有规定的除外)。也就是说，私募基金管理人在委托第三方代销基金产品并进行相关宣传推介时，应在相关外包协议中明确与该第三方的合作形式和责任分担，一旦产生投资纠纷，如可明确系该第三方的过错导致，且基金管理人已适当履行了监督职责的，则基金投资者的相关损失应由该第三方代销机构承担（如基金管理人向投资者进行了先行赔付，则有权向代销机构进行追偿）。

九、建立健全内控制度，加强合规培训

要合法、规范地对私募基金进行宣传推介，需要的是“制度加执行”。没有规矩不成方圆，若是缺乏科学而行之有效的制度，业务部门便只能“摸着石头过河”，往往踩了红线还不自知。当然，仅仅有制度还不够，必须有强大的执行力去贯彻。只有二者紧密结合，在营销实践中不断地对现行制度进行完善，并定期进行合规培训，方能真正实现合法、规范地宣传和推介。《关于进一步规范金融营销宣传行为的通知》“三、金融营销宣传行为规范”也是这么要求的。根据该通知，金融产品或金融服务经营者应完善金融营销宣传工作制度，指定牵头部门，明确人员职责，建立健全金融营销宣传内控制度，还应加强金融营销宣传合规专题教育和培训，健全金融营销宣传管理长效机制。

第三节　参考模板

以下是我们为某私募基金管理人制订的私募基金宣传推介制度简略版，基本涵盖了前述制订要点，建议基金管理人可根据各自的具体情况在此版本上进行调整：

《××有限公司私募基金宣传推介制度》

为了进一步规范××有限公司（以下简称公司）管理的私募基金的宣传与推介行为，公司现根据《私募投资基金监督管理暂行办法》《关于进一步规范私募基金管理人登记若干事项的公告》《私募投资基金管理人内部控制指引》《证券期货投资者适当性管理办法》等相关法律法规和中国基金业协会的相关规定，制定本私募基金宣传推介制度（以下简称本制度）。

第一章 总　　则

第一条 本制度的适用对象为公司以及公司员工。

第二条 公司在自行销售或者委托销售机构销售私募基金之前，应当自行或者委托第三方机构对私募基金进行风险评级，确保向风险识别能力和风险承担能力相匹配的投资者推介私募基金。

第二章 推介材料

第三条 私募基金的推介材料应由公司制作，公司对该等推介材料内容的真实性、完整性、准确性负责。除公司委托的基金销售机构外，其他任何机构或个人不得使用、更改、变相使用该等推介材料。

第四条 私募基金的推介材料内容应与基金合同主要内容一致，不应有任何虚假记载、误导性陈述或者重大遗漏。推介材料内容包括但不限于：

（一）私募基金的名称和基金类型；

（二）私募基金管理人名称、私募基金管理人登记编码等基本信息及管理人团队基本情况等概况描述；

（三）私募基金托管人名称和托管安排（如无，应以显著字体特别标识）；

（四）私募基金的主要投资领域、投资策略、投资方式和投资限制概况；

（五）私募基金主要意向投资项目（如有）的主营业务、估值测算、基金投资款用途以及拟退出方式等信息；

（六）私募基金的收益分配方案和业绩报酬安排；

（七）私募基金收益与风险的匹配情况；

（八）私募基金的特殊风险揭示；

（九）私募基金募集结算资金专用账户信息；

（十）投资者承担的主要费用及费率；

（十一）私募基金承担的主要费用和费率，以及分级安排（如有）；

（十二）私募基金信息披露的内容、方式及频率；

（十三）明确指出该文件不得转载或给第三方传阅；

（十四）中国基金业协会规定的其他内容。

公司应当采取合理方式向投资者揭示风险，确保推介材料中的相关内容清晰、醒目。

第三章　禁止行为

第五条　公司及公司员工在推介私募基金时，禁止以下行为：

（一）向《私募投资基金监督管理暂行办法》等法律法规规定的合格投资者之外的机构和个人募集资金；

（二）通过报刊、电台、电视、互联网等公众传播媒体或者讲座、报告会、分析会和布告、传单、手机短信、微信、自媒体、博客和电子邮件等方式，向不特定对象公开推介或者变相公开推介私募基金（但是通过设置特定对象确定程序的官网、客户端等互联网媒介向合格投资者进行宣传推介的情形除外）；

（三）推介材料虚假记载、误导性陈述或者重大遗漏（包括未真实、准确、完整披露私募基金交易结构、各方主要权利义务、收益分配、费用安排、关联交易、委托第三方机构以及私募基金管理人的出资人、实际控制人等情况）；

（四）以任何方式（包括但不限于口头、书面或者通过短信、即时通讯工具等方式）承诺投资者资金不受损失（包括投资本金不受损失、固定比例损失），或者以任何方式承诺投资者最低收益，包括宣传预期收益、预计收益、基准收益、预测投资业绩等；

（五）以欺诈方式进行宣传推介，夸大或者片面推介基金，违规使用安全、保证、承诺、保险、避险、有保障、高收益、无风险、保本、本金无忧等可能使投资者不能准确认识私募基金风险的表述，或以其他引人误解的方式进行宣传推介；

（六）登载任何自然人、法人或者其他组织的祝贺性、恭维性或推荐性的文字；

（七）恶意贬低同行，或以其他损害公平竞争的方式开展宣传推介活动；

（八）允许非公司员工进行推介（委托销售机构销售私募基金的除外）；

（九）推介非公司募集的私募基金；

（十）向普通投资者主动推介风险等级高于其风险承受能力的产品或者服务；

（十一）向普通投资者主动推介不符合其投资目标的产品或者服务；

（十二）非法或超范围开展宣传推介活动；

（十三）利用政府公信力以登记备案、金融机构托管、政府出资等为增信手段进行宣传推介；

（十四）损害投资者的知情权；

（十五）利用互联网进行不当宣传推介活动；

（十六）违规向投资者发送宣传信息，即未经其同意或请求便向其发送宣传信息，或在发送信息时，未明确发送者的真实身份/联系方式，并未向其提供拒绝继续接收的方式；

（十七）向投资者宣传的私募基金投向与私募基金合同约定投向不符；

（十八）法律、行政法规、中国证监会的有关规定和中国基金业协会自律规则禁止的其他行为。

第六条 公司及公司员工在推介私募基金时，禁止通过下列媒介渠道推介：

（一）公开出版资料；

（二）面向社会公众的宣传单、布告、手册、信函、传真；

（三）未经邀约面向公众的讲座、报告会、分析会；

（四）海报、户外广告；

（五）电视、电影、电台及其他音像等公共传播媒体；

（六）公共网站链接广告、博客等；

（七）未设置特定对象调查程序的募集机构官方网站、微信朋友圈、自媒体等互联网媒介；

（八）未经特定对象调查程序的电话、短信和电子邮件等通讯媒介；

（九）法律、行政法规、中国证监会的有关规定和中国基金业协会自律规则禁止的其他行为。

第四章　外包服务

第七条　如公司拟将基金募集事务委托给第三方，应严格遵守以下规范：

（一）选择至少三家具有基金销售资质等相关资质的机构进行洽谈和询价；

（二）对选定的机构开展规范的尽职调查，调查内容包括但不限于股东背景、相关资质、过往经验，以及违法违规记录等；

（三）与尽职调查后最终确定的机构签署正式《外包服务合同》，并明确双方的合作形式（包括但不限于双方在基金销售和推介过程中的职责）；

（四）持续监督该外包机构作出的与公司相关的基金营销宣传活动，如发现任何违法违规行为或任何相关风险，应及时指出并要求其纠正；

（五）对因外包机构引起的投资者投诉或相关纠纷，应妥善处理，如因外包机构的过失导致公司受到任何经济/名誉损失，公司应向外包机构索赔。

第五章　持续合规

第八条　营销部门应在基金宣传推介实践中不断地对本制度进行完善并报董事会审核批准，并且，包括营销部门在内的相关职能部门应定期进行宣传推介的合规培训，培训不合格人员不得担任与宣传推介相关的职务。

第六章　附　　则

第九条　公司员工违反本制度规定，给公司造成严重影响或损失的，公司将根据具体情况给予责任人批评、警告、降薪、赔偿、调职直至解除劳动合同等处分。对于违反法律的，公司将依法追究相关责任人的法律责任。

第十条　本制度如与国家日后颁布的法律、法规、规范性文件或经合法程序修改后的公司章程等相抵触时，应按国家有关法律、法规、规范性文件、公司章程的规定执行，并及时作出修订。

第十一条　本制度自法定代表人签署之日起生效实施。由董事会负责修订与解释。

法定代表人签名（盖章）：

××有限公司（公章）

年　　月　　日

附：私募基金宣传推介制度示意图

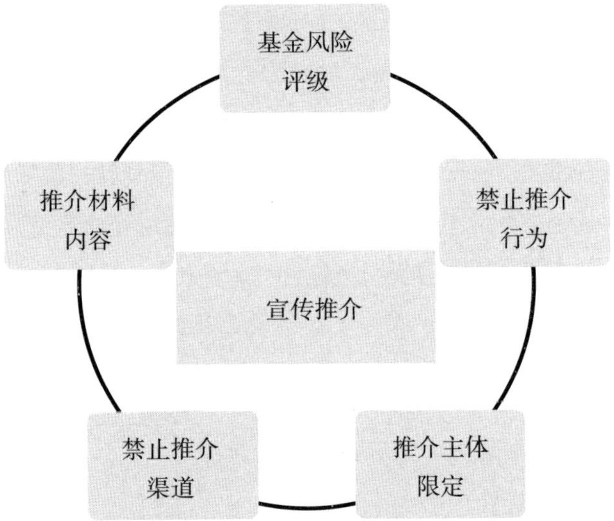

第四节　执行要点

根据《私募投资基金募集行为管理办法》等法规，如基金管理人违反与私募基金宣传推介相关的规定，基金业协会可以视情节轻重采取要求限期改正、行业内谴责、加入黑名单、公开谴责、暂停受理或办理相关业务、撤销管理人登记等纪律处分；对相关工作人员采取要求参加强制培训、行业内谴责、加入黑名单、公开谴责、认定为不适当人选、暂停基金从业资格、取消基金从业资格等纪律处分。情节严重的，移送中国证监会处理。此外，《私募基金管理人登记须知》（2018版）也规定，如私募基金管理人申请机构在申请登记前存在违规募集私募基金、公开宣传推介、向非合格投资者募集资金等行为，将不予登记为私募基金管理人，且自该机构不予登记之日起一年内不接受办理其高管人员担任私募基金管理人高管人员、作为私募基金管理人的出资人或实际控制人。事实上，私募基金违规宣传的现象较为普遍，尤其是宣传对象、宣传媒介不当，以及虚假宣传。在互联网上或者通过微信进行基金宣传推介，就相当于在向不特定的社会公众进行宣传。而常见的虚假宣传则体现为“报喜不报忧”和承诺收益等，比如，我们经常可以见到某些私募基金宣称“预期基础收益率××%”“预期年收益率××%”“未来×年预计净值将再涨××%”，以及自称为“最具潜力基金”“排名靠前，选债能力、风控能力居同类基金前茅”“排名居前三分之一，抗跌能力强”，并在宣传时使用“欲购从速”等字眼。这些均系相关法律法规所禁止的推介行为。

广州某私募机构Y公司在其公司网站首页处宣传“年化收益30%～50%不再是梦想”，选择性披露其管理的基金中盈利的产品收益率，而对于其在2014年10月因净值跌破基金合同约定的清盘条件而被清盘处理的4只亏损基金产品只字不提。因Y公司的前述行为违反了私募基金不得通过互联网等公众传播媒体向不特定对象宣传推介的法律规定，并片面推介旗下基金产品。据此，广东证监局对Y公司出具了《警示函》，并将其违法违规行为通报证监会私募部，录入证监会诚信档案系统。①

近年来，随着微信的普及，其作为大众传媒的作用越发不容小觑。2015年6月，义乌市市场监管局接群众举报查处了首例利用微信虚假宣传私募基金的案件，责令当事人义乌市某投资管理公司（以下简称A公司）停止违法行为，并处以罚款2万元。经查，A公司通过微信大力宣传推介某私募基金。其微信推文中仅宣称该私募基金为“最具巴菲特潜力基金”“预期年收益率60%～300%”“未来2年预计净值将再涨500%～1000%”“网上报名200元/位，不接受现场空降”，而通篇未提及任何投资风险。这足以引起投资者误认为该基金有极高的投资回报且销路紧俏。根据《中华人民共和国反不正当竞争法》第九条“经营者不得利用广告或者其他方法，对商品的质量、制作成分、性能、用途、

① 《广州某私募虚假宣传夸业绩：年化收益30%－50%不是梦》，载中证网，http：//www.cs.com.cn/tzjj/smjj/201605/t20160530_4980210.html，2021年10月12日访问。

生产者、有效期限、产地等作引人误解的虚假宣传”的规定①，该公司涉嫌虚假宣传，义乌市市场监管局立即对其进行立案处理。虽然A公司旗下基金系私募证券基金，但与私募基金宣传推介相关的法律法规应适用于所有类型的私募基金，包括私募股权基金。②

除了在宣传推介材料中承诺保底收益之外，部分私募基金管理人还在基金合伙协议中直接约定投资收益并因此受到监管措施。如安徽某某投资管理有限公司就因其发行的部分私募基金产品协议中明确约定了有关投资人的出资收益，于2019年10月受到了安徽证监局的行政监管措施处罚。③

如果认为违规进行基金宣传推介，充其量只会受到监管层的警示和/或行政处罚的话，那就只能说是对法律责任的认识不太深刻了。北方某某股权投资基金公司（以下简称B公司）的案例就是最好的教训。B公司在互联网上散布“公司有某县政府特批，免5年的税；享有政府推荐项目的优先选择权；享有托管银行10倍的支持；县政府将拥有的一块5800亩的土地全权交给公司清理、包装、挂牌上市、出售”等虚假信息，以投资理财为名，以高息为诱饵非法吸收公众存款。截至案发，涉案金额高达12.78亿元，涉及全国30个省市的8964名投资者。经查，B公司串通会计师事务所，出具虚假验资报告，进行工商注册；违反股权投资基金不能面向公众招募的有关规定，在互联网上向公众散布信息；采用虚假宣传的方式，捏造事实，欺骗社会公众；承诺高额固定回报，月息6%~10%不等；且尚未形成投资收益便提前向涉案投资者返款。最终，主犯韩某某以非法吸收公众存款罪、虚报注册资本罪，被判处有期徒刑10年，并处罚金100万元；其他犯罪嫌疑人分别判处1年以上7年以下不等的有期徒刑，共处罚

---

① 《中华人民共和国反不正当竞争法》（1993年）经2017年、2019年修订，原第九条对应《中华人民共和国反不正当竞争法》（2019年）第八条，其内容修改为：“经营者不得对其商品的性能、功能、质量、销售状况、用户评价、曾获荣誉等作虚假或者引人误解的商业宣传，欺骗、误导消费者。经营者不得通过组织虚假交易等方式，帮助其他经营者进行虚假或者引人误解的商业宣传。”

② 《首例利用微信虚假宣传私募基金被查》，载环球网，https://finance.huanqiu.com/article/9CaKrnJM5SA，2021年10月12日访问。

③ 《关于对安徽某某投资管理有限公司采取责令改正措施的决定》，载中国证券监督管理委员会官网，http://www.csrc.gov.cn/pub/zjhpublicofah/tzgg/201910/t20191018_364616.htm，2021年10月12日访问。

金 324 万元。[①]

由此可见，一旦私募股权基金进行违法违规宣传推介所募集的金额和涉及的投资者达到一定限度，将会触犯刑法，而该基金管理人的相关责任人员所面临的将不仅是行政处罚，等待他们的还有刑事责任。因此，在此提醒广大私募股权基金管理人，在进行私募基金宣传推介的过程中，切记不得通过相关法律法规所禁止的媒介向不特定的社会公众对私募基金进行虚假的宣传推介，否则，将承担严厉的法律责任。

① 《投资风险案例 1——某股权投资基金非集资被严惩》，载中国证券监督管理委员会官网，http：//www. csrc. gov. cn/pub/newsite/smjjgb/smbtzzyd/201412/t20141229_ 265741. html，2021 年 10 月 12 日访问。

第五章　私募基金募集制度

私募股权基金的运作包括募集、投资、管理和退出四大阶段。如果在最初的私募基金募集阶段，基金管理人就未能做到合法合规，那就必然会给今后的基金投资、管理和退出埋下隐患，轻则私募基金募集完毕后无法通过基金业协会的备案，重则受到监管层的严厉处罚，甚至导致私募基金无法顺利运营而被迫提前清盘。因此，私募基金的募集在其整个运作过程中显得尤为关键。

毫无疑问，基金管理人必须制订基金募集风控制度，对私募基金的募集行为进行严格规范，从而为今后的基金运营打下坚实的合规基础。为此，基金业协会在对近年来私募基金在募集过程中的各种现象、问题进行研究和总结的基础上，专门制订了《私募投资基金募集行为管理办法》，并于2016年7月15日正式实施。该办法不仅对私募基金募集行为进行了一般性规定，而且对募集的主体资格、合格投资者确认、宣传推介、募集账号、冷静期和回访确认等事项进行了详细规定，还进一步细化了募集程序。如果说《私募投资基金监督管理暂行办法》是私募基金的一般法，那么，私募监管办法就是针对私募基金募集行为的特别规定，此外，于2018年12月更新的《私募基金管理人登记须知》(2018年12月更新)、2019年12月23日公布的《私募投资基金备案须知》以及于2020年12月30日实施的《关于加强私募投资基金监管的若干规定》也对私募基金的募集行为进行了相应规范，从而为私募基金管理人制订相关风控制度提供了较为完善的指引。

第一节 制订依据

私募基金募集制度的主要制订依据为《中华人民共和国证券投资基金法》《私募投资基金监督管理暂行办法》《私募投资基金募集行为管理办法》《私募投资基金服务业务管理办法（试行）》《私募基金管理人登记须知》（2018 年 12 月更新）、《私募投资基金备案须知》（2019 版）以及《关于加强私募投资基金监管的若干规定》。具体规定如下：

（1）《中华人民共和国证券投资基金法》

第五十九条 基金募集期间募集的资金应当存入专门账户，在基金募集行为结束前，任何人不得动用。

第六十条第二款 基金募集期限届满，不能满足本法第五十八条规定的条件的，基金管理人应当承担下列责任：

（一）以其固有财产承担因募集行为而产生的债务和费用；

（二）在基金募集期限届满后三十日内返还投资人已交纳的款项，并加计银行同期存款利息。

第九十四条第一款 非公开募集基金募集完毕，基金管理人应当向基金行业协会备案。对募集的资金总额或者基金份额持有人的人数达到规定标准的基金，基金行业协会应当向国务院证券监督管理机构报告。

（2）《私募投资基金监督管理暂行办法》

第八条 各类私募基金募集完毕，私募基金管理人应当根据基金业协会的规定，办理基金备案手续，报送以下基本信息：

（一）主要投资方向及根据主要投资方向注明的基金类别；

（二）基金合同、公司章程或者合伙协议。资金募集过程中向投资者提供基金招募说明书的，应当报送基金招募说明书。以公司、合伙等企业形式设立的私募基金，还应当报送工商登记和营业执照正副本复印件；

（三）采取委托管理方式的，应当报送委托管理协议。委托托管机构托管基金财产的，还应当报送托管协议；

（四）基金业协会规定的其他信息。

基金业协会应当在私募基金备案材料齐备后的20个工作日内，通过网站公告私募基金名单及其基本情况的方式，为私募基金办结备案手续。

第十一条 私募基金应当向合格投资者募集，单只私募基金的投资者人数累计不得超过《证券投资基金法》、《公司法》、《合伙企业法》等法律规定的特定数量。

投资者转让基金份额的，受让人应当为合格投资者且基金份额受让后投资者人数应当符合前款规定。

(3)《私募投资基金募集行为管理办法》

第二条 私募基金管理人、在中国证监会注册取得基金销售业务资格并已成为中国证券投资基金业协会会员的机构（以下统称募集机构）及其从业人员以非公开方式向投资者募集资金的行为适用本办法。

在中国证券投资基金业协会（以下简称中国基金业协会）办理私募基金管理人登记的机构可以自行募集其设立的私募基金，在中国证监会注册取得基金销售业务资格并已成为中国基金业协会会员的机构（以下简称基金销售机构）可以受私募基金管理人的委托募集私募基金。其他任何机构和个人不得从事私募基金的募集活动。

……

第四条 从事私募基金募集业务的人员应当具有基金从业资格（包含原基金销售资格），应当遵守法律、行政法规和中国基金业协会的自律规则，恪守职业道德和行为规范，应当参加后续执业培训。

第六条 募集机构应当恪尽职守、诚实信用、谨慎勤勉，防范利益冲突，履行说明义务、反洗钱义务等相关义务，承担特定对象确定、投资者适当性审查、私募基金推介及合格投资者确认等相关责任。

募集机构及其从业人员不得从事侵占基金财产和客户资金、利用私募基金相关的未公开信息进行交易等违法活动。

第七条 私募基金管理人应当履行受托人义务，承担基金合同、公司章程或者合伙协议（以下统称基金合同）的受托责任。委托基金销售机构募集私募基金的，不得因委托募集免除私募基金管理人依法承担的责任。

第九条第一款　任何机构和个人不得为规避合格投资者标准，募集以私募基金份额或其收益权为投资标的的金融产品，或者将私募基金份额或其收益权进行非法拆分转让，变相突破合格投资者标准。募集机构应当确保投资者已知悉私募基金转让的条件。

第十条　募集机构应当对投资者的商业秘密及个人信息严格保密。除法律法规和自律规则另有规定的，不得对外披露。

第十一条　募集机构应当妥善保存投资者适当性管理以及其他与私募基金募集业务相关的记录及其他相关资料，保存期限自基金清算终止之日起不得少于10年。

第十二条　募集机构或相关合同约定的责任主体应当开立私募基金募集结算资金专用账户，用于统一归集私募基金募集结算资金、向投资者分配收益、给付赎回款项以及分配基金清算后的剩余基金财产等，确保资金原路返还。

本办法所称私募基金募集结算资金是指由募集机构归集的，在投资者资金账户与私募基金财产账户或托管资金账户之间划转的往来资金。募集结算资金从投资者资金账户划出，到达私募基金财产账户或托管资金账户之前，属于投资者的合法财产。

第十三条　募集机构应当与监督机构签署账户监督协议，明确对私募基金募集结算资金专用账户的控制权、责任划分及保障资金划转安全的条款。监督机构应当按照法律法规和账户监督协议的约定，对募集结算资金专用账户实施有效监督，承担保障私募基金募集结算资金划转安全的连带责任。

取得基金销售业务资格的商业银行、证券公司等金融机构，可以在同一私募基金的募集过程中同时作为募集机构与监督机构。符合前述情形的机构应当建立完备的防火墙制度，防范利益冲突。

……

第十四条　涉及私募基金募集结算资金专用账户开立、使用的机构不得将私募基金募集结算资金归入其自有财产。禁止任何单位或者个人以任何形式挪用私募基金募集结算资金。私募基金管理人、基金销售机构、基金销售支付机构或者基金份额登记机构破产或者清算时，私募基金募集结算资金不属于其破产财产或者清算财产。

第十五条 私募基金募集应当履行下列程序：

（一）特定对象确定；

（二）投资者适当性匹配；

（三）基金风险揭示；

（四）合格投资者确认；

（五）投资冷静期；

（六）回访确认。

第二十六条第一款 在投资者签署基金合同之前，募集机构应当向投资者说明有关法律法规，说明投资冷静期、回访确认等程序性安排以及投资者的相关权利，重点揭示私募基金风险，并与投资者签署风险揭示书。

第二十九条 各方应当在完成合格投资者确认程序后签署私募基金合同。

基金合同应当约定给投资者设置不少于二十四小时的投资冷静期，募集机构在投资冷静期内不得主动联系投资者。

（一）私募证券投资基金合同应当约定，投资冷静期自基金合同签署完毕且投资者交纳认购基金的款项后起算；

（二）私募股权投资基金、创业投资基金等其他私募基金合同关于投资冷静期的约定可以参照前款对私募证券投资基金的相关要求，也可以自行约定。

第三十条 募集机构应当在投资冷静期满后，指令本机构从事基金销售推介业务以外的人员以录音电话、电邮、信函等适当方式进行投资回访。回访过程不得出现诱导性陈述。募集机构在投资冷静期内进行的回访确认无效。

回访应当包括但不限于以下内容：

（一）确认受访人是否为投资者本人或机构；

（二）确认投资者是否为自己购买了该基金产品以及投资者是否按照要求亲笔签名或盖章；

（三）确认投资者是否已经阅读并理解基金合同和风险揭示的内容；

（四）确认投资者的风险识别能力及风险承担能力是否与所投资的私募基金产品相匹配；

（五）确认投资者是否知悉投资者承担的主要费用及费率，投资者的重要权利、私募基金信息披露的内容、方式及频率；

（六）确认投资者是否知悉未来可能承担投资损失；

（七）确认投资者是否知悉投资冷静期的起算时间、期间以及享有的权利；

（八）确认投资者是否知悉纠纷解决安排。

第三十一条 基金合同应当约定，投资者在募集机构回访确认成功前有权解除基金合同。出现前述情形时，募集机构应当按合同约定及时退还投资者的全部认购款项。

未经回访确认成功，投资者交纳的认购基金款项不得由募集账户划转到基金财产账户或托管资金账户，私募基金管理人不得投资运作投资者交纳的认购基金款项。

(4)《私募投资基金服务业务管理办法（试行）》

第四十三条 【销售系统服务要求】 提供销售系统的服务机构应与私募基金管理人签署书面服务协议明确双方的权利和义务。销售系统涉及基金电子合同平台的，私募基金管理人在基金募集中应依法承担的投资者适当性和真实性核查等责任不因签署电子合同平台的外包协议而免除。

(5)《私募基金管理人登记须知》(2018 年 12 月更新)

九、私募基金管理人不予登记情形

根据《中华人民共和国证券投资基金法》、《私募投资基金监督管理暂行办法》、《私募投资基金管理人登记和基金备案办法（试行）》、《关于进一步规范私募基金管理人登记若干事项的公告》及相关自律规则，申请登记私募基金管理人的机构存在以下情形的，协会将不予办理登记，且自该机构不予登记之日起一年内不接受办理其高管人员担任私募基金管理人高管人员、作为私募基金管理人的出资人或实际控制人：

（一）申请机构违反《中华人民共和国证券投资基金法》、《私募投资基金监督管理暂行办法》关于资金募集相关规定，在申请登记前违规发行私募基金，且存在公开宣传推介、向非合格投资者募集资金行为的……

(6)《私募投资基金备案须知》(2019 版)

（五）【合格投资者】私募投资基金应当面向合格投资者通过非公开方式对外募集……

（七）【投资者资金来源】投资者应当确保投资资金来源合法，不得汇集他人资金购买私募投资基金。募集机构应当核实投资者对基金的出资金额与其出资能力相匹配，且为投资者自己购买私募投资基金，不存在代持。

（十）【募集完毕要求】管理人应当在募集完毕后的20个工作日内通过AMBERS系统申请私募投资基金备案，并签署备案承诺函承诺已完成募集，承诺已知晓以私募投资基金名义从事非法集资所应承担的刑事、行政和自律后果。

本须知所称“募集完毕”，是指：

1. 已认购契约型私募投资基金的投资者均签署基金合同，且相应认购款已进入基金托管账户（基金财产账户）；

2. 已认缴公司型或合伙型私募投资基金的投资者均签署公司章程或合伙协议并进行工商确权登记，均已完成不低于100万元的首轮实缴出资且实缴资金已进入基金财产账户。管理人及其员工、社会保障基金、政府引导基金、企业年金等养老基金、慈善基金等社会公益基金的首轮实缴出资要求可从其公司章程或合伙协议约定。

（十三）【禁止刚性兑付】管理人及其实际控制人、股东、关联方以及募集机构不得向投资者承诺最低收益、承诺本金不受损失，或限定损失金额和比例。

投资者获得的收益应当与投资标的实际收益相匹配，管理人不得按照类似存款计息的方法计提并支付投资者收益。管理人或募集机构使用“业绩比较基准”或“业绩报酬计提基准”等概念，应当与其合理内涵一致，不得将上述概念用于明示或者暗示基金预期收益，使投资者产生刚性兑付预期。

……

(7)《关于加强私募投资基金监管的若干规定》

第六条 私募基金管理人、私募基金销售机构及其从业人员在私募基金募集过程中不得直接或者间接存在下列行为：

（一）向《私募办法》规定的合格投资者之外的单位、个人募集资金或者为投资者提供多人拼凑、资金借贷等满足合格投资者要求的便利；

（二）通过报刊、电台、电视、互联网等公众传播媒体，讲座、报告会、分析会等方式，布告、传单、短信、即时通讯工具、博客和电子邮件等载体，向不特定对象宣传推介，但是通过设置特定对象确定程序的官网、客户端等互联网媒介向合格投资者进行宣传推介的情形除外；

（三）口头、书面或者通过短信、即时通讯工具等方式直接或者间接向投资者承诺保本保收益，包括投资本金不受损失、固定比例损失或者承诺最低收益等情形；

（四）夸大、片面宣传私募基金，包括使用安全、保本、零风险、收益有保障、高收益、本金无忧等可能导致投资者不能准确认识私募基金风险的表述，或者向投资者宣传预期收益率、目标收益率、基准收益率等类似表述；

（五）向投资者宣传的私募基金投向与私募基金合同约定投向不符；

（六）宣传推介材料有虚假记载、误导性陈述或者重大遗漏，包括未真实、准确、完整披露私募基金交易结构、各方主要权利义务、收益分配、费用安排、关联交易、委托第三方机构以及私募基金管理人的出资人、实际控制人等情况；

（七）以登记备案、金融机构托管、政府出资等名义为增信手段进行误导性宣传推介；

（八）委托不具有基金销售业务资格的单位或者个人从事资金募集活动；

（九）以从事资金募集活动为目的设立或者变相设立分支机构；

（十）法律、行政法规和中国证监会禁止的其他情形。

私募基金管理人的出资人、实际控制人、关联方不得从事私募基金募集宣传推介，不得从事或者变相从事前款所列行为。

私募基金募集完毕，私募基金管理人应当按照规定到基金业协会履行备案手续。私募基金管理人不得管理未备案的私募基金。

第二节 制订要点

根据前述主要制订依据，私募基金募集制度的制订要点应当包括：

1. 明确募集主体；
2. 明确募集对象、募集原则和募集流程；
3. 明确募集过程中包括刚性兑付在内的禁止性行为；
4. 明确募集期满后的相关责任；
5. 明确私募基金的组织形式等事项。

下面我们就前述要点进行具体说明。

一、明确募集主体

依据《私募投资基金募集行为管理办法》，私募基金的募集主体包括基金业协会备案的私募基金管理人以及基金销售机构，除此之外的任何机构和/或个人均不得募集私募基金。具体而言，私募基金可由私募基金管理人自行募集或由其委托的基金销售机构进行募集。其中，受托募集私募基金的基金销售机构须满足三个条件：（1）在证监会注册；（2）取得基金销售业务资格；（3）系基金业协会会员。并且，基金管理人如委托基金销售机构募集私募基金的，不因委托募集而免除私募基金管理人依法承担的责任。

二、明确募集对象、募集原则和募集流程

1. 募集对象

无论是《私募投资基金监督管理暂行办法》，还是《私募投资基金募集行为管理办法》，都规定私募基金仅能向符合《中华人民共和国证券投资基金法》《中华人民共和国公司法》和《中华人民共和国合伙企业法》规定的特定数量的合格投资者进行募集。也就是说，募集对象需要具备两个要件，一是特定数量，二是合格投资者。关于特定数量，私募基金能够向多少投资者进行募集，取决于它的组织形式。私募基金的组织形式有三种：契约型、公司型和合伙型。根据《中华人民共和国公司法》和《中华人民共和国合伙企业法》的规定，有限责任公司的股东和合伙企业的合伙人均不应超过50人，因此，有限公司型和合伙型私募基金仅能向不超过50个投资者进行募集①。而对于契约型私募基金，鉴于目前并无专门针对其募集人数的规定，其应当适用《中华人民共和国证券投资基金法》关于非公开募集基金投资者人数的规定，即契约型私募基金的投资者人数最多不超过200人。关于合格投资者，《私募投资基金监督管理暂行办法》第三章用一整个章节对合格投资者进行了详细规定，包括合格投资者的定

---

① 《中华人民共和国公司法》第二十四条规定："有限责任公司由五十个以下股东出资设立。"《中华人民共和国合伙企业法》第六十一条第一款规定："有限合伙企业由二个以上五十个以下合伙人设立；但是，法律另有规定的除外。"

义、标准，以及能够被认定为合格投资者的其他情形。这些内容在第三章“合格投资者内部审核制度”中已进行了详细说明，在此不再赘述。

2. 募集原则

毫无疑问，私募股权基金在进行募集时必须遵循非公开、限定人数以及仅向合格投资者募集等基本原则。但除此之外，在某个特定私募基金的募集过程中，还有一些建议基金管理人遵循的特别原则，包括：资金优先、时间优先和权利保留。

（1）资金优先

所谓资金优先，是指在其他条件均符合的前提下，私募基金应优先接受较高金额的出资。该原则有一定的合理性。诚然，相比几乎不能抵销通货膨胀的低利率的银行存款和“熊途漫漫”的股票市场而言，私募基金通常较高的收益对广大投资者而言具有巨大的吸引力。然而，高收益必然伴随着高风险，正如我们在本书第二章中所述，私募基金具有包括政策法规风险和市场风险等在内的各种外部风险，以及诸如基金的设立募集风险和投资管理风险等内部风险，同时还有不容小觑的基金退出风险等固有风险。对于私募基金投资者而言，获取高额收益的前提之一是能承担私募基金的各种风险。拥有雄厚资金实力的投资者，其抗风险能力必然要强于资金实力一般的投资者，而抗风险能力则是私募基金管理人选择投资者的一项关键指标。因此，基金管理人在募集私募基金的过程中，应尽量选择较高金额的出资，从而在一定程度上减少与投资者相关的风险。

（2）时间优先

所谓时间优先，是指在资金优先以及其他条件均符合的前提下，私募基金应优先接受时间在先的出资。这个很容易理解，因为私募基金仅能向特定数量的合格投资者进行募集，在募集金额确定的情况下，必然是先到先得，售完为止。我们经常会听说，某某私募基金仅在很短的时间内就募集结束了，这无非是因为该私募基金的募集金额或合格投资者数量已经达到了上限，暂时无法再接受新的资金或投资者。

（3）权利保留

所谓权利保留，是指基金管理人应有权根据投资者出资的具体情况，做出是否最终接纳该投资者的决定。之所以要设置这个募集原则，往往是为了防止部分投资人进行违规出资，如非法聚集他人资金进行出资等。一旦基金管理人发现投资者有类似的违规出资行为，应当立即拒绝其出资。

3. 募集流程

（1）确定特定对象

根据《私募投资基金募集行为管理办法》，募集机构应当采取问卷调查等方式履行特定对象确定程序，对投资者风险识别能力和风险承担能力进行评估。未经特定对象确定程序，不得向任何人宣传推介私募基金。

（2）确认投资者适当性匹配

通过第一步收集到的问卷信息，募集机构可进一步确认以上投资者的风险识别能力和风险承担能力是否与正在募集的私募基金相匹配。对此，基金管理人应建立科学有效的投资者问卷调查评估方法，确保问卷调查结果与投资者的风险识别能力和风险承担能力相匹配。

（3）揭示基金风险

完成了投资者适当性匹配后的下一步，就是向准合格投资者进行基金风险揭示。之所以还不能称之为“合格投资者”，是因为募集机构尚需要求投资者提供必要的资产证明文件或收入证明，以确认其为真正的合格投资者。

（4）确认合格投资者

在完成基金风险揭示后，募集机构应当根据投资者提供的资产证明文件或收入证明等资料，合理审慎地审查投资者是否符合合格投资者标准，依法履行反洗钱义务，并确保单只私募基金的投资者人数累计不得超过相关法律规定的特定数量。

（5）投资冷静期

投资冷静期是《私募投资基金募集行为管理办法》规定的必须设置的“犹豫期”。根据该办法第二十九条规定，投资者在签署基金合同后拥有不少于 24 小时的投资冷静期，募集机构在此期间内不得主动联系投资者。这一做法借鉴了我国保险行业的相关规定。根据《健康保险管理办法》第十五条，长期健康保险产品应当设置合同犹豫期，并在保险条款中列明投保人在犹豫期内的权利。长期健康保险产品的犹豫期不得少于 15 天。这主要是出于维护消费者利益的考虑，因为在签订保险合同后，消费者可能发现保险不太适合，或者认为别家的保险更有优势等，在该等情形下，即可在犹豫期内无条件退保。对于私募基金而言，投资冷静期也有着类似的作用，可以让投资人有一定的时间冷静思考拟投资的私募基金是否符合自己的风险承受能力和投资偏好。

（6）回访确认

根据《私募投资基金募集行为管理办法》，募集机构应当在投资冷静期满后，以适当方式对投资者进行投资回访，以确认投资者身份，是否为自己购买基金产品，是否理解基金合同和风险揭示内容，是否知悉需承担的费用和享有的权利，是否知悉基金产品的信息披露、可能的损失、投资冷静期和纠纷解决方式等。值得一提的是，为确保投资回访的公正性和信息的准确性，进行回访的人员不得为从事该私募基金销售推介的人员，并且在回访过程中不得出现诱导性陈述。

三、明确募集过程中包括刚性兑付在内的禁止性行为

1. 禁止挪用或侵占基金财产和募集资金

无论是《中华人民共和国证券投资基金法》还是《私募投资基金募集行为管理办法》，都规定了募集资金应存入募集结算资金专用账户，募集完成前，任何人都不得动用。同时，私募基金募集结算资金应独立于基金管理人的破产或清算财产。为了确保募集资金的安全性，《私募投资基金募集行为管理办法》还进一步规定，募集结算资金专用账户应由专门的监督机构进行监督，该监督机构对私募基金募集结算资金划转安全承担连带责任。对于私募股权投资基金而言，虽然不同于私募证券投资基金，资金托管并不是强制要求，但是，为了防范风险、提升投资者的安全感和信任度，我们建议基金管理人向银行、券商等金融机构托管。

2. 禁止内幕交易

根据《私募投资基金募集行为管理办法》等相关规定，募集机构不得利用未公开信息进行交易活动。关于防范内幕交易的相关内容，我们将在下一章节中详细介绍。

3. 禁止规避或变相突破合格投资者标准

在《私募投资基金募集行为管理办法》出台以前，为了迎合广大普通投资者的投资需求，有不少私募基金管理人以拆分私募基金收益权的方式向不符合合格投资者标准的人群变相销售私募基金产品，甚至有互联网金融理财平台曾

推出“万元”即可申购的私募基金产品，因而积聚了巨大的投资风险。《私募投资基金募集行为管理办法》出台后，此类变相突破合格投资者标准的违规募集行为不得不偃旗息鼓。因为其明确禁止募集以私募基金份额或其收益权为投资标的的金融产品，或者将私募基金份额或其收益权进行非法拆分转让。

4. 禁止披露投资者的商业秘密和个人信息

对于在私募基金募集过程中采集、知晓的投资者的商业秘密和个人信息，募集机构有义务加以严格保密，如非法律法规强制性要求和自律规则另有规定，不得向任何人披露。

5. 禁止刚性兑付

根据《私募投资基金备案须知》（2019 版），管理人及其实际控制人、股东、关联方以及募集机构不得向投资者承诺最低收益、承诺本金不受损失，或限定损失金额和比例，亦不得将“业绩比较基准”或“业绩报酬计提基准”等概念，用于明示或者暗示基金预期收益，使投资者产生刚性兑付预期。

四、明确募集期满后的相关责任

1. 募集失败的责任

《中华人民共和国证券投资基金法》和《私募投资基金募集行为管理办法》等法律法规均规定了私募基金募集完成后应向基金业协会履行备案手续，但均未规定募集失败的后果和责任。我们认为，私募基金募集失败的责任可以借鉴公募基金的操作模式，即基金管理人应以其固有财产承担因募集行为而产生的债务和费用，并在基金募集期限届满后 30 日内返还投资者已交纳的款项，并加计银行同期存款利息。

2. 募集完成后的基金备案

根据《私募投资基金管理人登记和基金备案办法（试行）》第十一条的规定，私募基金管理人应当在基金募集完毕后 20 个工作日内，通过私募基金登记备案系统进行备案，并如实填报基金的基本信息。

3. 保存募集文件

根据《私募投资基金募集行为管理办法》第十一条规定，关于投资者适当性管理以及其他与私募基金募集业务相关的记录及其他相关资料的保存期限自基金清算终止之日起不得少于10年。

五、明确私募基金的组织形式等事项

在我国，私募基金的组织形式有契约型、公司型和合伙型三种。对于不同组织形式的私募基金，建议在募集制度中明确其组织形式，并对该组织形式所对应的一些事项，如合伙型私募基金的合伙人权利义务、公司型私募基金的董事会或执行董事权限等加以明确。

第三节　参考模板

以下是我们为某基金管理人制定的私募基金募集制度简略版，基本涵盖了前述制订要点，建议基金管理人可根据各自的具体情况在此版本上进行调整：

《××有限公司私募基金募集制度》

为规范和完善××有限公司（以下简称公司）所管理的私募基金的募集工作，根据《私募投资基金监督管理暂行办法》等相关法律法规以及中国基金业协会的相关规则，特制定本私募基金募集制度（以下简称本制度）。

第一章　总　　则

第一条　公司可自行或委托第三方基金销售机构募集私募基金，具体募集方式将“一案一议”。公司进行私募基金募集，应当遵循自愿、公平、诚实信用原则，维护投资者合法权益，不损害国家利益和社会公共利益。

第二条　公司及公司员工从事私募基金募集活动，应当恪尽职守，履行诚实信用、谨慎勤勉的义务。应当遵守法律、行政法规，恪守职业道德和行为规范。

第二章　合格投资者

第三条　私募基金应当仅向《私募投资基金监督管理暂行办法》规定的合格投资者募集。单只私募基金的投资者人数累计不应超过《中华人民共和国证

券投资基金法》《中华人民共和国公司法》《中华人民共和国合伙企业法》等法律规定的特定数量。

投资者转让基金权益的，受让人应当为合格投资者且基金权益受让后投资者人数应当符合前款规定。

第四条 私募基金的合格投资者是指具备相应风险识别能力和风险承受能力，投资于单只私募基金的金额不低于100万元且符合下列相关标准的单位和个人：

（1）净资产不低于1000万元的单位；

（2）金融资产不低于300万元或者最近三年个人年均收入不低于50万元的个人。

前款所称金融资产包括银行存款、股票、债券、基金份额、资产管理计划、银行理财产品、信托计划、保险产品、期货权益等。

第五条 下列投资者视为合格投资者：

（1）社会保障基金、企业年金等养老基金，慈善基金等社会公益基金；

（2）依法设立并在基金业协会备案的投资计划；

（3）投资于所管理私募基金的私募基金管理人及其从业人员；

（4）中国证监会规定的其他投资者。

以合伙企业、契约等非法人形式，通过汇集多数投资者的资金直接或者间接投资于私募基金的，公司应当穿透核查最终投资者是否为合格投资者，并合并计算投资者人数。但是，符合本条第（一）项、第（二）项、第（四）项规定的投资者投资私募基金的，不再穿透核查最终投资者是否为合格投资者和合并计算投资者人数。

第六条 公司不应为规避合格投资者标准募集以私募基金权益或其收益权为投资标的的产品，或者将私募基金权益或其收益权进行拆分转让，变相突破合格投资者标准。公司应对投资者尽到合理的注意义务，包括但不限于：

（1）确保投资者以书面方式承诺投资资金来源合法；

（2）确保投资者以书面方式承诺其为自己购买私募基金，未非法汇集他人资金投资私募基金；

（3）在基金合同中约定转让的条件。

第七条　必备证件。

（1）个人投资者：经公司审核资格后，需提供本人的身份证原件和公司合理要求的其他文件。若授权他人办理，代理人除需提供本人身份证原件外，还需提供授权人身份证原件，及授权人书面授权文件。

（2）机构投资者：若经办人为法定代表人本人，需提供营业执照副本原件及加盖公章的复印件、法定代表人身份证原件和法定代表人证明书。若经办人不是法定代表人本人，则经办人除需提供上述文件外，还需提供本人身份证原件和由法定代表人签名并加盖公章的授权委托书。

公司应当妥善保存投资者的前述资料，保存期限自私募基金清算终止之日起不得少于10年。

第三章　募集流程（针对公司自行募集）

第八条　公司应针对单个私募基金发布《私募基金募集说明书》，内容包括但不限于基金宗旨、基金结构、基金的报告和分配、基金权益的转让、基金费用和开支、风险因素、认购方式等信息，力求让投资者对私募基金有较为全面的了解。

第九条　拟认购私募基金的投资者应详细阅读《私募基金募集说明书》及其他基金推介材料，并在《私募基金募集说明书》规定的期限内提交书面（纸质版或电子版均可）的《认购申请表》（附于《私募基金募集说明书》）以及公司另行制定的《合格投资者内部审核制度》规定的申请材料。

第十条　在公司根据《合格投资者内部审核制度》对投资者进行风险评估和风险揭示后的三个工作日内，应作出是否接受投资者认购私募基金的书面决定。如投资者未能通过公司的风险评估，公司应书面告知。

第十一条　被公司认定为合格投资者的个人和/或机构应在收到公司书面通知后的五个工作日（包含24小时的投资冷静期）内履行如下流程：

（1）签署基金合同一式两份。

（2）签署公司要求的其他法律文件。

（3）根据基金合同履行出资义务并提交出资证明原件（包括但不限于对资金合法来源、未非法汇集他人资金的书面承诺以及银行转账凭证等）。

(4) 提交基金收益分配账户复印件。该账户在分配结束前没有特殊情况不得变更和注销，如有特殊情况确需变更的，应提前五个工作日书面通知公司。

(5) 个人投资者应亲自签署上述文件。授权他人签署的，需提供授权人签署的《授权委托书》原件以及授权人、受托人分别签字确认的身份证复印件。

(6) 机构投资者应在上述文件中加盖公章并由法定代表人签字。授权他人签署的，需提供授权人签署的《授权委托书》原件以及受托人签字确认的身份证复印件。

第十二条 合伙型基金合同应载明：

(1) 承担无限连带责任的基金权益持有人和其他基金权益持有人的姓名或者名称、住所；

(2) 承担无限连带责任的基金权益持有人的除名条件和更换程序；

(3) 基金权益持有人增加、退出的条件、程序以及相关责任；

(4) 承担无限连带责任的基金权益持有人和其他基金权益持有人的转换程序；

(5) 相关法律法规和基金业协会规定的其他必备条款。

基金合同应在公司相关人员根据《合格投资者内部审核制度》对投资者进行回访确认后生效。

第十三条 投资者的出资所产生的利息归基金所有。如私募基金募集失败，公司应当向投资者退还出资本金及利息。利息应按中国人民银行公布的同期人民币活期利率计算。投资者出资的到账日以基金财产账户开户行的到账记录为准。

第四章 基金募集的原则和禁止性行为

第十四条 私募基金的募集应遵循下列原则：

(1) 资金优先：优先接受较高金额资金的出资。

(2) 时间优先：在资金优先的前提下，优先接受在先投资者的出资。

(3) 权利保留：有权视出资的具体情况拒绝特定投资者出资的申请。

第十五条 公司在从事私募基金募集活动的过程中，不得存在以下任一行为：

（1）挪用或侵占基金财产和募集资金；

（2）进行内幕交易，即利用未公开信息进行交易活动；

（3）规避或变相突破合格投资者标准，募集以私募基金份额或其收益权为投资标的的金融产品，或者将私募基金份额或其收益权进行非法拆分转让；

（4）披露投资者的商业秘密和个人信息（法律法规和自律规则另有规定的除外）；

（5）刚性兑付，即向投资者承诺最低收益、承诺本金不受损失，或限定损失金额和比例，或将“业绩比较基准”或“业绩报酬计提基准”等概念，用于明示或者暗示基金预期收益，使投资者产生刚性兑付预期。

第五章　基金账户

第十六条　基金募集结算资金专用账户。

公司应以私募基金名义开立募集结算资金专用账户，作为接受、归集投资者出资的专门账户。投资者应按照基金合同的约定，按时将出资额足额付至募集结算资金专用账户，募集结算资金专用账户收到投资者出资之日为投资者履行完毕基金合同的出资义务之日。

第十七条　基金托管账户。

公司应以私募基金名义在托管银行开立基金托管账户，作为运用基金资金、接收收益和财产分配的专用银行账户。基金托管账户在私募基金存续期内不可变更和撤销。

第十八条　不接受现钞出资和第三方代付。

投资者须通过自有银行账户将出资资金付至公司所设立的募集结算资金专用账户，投资者不得委托第三方代为支付出资。

第十九条　公司应当与基金募集结算资金专用账户开户行签署监督协议，由基金募集结算资金专用账户开户行负责对募集结算资金专用账户实施有效监督。监督协议中应明确反洗钱义务履职、责任划分及保障投资者资金安全的连带责任条款。

第二十条　公司不应将私募基金募集结算资金归入其自有财产；公司及员工不应以任何形式挪用私募基金募集结算资金。公司清算时，私募基金募集结算资金不属于其清算财产。

第六章　基金备案

第二十一条　私募基金募集完毕，公司应当根据基金业协会的规定，办理基金备案手续，报送以下基本信息：

（1）主要投资方向及根据主要投资方向注明的基金类别；

（2）基金合同、《私募基金募集说明书》和私募基金的营业执照正副本复印件；

（3）如单个私募基金委托托管机构托管基金财产的，还应当报送托管协议；

（4）基金业协会规定的其他信息。

第七章　基金的组织形式

第二十二条　参照私募基金监管相关规定，私募基金采取有限合伙制的形式进行募集，按照合伙企业的管理方式进行管理，以合伙企业（有限合伙）的名义在企业登记机关进行注册登记。

第二十三条　公司是私募基金合伙企业的普通合伙人，对私募基金的债务承担无限连带责任，并担任合伙企业事务的执行合伙人即基金管理人。

第二十四条　投资者是私募基金的有限合伙人，以其出资额为限对合伙企业债务承担有限责任。依据法律规定，有限合伙人不能参与合伙企业的经营管理。

第八章　其他事项

第二十五条　公司自行或委托基金销售机构募集私募基金，均应按本制度规定执行私募基金募集相关工作。公司委托基金销售机构募集私募基金的，应对拟委托的基金销售机构进行必要的尽职调查，以确定其符合相关法律法规规定的私募基金募集资质。并且，公司应与相关基金销售机构签署委托协议以明确双方的权利义务。

委托基金销售机构募集私募基金的，不因委托募集免除公司依法承担的责任。

第二十六条　关于私募基金募集的其他事项应以单个私募基金的《私募基金募集说明书》为准。

第九章　附　　则

第二十七条　本制度如与监管部门及基金业协会日后颁布的法律、法规、规范性文件或经合法程序修订后的公司章程等相抵触时，应按国家有关法律、法规、规范性文件、公司章程的规定执行，并及时作出修订。

第二十八条　本制度自法定代表人签署之日起生效实施。由董事会负责修订与解释。

法定代表人签名（盖章）：

××有限公司（公章）

年　　月　　日

附：私募基金募集相关规范制度示意图

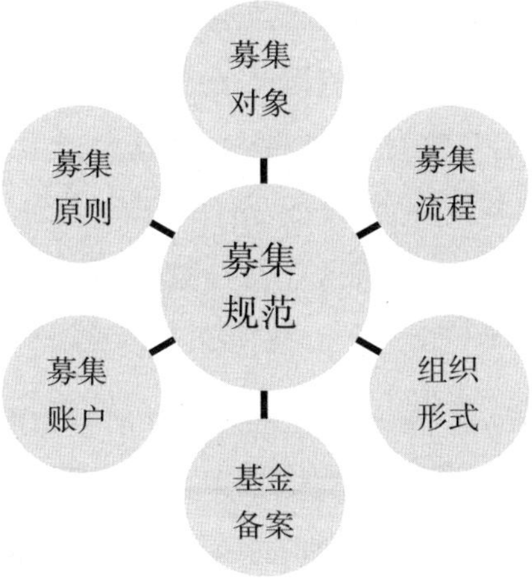

第四节　执行要点

如前所述，私募基金在进行募集的过程中，不得突破合格投资者的条件限制，严禁非法挪用基金财产，相关业务人员应具备基金从业资格，并且在基金募集完毕之后，应及时向基金业协会办理备案手续等。这些都是私募股权基金管理人在进行基金募集时必须遵守的基本规范，一旦违反，将会受到监管层的严厉处罚和/或行业协会的纪律处分。

例如，因旗下私募股权基金向16名不符合私募基金合格投资者标准的自然人进行基金募集、挪用私募基金财产用于高管个人消费和缴付经营场所房租，以及未按规定办理基金备案手续等违法违规募集行为，某某投资基金管理（北京）有限公司于2017年4月13日收到了北京证监局的《行政处罚决定书》，公司和包括董事长、总经理、财务总监和风控总监在内的高管以及直接责任人员受到警告和罚款的行政处罚。① 再如，深圳某投资管理有限公司则是因13份生效判决所认定的，其接受18名投资金额均低于100万元的非合格投资者，投资于其管理的私募基金的事实，而于2021年2月受到基金业协会的纪律处分，最终被取消会员资格并被撤销管理人登记。②

此外，规避或变相突破合格投资者标准的违规情况也时有发生，2016年3月30日，因非法拆分基金份额并向相关投资者进行销售，上海某某股权投资基金管理有限公司及相关直接责任人员受到了上海证监局的行政处罚。③

因在未取得基金销售业务资格的情况下，接受其他私募基金管理人的委托，在其官网募集其他私募基金管理人管理的私募基金产品，天津某资产管理有限公司于2021年2月受到基金业协会暂停受理私募基金备案的纪律处分。④

因未按规定办理基金备案手续等违法违规行为，广东某某创业投资管理有

---

① 《中国证券监督管理委员会北京监管局行政处罚决定书（某某投资基金管理（北京）、金某、杨某宇、夏某红、宋某山）》，载中国证券监督管理委员会官网，http：//www. csrc. gov. cn/pub/beijing/bjxzcf/201704/t20170413_ 315090. htm，2021年10月12日访问。

② 《纪律处分决定书（深圳某投资管理有限公司）》，载中国证券投资基金业协会官网，https：//www. amac. org. cn//selfdisciplinemeasures/cyry/hyjg/202011/t20201116_ 10376. html，2021年10月12日访问。

③ 《中国证券监督管理委员会北京监管局行政处罚决定书（秦某伟）》，载中国证券监督管理委员会官网，http：//www. csrc. gov. cn/pub/beijing/bjxyzl/bjxzcf/201612/t20161206_ 307284. htm，2021年10月12日访问。

④ 《纪律处分决定书》（中基协处分〔2021〕44号），载中国证券投资基金业协会官网，https：//www. amac. org. cn//selfdisciplinemeasures/cyry/hyjg/202102/P020210219589875119609. pdf，2021年10月12日访问。

限公司于 2017 年 7 月 12 日受到广东证监局的行政处罚。① 山东某股权投资基金管理有限公司则因部分产品募集完毕未备案而于 2020 年 2 月受到基金业协会的纪律处分。②

在实践中，私募基金非法挪用或不规范保管基金财产的现象更是屡见不鲜，也因此成为被各地监管部门处罚的重点违法行为。吉林省某旅游产业投资基金管理有限公司因将募集资金以现金形式存放于公司，缺乏基金财产安全性保障措施等违规行为，于 2017 年 2 月被吉林证监局责令限期整改。③ 此外，湖北某某股权投资基金管理有限公司也因其实际控制人侵占基金财产以及公司股东及员工挪用基金财产等违法违规行为，于 2016 年 4 月受到湖北证监局的行政监管措施。④ 而淮南某某资本管理中心（有限合伙企业）则因将投资人其他财产混同于基金财产从事投资活动等违法违规行为，于 2017 年 7 月受到安徽证监局的行政监管措施。⑤

另一条绝不能触碰的“红线”则是刚性兑付，已有不少私募基金管理人因通过各种形式，“变着法儿”地向基金投资者承诺本金不受损/最低收益率而受到基金业协会的严厉处分。如：深圳某资产管理有限公司通过提供“差额补足函”的形式向其所管理的几个私募基金的投资者承诺本金不受损和最低收益

---

① 《中国证券监督管理委员会广东监管局行政处罚决定书〔2017〕9 号（广东某某创业投资管理有限公司）》，载中国证券监督管理委员会官网，http：//www. csrc. gov. cn/pub/guangdong/xzcf/201707/t20170717_ 320588. htm，2021 年 10 月 13 日访问。

② 《纪律处分决定书》（中基协处分〔2020〕14 号），载中国证券投资基金业协会官网，https：//www. amac. org. cn//selfdisciplinemeasures/cyry/hyjg/202003/P020200302701466345311. pdf，2021 年 10 月 13 日访问。

③ 《关于对吉林省某旅游产业投资基金管理有限公司采取责令改正措施的决定》，载中国证券监督管理委员会官网，http：//www. csrc. gov. cn/zjhpublicofjl/ghbgzj/201707/t20170712 _ 320356. htm，2021 年 10 月 13 日访问。

④ 《湖北证监局关于对湖北某某股权投资基金管理有限公司采取出具警示函措施的决定》，载中国证券监督管理委员会官网，http：//www. csrc. gov. cn/pub/zjhpublicofhb/ghbgzj/201604/t20160429 _ 296678. htm，2021 年 10 月 13 日访问。

⑤ 《关于对淮南某某资本管理中心（有限合伙企业）采取责令改正措施的决定》，载中国证券监督管理委员会官网，http：//www. csrc. gov. cn/pub/zjhpublicofah/tzgg/201707/t20170719 _ 320706. htm，2021 年 10 月 13 日访问。

率，[①] 而福建某资产管理有限公司则在产品《募集说明书》中以“年预期复合收益率”的表述向投资者承诺收益。该两家基金管理人分别于 2021 年 2 月和 2020 年 2 月受到了基金业协会暂停受理私募基金备案 6 个月的纪律处分。[②]

---

① 《纪律处分决定书》（中基协处分〔2021〕28 号），载中国证券投资基金业协会官网，https://www.amac.org.cn//selfdisciplinemeasures/cyry/hyjg/202102/P020210219605540685501.pdf，2021 年 10 月 13 日访问。

② 《纪律处分决定书》（中基协处分〔2020〕3 号），载中国证券投资基金业协会官网，https://www.amac.org.cn//selfdisciplinemeasures/cyry/hyjg/202002/P020200224649709071071.pdf，2021 年 10 月 13 日访问。

第六章 信息披露制度

建立起强大而有效的信息披露制度，最大限度地减少市场信息不对称对投资者进行相关投资决策时所造成的负面影响，对一个国家市场经济的健康有序发展至关重要。正是由于充分认识到了信息披露对私募基金行业健康发展的重大影响，基金业协会在《私募投资基金监督管理暂行办法》原则规定的基础上，于2016年2月发布并实施了《私募投资基金信息披露管理办法》，旨在加强私募基金信息披露制度建设，规范信息披露义务人向投资者进行披露的内容和方式，保障投资者的知情权，从而保护投资者的合法权益。

第一节 制订依据

信息披露制度的主要制订依据为《关于规范金融机构资产管理业务的指导意见》《私募投资基金监督管理暂行办法》《关于加强私募投资基金监管的若干规定》《私募投资基金信息披露管理办法》《证券期货经营机构私募资产管理计划运作管理规定》《证券期货经营机构私募资产管理业务管理办法》《私募投资基金管理人内部控制指引》《私募投资基金信息披露内容与格式指引2号——适用于私募股权（含创业）投资基金》《私募投资基金非上市股权投资估值指引（试行）》《私募基金管理人登记须知》（2018年12月更新）以及《私募投资基金备案须知》（2019版）等。具体规定如下：

（1）《关于规范金融机构资产管理业务的指导意见》

十二、金融机构应当向投资者主动、真实、准确、完整、及时披露资产管理产品募集信息、资金投向、杠杆水平、收益分配、托管安排、投资账户信息和主要投资风险等内容。国家法律法规另有规定的，从其规定。

……

对于私募产品，其信息披露方式、内容、频率由产品合同约定，但金融机构应当至少每季度向投资者披露产品净值和其他重要信息。

……

对于权益类产品，金融机构应当通过醒目方式向投资者充分披露和提示产品的投资风险，包括产品投资股票面临的风险以及股票价格波动情况等。

……

二十四、金融机构不得以资产管理产品的资金与关联方进行不正当交易、利益输送、内幕交易和操纵市场，包括但不限于投资于关联方虚假项目、与关联方共同收购上市公司、向本机构注资等。

金融机构的资产管理产品投资本机构、托管机构及其控股股东、实际控制人或者与其有其他重大利害关系的公司发行或者承销的证券，或者从事其他重大关联交易的，应当建立健全内部审批机制和评估机制，并向投资者充分披露信息。

(2)《私募投资基金监督管理暂行办法》

第二十四条 私募基金管理人、私募基金托管人应当按照合同约定，如实向投资者披露基金投资、资产负债、投资收益分配、基金承担的费用和业绩报酬、可能存在的利益冲突情况以及可能影响投资者合法权益的其他重大信息，不得隐瞒或者提供虚假信息。信息披露规则由基金业协会另行制定。

(3)《私募投资基金信息披露管理办法》

第四条 信息披露义务人应当保证所披露信息的真实性、准确性和完整性。

第五条第一款 私募基金管理人应当按照规定通过中国基金业协会指定的私募基金信息披露备份平台报送信息。

第七条第一款 信息披露义务人、投资者及其他相关机构应当依法对所获取的私募基金非公开披露的全部信息、商业秘密、个人隐私等信息负有保密义务。

第九条　信息披露义务人应当向投资者披露的信息包括：

（一）基金合同；

（二）招募说明书等宣传推介文件；

（三）基金销售协议中的主要权利义务条款（如有）；

（四）基金的投资情况；

（五）基金的资产负债情况；

（六）基金的投资收益分配情况；

（七）基金承担的费用和业绩报酬安排；

（八）可能存在的利益冲突；

（九）涉及私募基金管理业务、基金财产、基金托管业务的重大诉讼、仲裁；

（十）中国证监会以及中国基金业协会规定的影响投资者合法权益的其他重大信息。

第十一条　信息披露义务人披露基金信息，不得存在以下行为：

（一）公开披露或者变相公开披露；

（二）虚假记载、误导性陈述或者重大遗漏；

（三）对投资业绩进行预测；

（四）违规承诺收益或者承担损失；

（五）诋毁其他基金管理人、基金托管人或者基金销售机构；

（六）登载任何自然人、法人或者其他组织的祝贺性、恭维性或推荐性的文字；

（七）采用不具有可比性、公平性、准确性、权威性的数据来源和方法进行业绩比较，任意使用"业绩最佳"、"规模最大"等相关措辞；

（八）法律、行政法规、中国证监会和中国基金业协会禁止的其他行为。

第十八条　发生以下重大事项的，信息披露义务人应当按照基金合同的约定及时向投资者披露：

（一）基金名称、注册地址、组织形式发生变更的；

（二）投资范围和投资策略发生重大变化的；

（三）变更基金管理人或托管人的；

（四）管理人的法定代表人、执行事务合伙人（委派代表）、实际控制人发生变更的；

（五）触及基金止损线或预警线的；

（六）管理费率、托管费率发生变化的；

（七）基金收益分配事项发生变更的；

（八）基金触发巨额赎回的；

（九）基金存续期变更或展期的；

（十）基金发生清盘或清算的；

（十一）发生重大关联交易事项的；

（十二）基金管理人、实际控制人、高管人员涉嫌重大违法违规行为或正在接受监管部门或自律管理部门调查的；

（十三）涉及私募基金管理业务、基金财产、基金托管业务的重大诉讼、仲裁；

（十四）基金合同约定的影响投资者利益的其他重大事项。

第二十条 信息披露事务管理制度应当至少包括以下事项：

（一）信息披露义务人向投资者进行信息披露的内容、披露频度、披露方式、披露责任以及信息披露渠道等事项；

（二）信息披露相关文件、资料的档案管理；

（三）信息披露管理部门、流程、渠道、应急预案及责任；

（四）未按规定披露信息的责任追究机制，对违反规定人员的处理措施。

第二十一条 信息披露义务人应当妥善保管私募基金信息披露的相关文件资料，保存期限自基金清算终止之日起不得少于10年。

(4)《关于加强私募投资基金监管的若干规定》

第九条 私募基金管理人及其从业人员从事私募基金业务，不得有下列行为：

……

（八）不按照合同约定进行投资运作或者向投资者进行信息披露；

……

第十一条 ……投资后应当及时向投资者充分披露信息。

第十二条第一款 私募基金管理人及其出资人和实际控制人、私募基金托管人、私募基金销售机构和其他私募基金服务机构所提交的登记备案信息及其他信息材料，不得有虚假记载、误导性陈述或者重大遗漏，并应当按照规定持续履行信息披露和报送义务，确保所提交信息材料及时、准确、真实、完整。

(5)《证券期货经营机构私募资产管理计划运作管理规定》

第二十七条第二款 证券期货经营机构董事、监事、从业人员及其配偶、控股股东、实际控制人或者其他关联方参与证券期货经营机构设立的资产管理计划，证券期货经营机构应当向投资者进行披露，对该资产管理计划账户进行监控，并及时向中国证监会相关派出机构和证券投资基金业协会报告。

(6)《证券期货经营机构私募资产管理业务管理办法》

第十六条第二款 证券期货经营机构应当向投资者详细披露所聘请的投资顾问的资质、收费等情况，以及更换、解聘投资顾问的条件和程序，充分揭示聘请投资顾问可能产生的特定风险。

第二十二条第三款 分级资产管理计划的名称应当包含“分级”或“结构化”字样，证券期货经营机构应当向投资者充分披露资产管理计划的分级设计及相应风险、收益分配、风险控制等信息。

第四十七条 证券期货经营机构、托管人、销售机构和其他信息披露义务人应当依法披露资产管理计划信息，保证所披露信息的真实性、准确性、完整性、及时性，确保投资者能够按照资产管理合同约定的时间和方式查阅或者复制所披露的信息资料。

第四十八条 资产管理计划应向投资者提供下列信息披露文件：

（一）资产管理合同、计划说明书和风险揭示书；

（二）资产管理计划净值，资产管理计划参与、退出价格；

（三）资产管理计划定期报告，至少包括季度报告和年度报告；

（四）重大事项的临时报告；

（五）资产管理计划清算报告；

（六）中国证监会规定的其他事项。

证券期货经营机构向投资者提供的信息披露文件，应当及时报送中国证监会相关派出机构、证券投资基金业协会。

信息披露文件的内容与格式指引由中国证监会或者授权证券投资基金业协会另行制定。

第五十一条 披露资产管理计划信息，不得有下列行为：

（一）虚假记载、误导性陈述或者重大遗漏；

（二）对投资业绩进行预测，或者宣传预期收益率；

（三）承诺收益，承诺本金不受损失或者限定损失金额或比例；

（四）夸大或者片面宣传管理人、投资经理及其管理的资产管理计划的过往业绩；

（五）恶意诋毁、贬低其他资产管理人、托管人、销售机构或者其他资产管理产品；

（六）中国证监会禁止的其他情形。

第六十七条 证券期货经营机构应当建立健全信息披露管理制度，设置专门部门或者专岗负责信息披露工作，明确负责的高级管理人员，并建立复核机制，通过规范渠道向投资者披露有关信息，还应当定期对信息披露工作的真实性、准确性、完整性、及时性等进行评估。

(7)《私募投资基金管理人内部控制指引》

第二十五条 私募基金管理人应当建立健全信息披露控制，维护信息沟通渠道的畅通，保证向投资者、监管机构及中国基金业协会所披露信息的真实性、准确性、完整性和及时性，不存在虚假记载、误导性陈述或重大遗漏。

第二十六条 私募基金管理人应当保存私募基金内部控制活动等方面的信息及相关资料，确保信息的完整、连续、准确和可追溯，保存期限自私募基金清算终止之日起不得少于10年。

(8)《私募投资基金信息披露内容与格式指引2号——适用于私募股权（含创业）投资基金》

6. 信息披露半年度报告应在当年9月底之前完成，信息披露年度报告应在次年6月底之前完成。协会鼓励私募基金管理人向投资者披露季度报告（含第一季度、第三季度），季度报告不做强制要求。

(9)《私募基金管理人登记须知》(2018 年 12 月更新)

七、法律意见书相关要求

(一)【私募登记法律意见书】按照《关于进一步规范私募基金管理人登记若干事项的公告》,新申请私募基金管理人登记、已登记的私募基金管理人发生部分重大事项变更,需通过 AMBERS 系统提交律师事务所出具的法律意见书。法律意见书应按照《私募基金管理人登记法律意见书指引》对申请机构的登记申请材料、工商登记情况、专业化经营情况、股权结构、实际控制人、关联方及分支机构情况、运营基本设施和条件、风险管理制度和内部控制制度、外包情况、合法合规情况、高管人员资质情况等逐项发表结论性意见。

(二)【重大事项法律意见书】已登记的私募基金管理人申请变更控股股东、变更实际控制人、变更法定代表人/执行事务合伙人(委派代表)等重大事项或协会审慎认定的其他重大事项的,应提交私募基金管理人重大事项变更专项法律意见书,对私募基金管理人重大事项变更的相关事项逐项明确发表结论性意见,还应当提供相关证明材料,充分说明变更事项缘由及合理性;已按基金合同、基金公司章程或者合伙协议的相关约定,履行基金份额持有人大会、股东大会或合伙人会议的相关表决程序;已按照《私募投资基金信息披露管理办法》相关规定和基金合同、基金公司章程或者合伙协议的相关约定,向私募基金投资者及时、准确、完整地进行了信息披露。

十一、私募基金管理人登记完成后应特别知悉事项

(二)【持续内控要求】……

已有管理规模的私募基金管理人在办理法定代表人、实际控制人或控股股东的重大事项变更申请时,除应按要求提交专项法律意见书外,还应当提供相关证明材料,充分说明变更事项缘由及合理性;已按基金合同、基金公司章程或者合伙协议的相关约定,履行基金份额持有人大会、股东大会或合伙人会议的相关表决程序;已按照《私募投资基金信息披露管理办法》相关规定和基金合同、基金公司章程或者合伙协议的相关约定,向私募基金投资者就所涉重大事项及时、准确、完整地进行了信息披露。

十二、重大事项变更相关要求

……已登记私募基金管理人 1 年内法定代表人/执行事务合伙人(委派代

表)、主要出资人、实际控制人均发生变化的，应重新提交针对发生变更后私募基金管理人登记法律意见书，根据《私募基金管理人登记法律意见书指引》对申请机构整体情况逐项发表法律意见，同时提交变更的内部程序证明材料、向投资人就该事项信息披露材料，并详细说明变更的原因。对于上述类型重大事项变更，协会将视为新申请登记机构进行核查，并对变更缘由加大核查力度。

(10)《私募投资基金备案须知》(2019 版)

(二十四)【信息披露】管理人应当在私募投资基金的募集和投资运作中明确信息披露义务人向投资者进行信息披露的内容、披露频度、披露方式、披露责任以及信息披露渠道等事项，向投资者依法依规持续披露基金募集信息、投资架构、特殊目的载体（如有）的具体信息、杠杆水平、收益分配、托管安排(如有)、资金账户信息、主要投资风险以及影响投资者合法权益的其他重大信息等。

管理人应当及时将上述披露的持续投资运作信息在私募投资基金信息披露备份系统进行备份。

(二十五)【基金年度报告及审计要求】管理人应当在规定时间内向协会报送私募投资基金年度报告。

私募股权投资基金、私募资产配置基金的年度报告的财务会计报告应当经过审计。会计师事务所接受管理人、托管人的委托，为有关基金业务出具的审计报告等文件，应当勤勉尽责，对所依据的文件资料内容的真实性、准确性、完整性进行核查和验证。其制作、出具的文件有虚假记载、误导性陈述或者重大遗漏，给他人财产造成损失的，应当与委托人承担连带赔偿责任。

(二十六)【重大事项报送】私募投资基金发生以下重大事项的，管理人应当在5个工作日内向协会报送相关事项并向投资者披露：

1. 管理人、托管人发生变更的；

2. 基金合同发生重大变化的；

3. 基金触发巨额赎回的；

4. 涉及基金管理业务、基金财产、基金托管业务的重大诉讼、仲裁、财产纠纷的；

5. 投资金额占基金净资产50%及以上的项目不能正常退出的；

6. 对基金持续运行、投资者利益、资产净值产生重大影响的其他事件。

(二十七)【信息公示】管理人应当及时报送私募投资基金重大事项变更情况及清算信息，按时履行私募投资基金季度、年度更新和信息披露报送义务。管理人未按时履行季度、年度、重大事项信息更新和信息披露报送义务的，在管理人完成相应整改要求之前，协会将暂停受理该管理人新的私募投资基金备案申请。管理人未按时履行季度、年度、重大事项信息更新和信息披露报送义务累计达2次的，协会将其列入异常机构名单，并对外公示。一旦管理人作为异常机构公示，即使整改完毕，至少6个月后才能恢复正常机构公示状态。

私募投资基金备案后，协会将通过信息公示平台公示私募投资基金基本情况。对于存续规模低于500万元，或实缴比例低于认缴规模20%，或个别投资者未履行首轮实缴义务的私募投资基金，在上述情形消除前，协会将在公示信息中持续提示。

(11)《私募投资基金非上市股权投资估值指引(试行)》

二、估值原则

(一)基金管理人应当在估值日估计各单项投资的公允价值。具有相同资产特征的投资每个估值日采用的估值技术应当保持一致。只有在变更估值技术或其应用能使计量结果在当前情况下同样或者更能代表公允价值的情况下，基金管理人方可采用不同的估值技术，并依据相关法律法规、会计准则及自律规则履行相应的信息披露义务……

第二节 制订要点

根据前述主要制订依据，信息披露制度的制订要点应当包括：

1. 明确信息披露的内容、频度、方式和渠道等事项；
2. 明确信息披露的“四不”原则和“四性”要求；
3. 明确信息披露的禁止行为；
4. 规定信息披露相关文件、资料的管理；
5. 明确信息披露管理部门、流程、应急预案、定期评估及责任追究机制。

下面我们就对前述要点进行具体说明。

一、明确信息披露的内容、频度、方式和渠道等事项

1. 披露内容

如果说《私募投资基金监督管理暂行办法》仅对私募基金信息披露义务人[①]应向投资者披露的信息进行了概括性描述，那么《私募投资基金信息披露管理办法》则较为系统地对信息披露的内容进行了详细规定。不仅如此，在《私募投资基金监督管理暂行办法》规定的应向投资者如实披露的基金投资、资产负债、投资收益分配、基金承担的费用和业绩报酬、可能存在的利益冲突情况的基础上，《私募投资基金信息披露管理办法》还增加了基金的宣传推介文件、基金的涉诉情况等必须披露的事项。此外，《私募投资基金信息披露管理办法》还列举了可能影响投资者利益的其他重大事项，并且，《中国基金业协会关于进一步规范私募基金管理人登记若干事项的公告》（中基协发〔2016〕4 号）进一步要求私募基金管理人应就该等重大事项中的变更控股股东、变更实际控制人、变更法定代表人/执行事务合伙人或基金业协会审慎认定的其他重大事项取得专业律师出具的《私募基金管理人重大事项变更专项法律意见书》后，及时向基金业协会进行重大事项变更登记。值得一提的是，《关于规范金融机构资产管理业务的指导意见》等规定还要求向投资者披露基金的募集信息、资金投向、杠杆水平、收益分配、托管安排、投资账户信息和主要投资风险、重大关联交易和基金的估值技术等内容。

2. 披露频度

关于信息披露的频度，《私募投资基金信息披露管理办法》也从不同角度进行了规定。从私募基金整个生命周期的角度来看，分为基金募集期间的信息披露和基金运作（包含基金投资、基金管理和基金退出）期间的信息披露。而单从私募基金运作的角度而言，《私募投资基金信息披露管理办法》规定了年度报告和季度报告为信息披露义务人必须披露的内容；而《私募投资基金信息披露

---

① 《私募投资基金信息披露管理办法》第二条规定："本办法所称的信息披露义务人，指私募基金管理人、私募基金托管人，以及法律、行政法规、中国证券监督管理委员会（以下简称中国证监会）和中国证券投资基金业协会（以下简称中国基金业协会）规定的具有信息披露义务的法人和其他组织。"

内容与格式指引2号——适用于私募股权（含创业）投资基金》则明确，信息披露义务人须披露年度报告和半年度报告，并鼓励其披露季度报告。由于《私募投资基金信息披露管理办法》针对的是所有类型的私募基金，而《私募投资基金信息披露内容与格式指引2号——适用于私募股权（含创业）投资基金》是专门针对私募股权基金（含创业投资基金）的，因此，对于私募股权基金而言，披露季度报告并非强制性要求。但是，我们也注意到，《关于规范金融机构资产管理业务的指导意见》要求按季度披露私募产品的相关信息。有鉴于此，从更规范的角度而言，我们建议广大私募股权基金管理人在定期披露年度和半年度报告的基础上，尽可能披露季度报告。

3. 披露方式和渠道

根据相关法律法规，信息披露义务人可以采取信件、传真、电子邮件、官方网站或第三方服务机构登录查询等非公开方式向投资者进行披露。此外，基金业协会于2016年9月底上线了私募基金信息披露备份系统。除了应向投资者进行信息披露之外，信息披露义务人还应在规定时间内向基金业协会报送相关信息披露内容。需要指出的是，虽然官方网站也是监管机构认可的信息披露渠道，但是，相关司法判例认为，鉴于官方网站内容的可更改性，其证明力较弱。因此，我们建议基金管理人不应仅将官方网站作为唯一的信息披露渠道，以避免举证不力的尴尬局面。

二、明确信息披露的“四不”原则和“四性”要求

无论是《私募投资基金监督管理暂行办法》《私募投资基金管理人内部控制指引》，还是《私募投资基金信息披露管理办法》，均一再强调私募基金信息披露的“四不”原则和“四性”要求。所谓“四不”原则是指，不提供虚假信息、不隐瞒信息、不遗漏信息和不误导投资者。只有在严格遵守“四不”原则的前提下，才能够真正确保信息披露满足“四性”要求，即真实性、准确性、完整性和及时性。

三、明确信息披露的禁止行为

《私募投资基金信息披露管理办法》就私募基金信息披露的禁止行为进行了

详细列举，并作出了兜底性规定（具体详见本章第二节），在此不再赘述。虽然，这些行为并非相关法律法规规定的信息披露制度所必须具备的内容，但我们强烈建议广大私募基金管理人将其写入信息披露制度中。因为私募基金管理人几乎所有的业务部门都会涉及信息披露，而该等部门的人员并非法律专业人士，可能并不十分了解信息披露的“禁区”。信息披露制度作为基金管理人的一项重要内控制度，必须为基金管理人的所有业务人员熟知，因此，将信息披露的禁止行为写入信息披露制度，有助于强化业务人员的合法合规意识，以尽可能避免违规行为。

四、规定信息披露相关文件、资料的管理

《私募投资基金信息披露管理办法》第二十一条规定，信息披露相关文件和资料的保存期限，应自基金清算终止之日起算，不得少于10年。而根据《私募投资基金管理人内部控制指引》第二十六条规定，私募基金内控等方面的信息及相关资料的保存期限，应自私募基金清算终止之日起不得少于10年。我们认为，信息披露的相关文件和资料应当属于私募基金内控信息和资料，也就是说，私募基金管理人应妥善保存所有在私募基金整个生命周期中向投资者进行披露的相关信息和资料，期限至少为“N+10”年，其中“N”为自相关信息首次披露之日起至私募基金清算终止之日。

五、明确信息披露管理部门、流程、应急预案、定期评估及责任追究机制

1. 信息披露管理部门

私募基金的募集、投资、管理和退出通常由基金管理人的不同业务部门负责，因此，在各阶段的信息披露工作也应由相应的业务部门具体操作。风控合规部应为信息披露管理部门，具体负责审核拟披露信息、制订应急预案和处理违规事件等，风控负责人应为信息披露工作的分管高管人员。

2. 流程

鉴于各私募基金管理人的组织形式和管理架构的不同，信息披露流程也会存在一些差异。但从大体上来说，应当是业务部门拟定需披露的信息，上报给

信息披露管理部门（风控合规部）审核，审核完成后提交董事会/执行董事签署确认，最后再由业务部门或者信息披露管理部门向投资者发布并存档。

3. 应急预案

在私募基金的整个生命周期中，难免会出现一些突发性事件。一旦发生此类事件，通常应由信息披露管理部门在事件发生后的第一时间，牵头组织相关业务部门共同召开紧急会议，并制订出应急预案，再由业务部门或者信息披露管理部门向投资者进行符合“四不”原则和“四性”要求的信息披露，以便顺利化解危机。

4. 定期评估

基金管理人应建立信息披露复核机制，并由风控合规部牵头，定期对信息披露工作的真实性、准确性、完整性、及时性等进行评估。

5. 责任追究机制

根据《私募投资基金信息披露管理办法》，信息披露制度中必须包含违规披露的责任追究机制和相关处理措施。根据我们以往的实务经验，通常基金管理人会将合法合规的信息披露作为相关业务部门绩效考核的指标之一，同时，信息披露管理部门也会定期组织各相关业务部门对信息披露工作进行总结。一旦发生疑似违规行为，信息披露管理部门应第一时间对相关责任人员展开调查，并将调查结果向管理层书面汇报。如违规行为属实，将会对相关责任人员进行处分。

第三节　格式指引

2016 年 9 月初，国务院发布了《关于促进创业投资持续健康发展的若干意见》，其中，在第七部分“优化创业投资市场环境”里提到了创业投资企业应加强信息披露。为贯彻落实该意见精神，基金业协会根据《中华人民共和国证券投资基金法》《私募投资基金监督管理暂行办法》及《私募投资基金信息披露管理办法》的有关规定，于 2016 年 11 月 14 日发布并实施《私募投资基金信息披露内容与格式指引 2 号——适用于私募股权（含创业）投资基金》。该指引所涉及的几种信息披露报告具体包括：半年度报告、年度报告、季度报告和重大事项临时报告。其中，重大事项临时报告的适用情形在本章第二节制订依据中已有描述，在此不再赘述。而季度报告和半年度报告的披露事项完全一致；因此，我们在下文中仅就半年度报告和年度报告的内容进行详细说明（斜体加粗部分为该报告专有的内容）：

<table>
<tr><th></th><th>半年度报告</th><th>年度报告</th></tr>
<tr><td>基金基本情况</td><td>基金名称/编码/类型/注册地/成立日期/到期日期/认缴金额（如有）/已实缴金额/估值方法/期末总资产/期末净资产/关键人士/投资经理/投资团队（如有）/投资者数量</td><td>同半年度报告</td></tr>
<tr><td>基金管理人和基金托管人</td><td>项目（包含名称、信息披露负责人、联系信息和地址和法定代表人等）、基金管理人、基金托管人（如有）</td><td>同半年度报告</td></tr>
<tr><td>基金投资者情况（选填）</td><td>投资者名称/类型/认缴出资/实缴出资</td><td>同半年度报告</td></tr>
<tr><td rowspan="3">基金投资运作情况/基金运营情况</td><td rowspan="2">所投项目情况：项目名称/注册地/投资行业/投资方式①/持股比例/投资日期/认缴资本总额/已投资总额/是否退出/退出日期/退出方式/收益亏损情况
（针对前述各事项，同一项目多轮投资需分次列出）</td><td>累计运营情况：
期末累计投资总额（实缴）
期末累计运营费用
期末累计收益
期末累计总投资项目个数
期末累计总投资项目总额
期末累计总投资基金个数
期末累计总投资基金总额</td></tr>
<tr><td>持有项目情况表：
——投资项目基本信息表（部分事项为新增信息）
——投资项目追加投资表
——投资项目退出投资表
——项目股权结构情况表（选填）</td></tr>
<tr><td>所投基金情况：基金名称/是否备案/基金编码（如有）/投资日期/投资认缴资本总额/已投资总额</td><td>同半年度报告</td></tr>
</table>

① 根据《私募投资基金信息披露内容与格式指引2号——适用于私募股权（含创业）投资基金》的规定，股权基金的投资方式为股权或可转换债。

续表

	半年度报告	年度报告
基金持有项目特别情况说明	选填	无
基金费用明细	项目：管理费/托管费/业绩报酬/外包服务费/其他（配售费用、咨询费、自愿放弃的费用金额、未完成交易费等）；当期；自设立以来（合计费用）	同半年度报告
管理人报告	选填①	*必填（内容比半年度报告增加一项：项目进展情况）*
基金产品说明	无	*投资目标/投资策略/投资范围/关注行业/关注阶段/其他*
外包机构情况	无	*项目（会计师事务所/注册登记机构等）、名称、办公地址、联系方式*
主要会计数据和财务指标	无	*过去三年的期间数据和指标以及期末数据和指标*
过去三年基金的利润分配情况	无	*分红次数/分红金额/现金形式发放总额/年度利润分配合计*
基金投资者变动情况	无（投资者数量在基金基本情况中体现）	*期初投资者数量和实缴规模、期间基金入退伙数量和增减规模、期末投资者总数和实缴规模*
托管人报告	无	如有则需披露②
审计报告	无	必须披露

① 《私募投资基金信息披露内容与格式指引2号——适用于私募股权（含创业）投资基金》附表1 私募股权（含创业）投资基金信息披露半年度报告格式之7 管理人报告（选填）：报告期内高管及其关联基金情况、高管变动情况、基金运作遵规守信情况、投资策略和业绩表现、对宏观经济及其行业走势展望、内部基金监察稽核工作、基金估值程序、基金运作情况、投资收益分配和损失承担情况、关联交易等可能存在的利益冲突、关于基金负债以及潜在负债或担保的简要说明等。

② 《私募投资基金信息披露内容与格式指引2号——适用于私募股权（含创业）投资基金》附表2 私募股权（含创业）投资基金信息披露年度报告格式之6 托管人（如有）报告：如报告期内本基金托管人遵规守信情况声明，托管人对报告期内本基金投资运作遵规守信、基金估值、利润分配等情况的说明，托管人对本年度报告中财务信息等内容的真实性、准确性和完整性发表意见等。

从上述表格中可以看出，半年度报告和年度报告在整体上并无二致，仅在信息披露的详细程度上有所区别，具体体现为：

1. 基金投资运作情况相比基金运营情况

相比半年度报告将股权基金在报告期内进行的所有投资均体现在投资项目和投资基金情况中，年度报告则将报告期内的基金运营情况体现为累计运营情况、持有项目情况表和所投基金情况三个部分。其中，所投基金情况与半年度报告的相关内容一致；累计运营情况除了半年度报告中应披露的事项外，新增了累计运营费用信息；而持有项目情况表则需针对每个具体的投资项目进一步填写投资项目基本信息表、投资项目追加投资表、投资项目退出投资表和项目股权结构情况表（选填）。就持有项目情况表而言，投资项目基本信息表中除了半年度报告应披露的事项外，还增加了包括被投资项目的法定代表人、设立日期、注册资本、主营业务、是否为并购项目、是否属于中小企业/高新技术企业、是否享受国家财税政策以及投资阶段等信息；投资项目追加投资表（如有）则对各个项目的各轮融资信息进行具体披露；投资项目退出投资表（如有）对各个项目的退出信息，包括第几次退出、退出日期和退出额进行披露；而项目股权结构情况表为选填内容，即基金管理人可选择披露所投项目持股5%以上的股东姓名或名称、持股数以及持股比例信息。

2. 年度报告专有披露

包括基金产品说明、外包机构情况、主要会计数据和财务指标、过去三年基金的利润分配情况、基金投资者变动情况、托管人报告和审计报告在内的事项，均为年度报告的专有披露信息。

值得一提的是，根据《私募投资基金信息披露内容与格式指引2号——适用于私募股权（含创业）投资基金》，投资者如在私募基金信息披露备份平台下载经托管机构或会计师事务所复核的信息披露报告，该等报告的正文首页将加注托管机构或会计师事务所的名称。虽然托管机构或会计师事务所对信息披露报告的复核并非其强制性义务，但经复核的报告的真实性和完整性显然要高于未经复核的报告，因此，我们认为，要求注明名称的规定旨在为投资者对报告真实性和完整性的判断提供依据，属于对投资者的一种保护。

第四节　参考模板

以下是我们为某基金管理人制定的信息披露制度简略版，基本涵盖了前述制订要点，建议基金管理人可根据各自的具体情况在此版本上进行调整：

《××有限公司信息披露制度》

为保护××有限公司（以下简称公司）所管理的私募基金的投资者的合法权益，规范私募基金的信息披露活动，特根据《私募投资基金信息披露管理办法》和《证券期货投资者适当性管理办法》等相关法律法规制定本信息披露制度（以下简称本制度）。

第一章　总　　则

第一条　信息披露原则：真实、准确、及时、完整。

第二条　充分认识信息披露工作的重要性。公信力是基金的生命力，信息披露工作是公信力建设的根本举措。应将信息披露工作纳入重要工作日程。

第三条　加强对信息披露制度实施情况的总结。应在信息披露工作中，不断进行总结和补充，逐渐形成较为完善的信息披露制度，推动基金信息披露工作的常态化和规范化。同时，信息披露工作情况应纳入相关业务部门工作年终考核中，奖优罚劣。对于违反本制度的主管人员和其他直接责任人员，公司将给予其处分，具体包括书面警示、强制培训、通报批评、降级降职、立即辞退等。情节严重的，将移交监管部门处理。

第二章　信息披露内容

第四条　公司应当按照中国基金业协会的规定以及基金合同的约定向投资者进行信息披露。投资者分为普通投资者与专业投资者。普通投资者在信息披露方面享有特别保护。

第五条　公司及公司员工应当向投资者披露的信息包括：

1. 基金合同；

2. 招募说明书等宣传推介文件；

3. 基金销售协议中的主要权利义务条款（如有）；

4. 基金的投资情况；

5. 基金的资产负债情况；

6. 基金的投资收益分配情况；

7. 可能存在的利益冲突；

8. 基金重大关联交易；

9. 涉及私募基金管理业务、基金财产、基金托管业务的重大诉讼、仲裁；

10. 基金的年度/半年度/季度/报告、重大事项临时报告和清算报告；

11. 中国证监会、中国基金业协会以及其他相关监管机构规定的影响投资者合法权益的其他重大信息。

第六条 公司及公司员工披露私募基金信息，禁止以下行为：

1. 公开披露或者变相公开披露；

2. 虚假记载、误导性陈述或者重大遗漏；

3. 对投资业绩进行预测，或者宣传预期收益率；

4. 违规承诺收益，承诺本金不受损失或者限定损失金额或比例；

5. 恶意诋毁、贬低其他基金管理人、基金托管人、基金销售机构或者其他私募基金；

6. 登载任何自然人、法人或者其他组织的祝贺性、恭维性或推荐性的文字；

7. 夸大或者片面宣传管理人、投资经理及其管理的私募基金的过往业绩，包括但不限于：采用不具有可比性、公平性、准确性、权威性的数据来源和方法进行业绩比较，任意使用“业绩最佳”“规模最大”等相关措辞；

8. 法律、行政法规、中国证监会和中国基金业协会禁止的其他行为。

第七条 向境内投资者募集的私募基金信息披露文件应当采用中文文本，应当尽量采用简明、易懂的语言进行表述。同时采用外文文本的，公司及公司员工应当保证两种文本内容一致。两种文本发生歧义时，以中文文本为准。

第八条 基金信息披露分为定期披露、临时披露。其中定期披露的信息包括：基本信息、治理信息、管理信息、项目信息、财务信息、募集信息、重大事件及下一年度工作计划、投资者分类政策、产品或者服务分级政策、自查报告等。

第九条 私募基金募集期间的信息披露由基金管理部负责，并遵守以下规定：

1. 私募基金的宣传推介材料（如招募说明书）内容应当如实披露基金产品的基本信息，与基金合同保持一致。如有不一致，应当向投资者特别说明。

2. 宣传推介材料（如招募说明书）应向投资者披露如下信息：

（1）基金的基本信息：基金名称、基金架构（是否为母子基金、是否有平行基金）、基金类型、基金注册地（如有）、基金募集规模、最低认缴出资额、基金运作方式、基金的存续期限、基金联系人和联系信息、基金托管人和托管信息（如有）、基金投资顾问的相关信息（如有）。

（2）基金管理人基本信息：基金管理人名称、注册地/主要经营地址、成立时间、组织形式、基金管理人在中国基金业协会的登记备案情况。

（3）基金的投资信息：基金的投资目标、投资策略、投资方向、杠杆水平、分级情况（如有）、风险收益特征，以及基金采用的估值技术等，如涉及特殊目的载体，也应提供相关信息。

（4）基金的募集期限。

（5）基金合同的主要条款：出资方式、收益分配和亏损分担方式、管理费标准及计提方式、基金费用承担方式、业绩报酬安排、基金业务报告和财务报告提交制度等。

（6）基金的认购安排。

（7）基金管理人最近三年的诚信情况说明。

（8）可能直接导致本金亏损的事项。

（9）因公司的业务或者财产状况变化，影响投资者判断的重要事由。

（10）限制投资者权利行使期限或者可解除合同期限等全部限制内容。

（11）在公司内部的投资者适当性管理制度基础上得出的投资者适当性匹配意见（但公司的适当性匹配意见不表明其对产品或者服务的风险和收益做出实质性判断或者保证）。

（12）其他事项。

第十条 私募基金运作期间的信息披露由基金管理部和投资部负责，并遵守以下规定：

1. 公司应在基金合同中明确向投资者进行信息披露的内容、披露频度、披露方式、披露责任以及信息披露渠道等事项。

2. 私募基金运行期间，公司应当在每年4月底之前向投资者发布前一年度的年度报告，披露以下信息：

（1）基金的财务情况；

（2）基金投资运作情况和运用杠杆情况；

（3）投资者账户信息，包括实缴出资额、未缴出资额以及报告期末所持有基金份额总额等；

（4）投资收益分配和损失承担情况；

（5）基金管理人取得的管理费和业绩报酬，包括计提基准、计提方式和支付方式；

（6）法律法规规定的以及基金合同约定的其他信息。

3. 私募基金运行期间，公司应当在每年8月底之前向投资者发布上半年度的半年度报告，披露以下信息：

（1）基金基本情况；

（2）基金管理人和基金托管人；

（3）基金投资运作情况/基金运营情况；

（4）基金费用明细。

除此之外，公司可自行确定是否在半年报中向投资者提供基金投资者情况、管理人报告以及基金持有项目特别情况说明等相关信息。

4. 私募基金运行期间，公司应当在每个自然季度结束之后10日内向投资者发布上一个季度的季度报告，披露事项应与半年报披露事项相同。

5. 公司应当及时将上述披露的持续投资运作信息在私募投资基金信息披露备份系统进行备份。

第十一条 发生以下重大事项的，公司应当按照法律法规的规定和基金合同的约定及时向基金业协会报送相关事项并向投资者披露：

（1）基金名称、注册地址、组织形式发生变更的；

（2）投资范围和投资策略发生重大变化的；

（3）基金合同发生重大变化的；

(4) 变更基金管理人或托管人的;

(5) 管理人的法定代表人、执行事务合伙人（委派代表)、实际控制人发生变更的;

(6) 管理费率、托管费率发生变化的;

(7) 基金收益分配事项发生变更的;

(8) 基金存续期变更或展期的;

(9) 投资金额占基金净资产50%及以上的项目不能正常退出的;

(10) 基金发生清盘或清算的;

(11) 基金发生重大关联交易事项的;

(12) 基金管理人、实际控制人、高管人员涉嫌重大违法违规行为或正在接受监管部门或自律管理部门调查的;

(13) 涉及私募基金管理业务、基金财产、基金托管业务的重大诉讼、仲裁、财产纠纷的;

(14) 对基金持续运行、投资者利益、基金资产产生重大影响的其他事件。

此外，在办理公司法定代表人、实际控制人或控股股东的重大事项变更申请时，公司应按要求提交由有相关资质的律师事务所出具的《重大事项变更专项法律意见书》。

第十二条　临时披露的信息包括：项目动态信息、突发事件信息、重大事件及重大人事变动公告、临时财务信息等。

第三章　信息披露的时间、形式和档案保存

第十三条　披露时间。定期信息以季度/半年度/年度为披露时间节点，临时信息随时披露。

第十四条　主要形式。以邮件形式发至各投资者，公司留存纸质文件备案，并应当在规定时间内向基金业协会报送。

第十五条　档案保存。公司应当妥善保管信息披露的相关文件资料，保存期限自基金清算终止之日起不应少于10年。

第四章　信息披露流程、格式、管理部门和应急预案

第十六条　信息披露流程

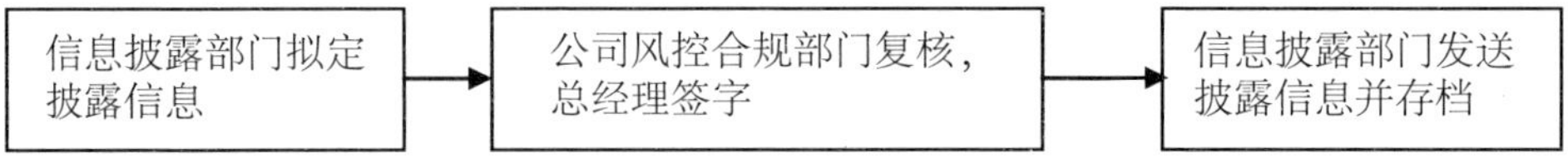

第十七条 信息披露格式

1. 日常信息（Word文档）。

2. 财务信息（Execl表格）。

第十八条 管理部门

公司的风控合规部门为信息披露管理部门，风控负责人系公司信息披露工作的分管领导。风控合规部在信息披露方面的主要职责包括：负责审核信息披露部门拟披露的信息；召集突发事件紧急会议并制订应急预案；负责牵头定期对信息披露工作的真实性、准确性、完整性、及时性等进行评估；负责对信息披露违规事件展开调查并上报董事会处理。

第十九条 应急预案

为应对信息披露事务的突发情况，公司建立信息披露应急预案机制，信息披露工作各环节应配置人员备岗，对于重大的突发性披露事件，应于该事件发生后的24小时内，由风控合规部门牵头，召集信息披露负责部门和相关业务部门召开紧急会议，迅速制订应急方案，并报董事会批准，以确保该事件的相关信息及时、准确、完整地向投资者披露。

第五章 附 则

第二十条 如本制度与《私募投资基金信息披露管理办法》及相关法律法规存在不一致，以及本制度之未尽事宜，均以《私募投资基金信息披露管理办法》及相关法律法规的规定为准。

第二十一条 本制度自法定代表人签署后起生效实施。由董事会负责修订与解释。

法定代表人签名（盖章）：

××有限公司（公章）

年 月 日

附：信息披露制度示意图

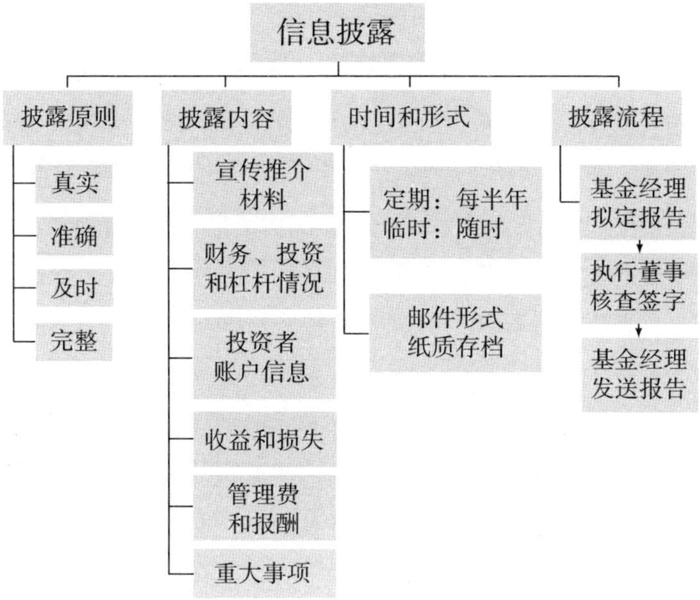

第五节　执行要点

之所以要向私募基金投资者进行信息披露，本质上是为了维护投资者的合理知情权。因为一旦投资者根据基金合同的约定向基金募集账户缴付了认购款，在其投资的私募基金的整个生命周期中，投资者只能依赖于基金管理人定期和不定期的信息披露来了解所投私募基金的业绩表现。正是由于信息获取的不对称性，相关法律法规才对私募基金管理人的信息披露义务作出了严格规定，其目的是防止因不真实、不及时、不准确和不完整的信息披露损害投资者权益。在实践中，如私募基金管理人未能做到及时和完整的信息披露，将会受到监管层的相应处罚。

一、相关案例

2016年，上海某私募基金管理人在以“缩减份额法[①]”计提业绩报酬时，未将业绩报酬提取导致投资者所持基金份额及基金总净值变化的情况向投资者及时、全面披露，导致投资者未能及时获悉其基金资产的变化情况。鉴于在“缩减份额法”下，基金份额变动是投资者了解基金收益情况、进行投资决策的重要信息，而上述私募基金管理人利用自身的信息优势地位，仅向投资者披露基金净值信息，损害了投资者的合理知情权，可能导致投资者作出错误的投资判断，其行为违反了从事私募基金业务应遵循的诚信原则以及基金管理人应履行的勤勉义务。据此，证监会对该私募基金管理人的负责人采取了监管谈话的行政监管措施，要求其就相关问题进行整改。[②]

此外，私募基金管理人如存在下列信息披露违规情形，包括但不限于：未在合伙协议中对信息披露相关情况作出约定；未能按基金合同的约定，向投资者进行相关信息披露；未能及时更新私募基金登记备案系统中披露的信息；以及未能及时向基金业协会报送年度财务报告和基金运作基本情况等，亦将受到严厉的监管措施。例如，2017年7月，吉林省证监局就因信息披露违规而分别责令吉林省某某投资管理有限公司等三家私募股权基金管理人限期改正。[③]

二、行业自律

出现以下违反信息披露义务的行为，除了受到行政处罚之外，还将面临行

---

① “缩减份额法”是目前私募基金行业计提业绩报酬的方法之一，即当业绩报酬计提基准日的基金份额净值大于前次计提日时，可根据净值增长差额的一定比例计提业绩报酬。计提业绩报酬后，基金份额净值保持不变，但对投资者持有的基金份额进行扣减。

② 《73家违规私募10月14日前要整改提交法律意见书 私募因“业绩报酬门”遭处罚》，载中国基金报，https：//www.sohu.com/a/114066188_465270，2021年10月9日访问。

③ 《关于对吉林省某某投资管理有限公司采取责令改正措施的决定》，载中国证券监督管理委员会官网，http：//www.csrc.gov.cn/pub/jilin/jljgcs/201707/t20170712_320348.htm，2021年10月13日访问；《关于对吉林省某某资产管理有限公司采取责令改正措施的决定》，载中国证券监督管理委员会官网，http：//www.csrc.gov.cn/pub/jilin/jljgcs/201707/t20170712_320342.htm，2021年10月13日访问；《关于对吉林某某投资基金管理有限公司采取责令改正措施的决定》，载中国证券监督管理委员会官网，http：//www.csrc.gov.cn/pub/jilin/jljgcs/201707/t20170712_320335.htm，2021年10月13日访问。

业协会的纪律处分和自律措施：

1. 未按时履行报送义务

根据《中国基金业协会关于进一步规范私募基金管理人登记若干事项的公告》（中基协发〔2016〕4 号），已登记的私募基金管理人未按时履行季度、年度和重大事项信息报送更新义务的，在其完成相应整改要求之前，基金业协会将暂停受理该机构的私募基金产品备案申请。私募基金管理人未按时履行季度、年度和重大事项信息报送更新义务累计达 2 次的，基金业协会会将其列入异常机构名单，并通过私募基金管理人公示平台对外公示。

2. 未按要求提交审计报告

根据《中国基金业协会关于进一步规范私募基金管理人登记若干事项的公告》（中基协发〔2016〕4 号），已登记的私募基金管理人未按要求提交经审计的年度财务报告的，在其完成相应整改要求之前，基金业协会将暂停受理该机构的私募基金产品备案申请。同时，基金业协会会将其列入异常机构名单，并通过私募基金管理人公示平台对外公示。新申请私募基金管理人登记的机构成立满一年但未提交经审计的年度财务报告的，基金业协会将不予登记。

3. 被列入严重违法企业公示

根据《中国基金业协会关于进一步规范私募基金管理人登记若干事项的公告》（中基协发〔2016〕4 号），已登记的私募基金管理人因违反《企业信息公示暂行条例》相关规定，被列入企业信用信息公示系统严重违法企业公示名单的，在私募基金管理人完成相应整改要求之前，基金业协会将暂停受理该机构的私募基金产品备案申请。同时，基金业协会将其列入异常机构名单，并通过私募基金管理人公示平台对外公示。新申请私募基金管理人登记的机构被列入企业信用信息公示系统严重违法企业公示名单的，基金业协会将不予登记。

一旦私募基金管理人因未能及时履行信息报送义务，未按要求提交审计报告或被列入严重违法企业公示而被基金业协会作为异常机构公示的，即使整改完毕，也至少 6 个月后才能恢复正常机构公示状态。

值得一提的是，在实践中，已有不少私募基金管理人因违反信息披露义务而受到基金业协会的纪律处分。例如：阜兴系私募机构因未按合同约定向基金投资者披露可能存在的利益冲突情况以及可能影响投资者合法权益的重大信息

(未在定期/临时报告中披露旗下私募基金投向管理人关联企业等) 等违规行为,而于2020年2月受到基金业协会取消会员资格的纪律处分,同时,其部分高管人员被基金业协会列入行业黑名单。[①] 又如:广州和深圳的两家投资管理有限公司均因未在基金合同和募集说明书中明确披露关联交易事项等违规行为而分别于2020年2月、2020年11月受到基金业协会的纪律处分,广州公司被取消会员资格、责令改正并暂停受理私募基金备案6个月,而深圳公司则被撤销了管理人登记。[②]

由此可见,相关监管部门和行业协会对私募基金管理人的信息披露违规行为绝不会"坐视不理",而一旦被列入"黑名单"进行公示,或者被监管部门在其官方网站上公布相关处罚决定,将会对私募基金管理人造成难以估量的负面影响。我们在此强烈建议广大私募基金管理人认真做好信息披露工作,切不可"轻易试错"。

---

① 《纪律处分决定书》(中基协处分〔2020〕12号),载中国证券投资基金业协会官网,https://www.amac.org.cn//selfdisciplinemeasures/cyry/hyjg/202003/P020200302610290188479.pdf,2021年10月13日访问。

② 《纪律处分决定书》(中基协处分〔2020〕17号),载中国证券投资基金业协会官网,https://www.amac.org.cn//selfdisciplinemeasures/cyry/hyjg/202003/P020200302611961474191.pdf,2021年10月13日访问;《纪律处分决定书》(中基协处分〔2020〕29号),载中国证券投资基金业协会官网,https://www.amac.org.cn//selfdisciplinemeasures/cyry/hyjg/202011/P020201116388130563390.pdf,2021年10月13日访问。

第七章　防范内幕交易、利益冲突的投资交易制度

要制订有效并可行的防范内幕交易、利益冲突的投资交易制度，首先必须了解内幕交易和利益冲突的含义。

《中华人民共和国刑法》规定了内幕交易、泄露内幕信息罪①，从该条规定可知，内幕交易是指利用内幕信息进行证券或期货交易的行为。结合《最高人民法院、最高人民检察院关于办理内幕交易、泄露内幕信息刑事案件具体应用法律若干问题的解释》以及《期货交易管理条例》等规定，内幕信息是指为内幕人员所知悉的、尚未公开的，并对证券的发行，证券、期货交易或者价格有重大影响的信息。而利益冲突，顾名思义就是不同主体之间的利益发生冲突的情形。

对于私募股权基金管理人而言，我们认为，由于其进行的是股权投资，故内幕交易应当是指利用内幕信息进行股权投资的行为，而利益冲突则是指存在于私募基金管理人和投资者之间的利益冲突。那么，内幕交易和利益冲突究竟有着怎样的危害呢？首先，内幕交易违背了诚实信用、公平、公正的原则。私募基金管理人（包括私募基金管理人内部人员）自己利用内幕信息或将内幕信

① 《中华人民共和国刑法》第一百八十条规定："证券、期货交易内幕信息的知情人员或者非法获取证券、期货交易内幕信息的人员，在涉及证券的发行，证券、期货交易或者其他对证券、期货交易价格有重大影响的信息尚未公开前，买入或者卖出该证券，或者从事与该内幕信息有关的期货交易，或者泄露该信息，或者明示、暗示他人从事上述交易活动，情节严重的，处五年以下有期徒刑或者拘役，并处或者单处违法所得一倍以上五倍以下罚金；情节特别严重的，处五年以上十年以下有期徒刑，并处违法所得一倍以上五倍以下罚金。单位犯前款罪的，对单位判处罚金，并对其直接负责的主管人员和其他直接责任人员，处五年以下有期徒刑或者拘役。内幕信息、知情人员的范围，依照法律、行政法规的规定确定……"

息泄露给他人，违背了对基金投资者的诚信义务，而私募基金管理人若利用内幕信息非法获利而导致广大基金投资者遭受损失，则与公平、公正的原则背道而驰。其次，如果私募基金管理人与其管理的基金的投资者存在利益冲突，则有可能导致投资者的利益受损，或者有可能导致投资管理品质的实质性下降，从而伤及私募基金管理人的职业精神和社会公信力。从私募基金行业的大局来看，如果频频出现内幕交易或利益冲突，必然会大大增加投资者的投资风险，从而严重挫伤投资者的投资信心，最终影响整个私募基金市场的健康发展。有鉴于此，基金业协会将“防范内幕交易、利益冲突的投资交易制度”列为私募股权基金管理人必备的风控制度之一，以期对基金管理人的内幕交易和利益冲突进行严格规范。

第一节 制订依据

“防范内幕交易、利益冲突的投资交易制度”的主要制订依据为《私募投资基金监督管理暂行办法》《关于规范金融机构资产管理业务的指导意见》《证券期货经营机构私募资产管理业务运作管理暂行规定》《证券期货经营机构私募资产管理业务管理办法》《关于加强私募投资基金监管的若干规定》，基金业协会发布的《私募投资基金管理人内部控制指引》《基金从业人员执业行为自律准则》《私募基金登记备案相关问题解答（十三）》《私募投资基金备案须知》(2019 版)。具体规定如下：

(1)《私募投资基金监督管理暂行办法》

第二十二条 同一私募基金管理人管理不同类别私募基金的，应当坚持专业化管理原则；管理可能导致利益输送或者利益冲突的不同私募基金的，应当建立防范利益输送和利益冲突的机制。

第二十三条 私募基金管理人、私募基金托管人、私募基金销售机构及其他私募服务机构及其从业人员从事私募基金业务，不得有以下行为：

……

（三）利用基金财产或者职务之便，为本人或者投资者以外的人牟取利益，进行利益输送；

……

（八）从事内幕交易、操纵交易价格及其他不正当交易活动；

……

第二十四条　私募基金管理人、私募基金托管人应当按照合同约定，如实向投资者披露基金投资、资产负债、投资收益分配、基金承担的费用和业绩报酬、可能存在的利益冲突情况以及可能影响投资者合法权益的其他重大信息，不得隐瞒或者提供虚假信息。信息披露规则由基金业协会另行制定。

（2）《关于规范金融机构资产管理业务的指导意见》

二十四、金融机构不得以资产管理产品的资金与关联方进行不正当交易、利益输送、内幕交易和操纵市场，包括但不限于投资于关联方虚假项目、与关联方共同收购上市公司、向本机构注资等。

（3）《关于加强私募投资基金监管的若干规定》

第九条第一款　私募基金管理人及其从业人员从事私募基金业务，不得有下列行为：

（一）未对不同私募基金单独管理、单独建账、单独核算，将其固有财产、他人财产混同于私募基金财产，将不同私募基金财产混同运作，或者不公平对待不同私募基金财产；

（二）使用私募基金管理人及其关联方名义、账户代私募基金收付基金财产；

（三）开展或者参与具有滚动发行、集合运作、期限错配、分离定价等特征的资金池业务；

（四）以套取私募基金财产为目的，使用私募基金财产直接或者间接投资于私募基金管理人、控股股东、实际控制人及其实际控制的企业或项目等自融行为；

（五）不公平对待同一私募基金的不同投资者，损害投资者合法权益；

（六）私募基金收益不与投资项目的资产、收益、风险等情况挂钩，包括不按照投资标的实际经营业绩或者收益情况向投资者分红、支付收益等；

（七）直接或者间接侵占、挪用私募基金财产；

（八）不按照合同约定进行投资运作或者向投资者进行信息披露；

（九）利用私募基金财产或者职务之便，以向私募基金、私募基金投资标的及其关联方收取咨询费、手续费、财务顾问费等名义，为自身或者投资者以外的人牟取非法利益、进行利益输送；

（十）泄露因职务便利获取的未公开信息、利用该信息从事或者明示、暗示他人从事相关的交易活动；

（十一）从事内幕交易、操纵证券期货市场及其他不正当交易活动；

（十二）玩忽职守，不按照监管规定或者合同约定履行职责；

（十三）法律、行政法规和中国证监会禁止的其他行为。

第十一条 私募基金管理人不得从事损害私募基金财产或者投资者利益的关联交易等投资活动。私募基金管理人应当建立健全关联交易管理制度，对关联交易定价方法、交易审批程序等进行规范。使用私募基金财产与关联方进行交易的，私募基金管理人应当遵守法律、行政法规、中国证监会的规定和私募基金合同约定，防范利益冲突，投资前应当取得全体投资者或者投资者认可的决策机制决策同意，投资后应当及时向投资者充分披露信息。

(4)《证券期货经营机构私募资产管理业务运作管理暂行规定》

第五条 证券期货经营机构开展私募资产管理业务，不得委托个人或不符合条件的第三方机构为其提供投资建议，管理人依法应当承担的职责不因委托而免除，不得存在以下情形：

……

（三）由第三方机构直接执行投资指令，未建立或有效执行风险管控机制，未能有效防范第三方机构利用资产管理计划从事内幕交易、市场操纵等违法违规行为；

（四）未建立利益冲突防范机制，资产管理计划与第三方机构本身、与第三方机构管理或服务的其他产品之间存在利益冲突或利益输送；

……

（六）第三方机构及其关联方以其自有资金或募集资金投资于结构化资产管理计划劣后级份额。

第八条 证券期货经营机构开展私募资产管理业务，不得从事非公平交易、利益输送、利用未公开信息交易、内幕交易、操纵市场等损害投资者合法权益的行为，不得利用资产管理计划进行商业贿赂，包括但不限于以下情形：

……

（二）以利益输送为目的，与特定对象进行不正当交易，或者在不同的资产管理计划账户之间转移收益或亏损；

……

（五）利用管理的资产管理计划资产为资产管理人及其从业人员或第三方谋取不正当利益或向相关服务机构支付不合理的费用；

（六）违背风险收益相匹配原则，利用结构化资产管理计划向特定一个或多个劣后级投资者输送利益；

……

（5）《证券期货经营机构私募资产管理业务管理办法》

第五条　证券期货经营机构从事私募资产管理业务，应当实行集中运营管理，建立健全内部控制和合规管理制度，采取有效措施，将私募资产管理业务与公司其他业务分开管理，控制敏感信息的不当流动和使用，防范内幕交易、利用未公开信息交易、利益冲突和利益输送。

第十七条　证券期货经营机构、托管人、投资顾问及相关从业人员不得有下列行为：

（一）利用资产管理计划从事内幕交易、操纵市场或者其他不当、违法的证券期货业务活动；

……

（四）从事非公平交易、利益输送等损害投资者合法权益的行为；

……

第五十九条　证券期货经营机构应当采取有效措施，确保私募资产管理业务与其他业务在场地、人员、账户、资金、信息等方面相分离，不同投资经理管理的资产管理计划的持仓和交易等重大非公开投资信息相隔离，控制敏感信息的不当流动和使用，切实防范内幕交易、利用未公开信息交易、利益冲突和利益输送。

第六十四条第一款　证券期货经营机构应当建立公平交易制度及异常交易

监控机制，公平对待所管理的不同资产，对投资交易行为进行监控、分析、评估、核查，监督投资交易的过程和结果，保证公平交易原则的实现，不得开展可能导致不公平交易和利益输送的交易行为。

第六十六条第一款 证券期货经营机构应当建立健全关联交易管理制度，对关联交易认定标准、交易定价方法、交易审批程序进行规范，不得以资产管理计划的资产与关联方进行不正当交易、利益输送、内幕交易和操纵市场。

第六十八条第一款 证券期货经营机构和托管人应当加强对私募资产管理业务从业人员的管理，加强关键岗位的监督与制衡，投资经理、交易执行、风险控制等岗位不得相互兼任，并建立从业人员投资申报、登记、审查、处置等管理制度，防范与投资者发生利益冲突。

(6)《私募投资基金管理人内部控制指引》

第八条 私募基金管理人应当遵循专业化运营原则，主营业务清晰，不得兼营与私募基金管理无关或存在利益冲突的其他业务。

第九条 私募基金管理人应当健全治理结构，防范不正当关联交易、利益输送和内部人控制风险，保护投资者利益和自身合法权益。

第十九条 私募基金管理人应建立健全相关机制，防范管理的各私募基金之间的利益输送和利益冲突，公平对待管理的各私募基金，保护投资者利益。

(7)《基金管理公司投资管理人员管理指导意见》

第八条 投资管理人员应当恪守职业道德，信守对基金份额持有人、监管机构和公司作出的承诺，不得从事与履行职责有利益冲突的活动。

第二十三条第一款、第二款 公司应当建立有关投资管理人员个人利益冲突的管理制度，加强对投资管理人员直接或者间接股权投资及其直系亲属投资等可能导致个人利益冲突行为的管理，按照基金份额持有人利益优先的原则，建立相关申报、登记、审查、管理、处置制度，防止因投资管理人员的股权投资行为影响基金的正常投资、损害基金份额持有人的利益。

投资管理人员不得直接或间接为其他任何机构和个人进行证券投资活动，不得直接或间接接受证券公司、投资公司、上市公司等其他任何机构和个人提供的礼金、旅游服务等各种形式的利益。投资管理人员履行职责时，对可能产生个人利益冲突的情况应当及时向公司报告。

(8)《基金管理公司开展投资、研究活动防控内幕交易指导意见》

第四条　基金管理公司应当遵循守法诚信、审慎自律、责任明晰的原则，针对公司投资、研究活动建立全面的防控内幕交易机制，重点防范公司利用内幕信息进行投资决策和交易等。

第五条　基金管理公司应当将防控内幕交易机制纳入公司内部控制体系，结合基金行业特点和公司实际情况，制定专门的防控内幕交易制度，规范公司投资、研究活动流程，对公司投资、研究活动中可能接触到的内幕信息进行识别、报告、处理和检查，对违法违规行为进行责任追究。

基金管理公司应当定期评价防控内幕交易机制的有效性，并根据法律法规的变化和管理内幕信息的需要及时调整、完善。

第六条　基金管理公司应当明确董事会、经理层、督察长、监察稽核部门和从事投资、研究活动的部门及相关人员在防控内幕交易机制建立、实施方面的职责：

(一) 董事会对建立防控内幕交易机制和维持其有效性承担最终责任，经理层对防控内幕交易机制的有效实施承担责任；

(二) 从事投资、研究活动的部门承担本部门防控内幕交易机制执行落实的直接责任，从事投资、研究活动的人员（以下简称投研人员）承担对内幕信息的识别、报告等职责，发挥事前甄别与防控作用；

(三) 督察长、监察稽核部门协助董事会、经理层建立、实施防控内幕交易机制，并承担防控内幕交易机制的培训、咨询、检查、监督等职责。

第十三条　基金管理公司应当结合岗位职责，将防控内幕交易情况纳入相关人员的绩效考核范围，并建立违反防控内幕交易机制的责任追究制度。

对涉嫌构成内幕交易的，基金管理公司应当立即制止并及时向监管机构等有关部门如实报告。

第十四条第一款　基金管理公司应当建立完善投资、研究活动的记录和档案管理制度，对内幕信息的识别、报告、处理、检查、责任追究和合规审查、培训、考核等防控内幕交易制度的实施情况，以及投资决策依据完整留痕。相关资料应当妥善保存，保存期限不得少于20年。

(9)《基金从业人员执业行为自律准则》

第十条 从业人员应廉洁自律，不得接受利益相关方的贿赂或对其进行贿赂，如接受或赠送礼物、回扣、补偿或报酬等，或从事可能导致与投资者或所在机构之间产生利益冲突的活动。

(10)《私募基金登记备案相关问题解答（十三）》

问：私募基金管理人在申请登记、备案私募基金时，应当如何落实专业化管理原则？

答：根据《私募投资基金监督管理暂行办法》第二十二条，以及中国证券投资基金业协会《私募投资基金管理人内部控制指引》等相关自律规则，为进一步落实私募基金管理人专业化管理原则，切实建立有效机制以防范可能出现的利益输送和利益冲突，提升行业机构内部控制水平，私募基金管理人在申请登记时，应当在“私募证券投资基金管理人”、“私募股权、创业投资基金管理人”等机构类型，以及与机构类型关联对应的业务类型中，仅选择一类机构类型及业务类型进行登记；私募基金管理人只可备案与本机构已登记业务类型相符的私募基金，不可管理与本机构已登记业务类型不符的私募基金；同一私募基金管理人不可兼营多种类型的私募基金管理业务。

若私募基金管理机构确有经营多类私募基金管理业务的实际、长期展业需要，可设立在人员团队、业务系统、内控制度等方面满足专业化管理要求的独立经营主体，分别申请登记成为不同类型的私募基金管理人。

(11)《私募投资基金备案须知》(2019 版)

（三）【管理人职责】管理人应当遵循专业化运营原则，不得从事与私募投资基金有利益冲突的业务。管理人应当按照诚实信用、勤勉尽责原则切实履行受托管理职责，不得将应当履行的受托人责任转委托。私募投资基金的管理人不得超过一家。

（十九）【关联交易】私募投资基金进行关联交易的，应当防范利益冲突，遵循投资者利益优先原则和平等自愿、等价有偿的原则，建立有效的关联交易风险控制机制。上述关联交易是指私募投资基金与管理人、投资者、管理人管理的私募投资基金、同一实际控制人下的其他管理人管理的私募投资基金、或者与上述主体有其他重大利害关系的关联方发生的交易行为。

管理人不得隐瞒关联关系或者将关联交易非关联化，不得以私募投资基金的财产与关联方进行利益输送、内幕交易和操纵市场等违法违规活动。

……

（三十六）【防范不同基金间的利益冲突】管理人应当公平地对待其管理的不同私募投资基金财产，有效防范私募投资基金之间的利益输送和利益冲突，不得在不同私募投资基金之间转移收益或亏损。在已设立的私募股权投资基金尚未完成认缴规模70%的投资（包括为支付基金税费的合理预留）之前，除经全体投资者一致同意或经全体投资者认可的决策机制决策通过之外，管理人不得设立与前述基金的投资策略、投资范围、投资阶段均实质相同的新基金。

第二节　制订要点

根据前述主要制订依据，"防范内幕交易、利益冲突的投资交易制度"的制订要点应当包括：

1. 明确防范内幕交易和利益冲突的目标；
2. 明确利益冲突的种类；
3. 坚持专业化经营；
4. 明确防范内幕交易和利益冲突的管理职责；
5. 建立利益冲突报告/决策机制；
6. 建立内幕交易和利益冲突责任追究机制。

下面我们就对前述要点进行具体说明。

一、明确防范内幕交易和利益冲突的目标

从宏观上来说，即从监管的角度出发，防范内幕交易和利益冲突的根本目的是维护基金投资者的合法权益，从而促进私募基金行业健康、有序发展。而从微观上来说，即从基金管理人内部治理的角度出发，有效防范内幕交易和利益冲突，不仅是为了保障投资者利益，也是为了维护基金管理人的公信力，从而提升基金管理人的品牌价值，进而提升基金管理人的募集资金能力和选择投

资项目的机会。因此，基金管理人应以此为宗旨制订相关风控制度，并以此作为行动指南，引导其员工在日常工作中积极主动地避免出现任何可能导致内幕交易和利益冲突的情形。

二、明确利益冲突的种类

利益冲突可分为基金管理人及其员工两个层面，基金管理人层面的利益冲突主要涉及不正当的关联交易（包括但不限于投资于关联方虚假项目、与关联方共同实施收购、向本机构注资等），以及管理人管理的不同私募基金之间的利益冲突（包括但不限于在不同私募基金之间转移收益或亏损）。而管理人员工层面的利益冲突则大致上可以分为交易型、影响型和复合型三种。交易型利益冲突是指利用职务便利，从交易关联方处直接获取私人利益，最典型的情形就是投资标的公司向基金管理人的投资经理行贿。影响型利益冲突是指基金管理人的员工利用职务便利，直接或间接地为自己的亲友获取利益，典型情形如利用职务之便，为亲友从事的与基金管理人相竞争的业务提供不正当或不合理的商业机会，或为亲友在本单位谋取工作机会等。复合型利益冲突则是前两种的结合，即基金管理人的员工利用职务之便，为自己和亲友获取不正当利益。

三、坚持专业化经营

无论是《私募投资基金监督管理暂行办法》《私募投资基金管理人内部控制指引》，还是私募基金登记的相关备案问答，都不止一次强调私募基金管理人在开展私募基金业务的过程中，应坚持专业化经营原则，具体体现为：

1. 有清晰的主营业务，不兼营与私募基金管理无关或存在利益冲突的业务。第一，何谓“清晰的主营业务”？《私募投资基金登记备案的问题解答（七）》明确：为落实暂行办法关于私募基金管理人的专业化管理要求，私募基金管理人的名称和经营范围中应当包含“基金管理”“投资管理”“资产管理”“股权投资”“创业投资”等相关字样，对于名称和经营范围中不含“基金管理”“投资管理”“资产管理”“股权投资”“创业投资”等相关字样的机构，基金业协会将不予登记。而《关于加强私募投资基金监管的若干规定》则对私募基金管理人的名称和经营范围作出了进一步限定，即私募基金管理人应当在名称中标明“私募基金”“私募基金管理”“创业投资”字样，并在经营范围中标明“私募投资基金管理”“私募证券投资基金管理”“私募股权投资基金管理”“创业投资基金管理”等体现受托管理私募基金特点的字样。第二，何谓“与私募基金管理存在利益冲突的业务”?《私募投资基金登记备案的问题解答（七）》也给出了答案：对于兼营民间借贷、民间融资、配资业务、小额理财、小额借贷、P2P/P2B、众筹、保理、担保、房地产开发、交易平台等业务的申请机构，这些业务与私募基金的属性相冲突，容易误导投资者。为防范风险，基金业协会对从事与私募基金业务相冲突的上述机构将不予登记。前述《关于加强私募投资基金监管的若干规定》则要求，私募基金管理人不得直接或者间接从事民间借贷、担保、保理、典当、融资租赁、网络借贷信息中介、众筹、场外配资等任何与私募基金管理相冲突或者无关的业务。

2. 仅能登记为一种类型的私募基金管理人，并仅能备案与本机构已登记业务类型相符的私募基金。这是《私募基金登记备案相关问题解答（十三)》对私募基金管理人专业化经营提出的更高要求。也就是说，私募基金管理人在申请登记时，仅能选择一类机构类型及业务类型进行登记，比如，证券基金管理人不可同时登记为股权基金管理人，反之，股权基金管理人也不能备案私募证券基金；并且，同一私募基金管理人不可兼营多种类型的私募基金管理业务。

四、明确防范内幕交易和利益冲突的管理职责

根据《基金管理公司开展投资、研究活动防控内幕交易指导意见》，基金管理人应明确在防范内幕交易和利益冲突方面的管理职责。我们建议，基金管理人应根据其组织形式（公司制或合伙制）设置科学合理的组织架构，并建立起董事会/执行董事/执行事务合伙人统一领导下的，各相关业务部门分工配合、相互制约的内控机制，确保旗下管理的不同的私募股权基金在场地、人员、账户、资金、信息等方面相分离，不同投资团队管理的私募基金的投资交易等重大非公开投资信息相隔离，控制敏感信息的不当流动和使用。此外，应加强关键岗位的监督与制衡，投资经理、风险控制等岗位不得相互兼任，防范与投资者发生利益冲突，从而切实有效地贯彻实施防范内幕交易和利益冲突相关制度。

五、建立利益冲突报告/决策机制

我们认为，要想有效地防范利益冲突，就应当在基金管理人内部建立起一套完善的报告体系。一旦有员工在工作中发现任何基金管理人层面的利益冲突，或遇到涉及自身或其家庭成员的利益冲突或疑似利益冲突，应在第一时间书面报告利益冲突管理部门，后者应在接到员工报告后立即展开调查，并根据调查结果采取进一步措施，如针对基金管理人层面的利益冲突，应在进行充分评估后出具评估报告，供管理层做出最终决策（包括但不限于继续/终止关联交易，对旗下管理的不同私募基金采取更强的风险隔离措施等）；针对员工层面的利益冲突，则应采取包括但不限于将该员工暂时调离涉及利益冲突的岗位，安排其他员工接手该员工未完成的涉及利益冲突的工作等。

六、建立内幕交易和利益冲突责任追究机制

之所以会有内幕交易和利益冲突的存在，究其根本，是因为一个“利”字。正因为有利益驱动，才会有人愿意铤而走险。如果只有报告机制，而缺乏有效的责任追究制度，即没有违法违规成本，那么报告机制将很难得到有效贯彻执行，防范内幕交易和利益冲突的相关制度很容易成为一纸空文、形同虚设。因此，我们建议基金管理人结合员工的实际工作，将防范内幕交易和利益冲突设置为相关员工的一项绩效考核指标，如该员工被发现存在相关违规情形，则应视实际情况对其进行内部处分（包括但不限于扣发绩效奖金、降职降薪，直至开除），对情节严重者，基金管理人应立即向监管机构如实上报。

第三节　参考模板

以下是我们为某基金管理人制定的防范内幕交易、利益冲突的投资交易制度简略版，基本涵盖了前述制订要点，建议基金管理人可根据各自的具体情况在此版本上进行调整：

《××有限公司防范内幕交易、利益冲突的投资交易制度》

为完善××有限公司（以下简称公司）的内控管理，维护基金投资者及公

司的合法权益，进一步落实私募基金管理人专业化管理原则，特根据《私募投资基金监督管理暂行办法》以及《私募投资基金管理人内部控制指引》等规定，制定本防范内幕交易、利益冲突的投资交易制度（以下简称本制度）。

第一章　总　　则

第一条　本制度适用于公司及公司管理的基金资产进行运营及投资的全过程。

第二条　本制度规定的内幕信息知情人和利益冲突人应做好内幕信息的保密工作和利益冲突事项的回避工作。内幕知情人、利益冲突人的范围包括但不限于：

（一）公司的董事、监事与高级管理人员，以及不包含在前述人员中的投资委员会委员；

（二）其他因工作原因获悉内幕信息或可能导致利益冲突的单位和人员；

（三）上述第（一）、（二）项人员的配偶、父母和子女；

（四）公司股东会决议和/或董事会决议规定的其他人员。

第二章　内幕交易的防范

第三条　本制度所称内幕信息是指为内幕信息知情人所知悉的，涉及对公司管理的基金产品产生较大影响的尚未公开的信息。尚未公开是指，尚未在私募基金登记备案系统上正式公开及尚未向公司管理的基金投资者报告的事项。

第四条　未经投资委员会的批准和授权，公司股东及员工不得向公司以外的任何第三方泄露、报道、传送涉及公司及公司管理的基金的内幕信息，也不得与公司以及公司管理的基金发生交易。

第五条　本制度所指内幕信息的范围包括但不限于下列事项：

（一）公司研究和/或决定的重大投资业务中的保密事项；

（二）公司管理的基金所涉及的包括但不限于客户合同、项目资料、尽职调查报告、投资协议、各种意见书、财务数据等信息；

（三）公司在基金管理过程中获悉的尚未公开的各类信息；

（四）股东会决议和/董事会决议确定的其他应当保密的事项。

第六条　本制度规定的内幕信息知情人不得泄露内幕信息，不得进行内幕交易。

第三章 利益冲突的防范

第七条 本制度所称的利益冲突指公司的利益在任何方面妨碍或可能妨碍基金投资者整体利益时的情况，以及公司员工的个人利益在任何方面妨碍或可能妨碍公司和/或基金投资者整体利益时的情况。

第八条 利益冲突防范的目标包括：

（一）有效防范风险，促进公司诚信、合法、有效经营，保障基金投资者利益；

（二）引导员工主动积极避免任何可能对公司或基金投资者利益产生负面影响的行为出现。

第九条 利益冲突可分为公司和员工两个层面，公司层面的利益冲突主要涉及不正当的关联交易①（包括但不限于投资于关联方虚假项目、与关联方共同实施收购、向公司注资等），以及公司管理的不同私募基金之间的利益冲突。而员工层面的利益冲突则可分为交易型、影响型和复合型三种类型，具体包括但不限于：商业竞争、商业机会、财务利益、贷款或其他金融交易、资产管理等。

第十条 商业竞争：任何员工不允许同时与公司及所管理的基金存在业务竞争或有损公司利益及所管理的基金利益的或有利益冲突的任何其他公司任职。

第十一条 商业机会：任何员工不得利用公司资源、信息或其个人职位攫取本应属于公司及公司管理的基金的商机而谋取个人利益或为他人牟利。如果员工通过利用公司及公司管理的基金的资源、信息或职权在公司业务范围内发现了商机，应在以个人能力获取该商机之前首先向公司报告。

第十二条 财务利益

（一）任何员工不能直接拥有、通过配偶或其他家庭成员等间接拥有其他商业实体的财务利益（包括所有权和其他形式），如果该财务利益对该员工在本公司履行的职责和义务产生负面影响。

（二）任何员工不得持有任何其他与公司及公司管理的基金所投资的企业有

---

① 关联交易是指私募投资基金与管理人、投资者、管理人管理的私募投资基金、同一实际控制人控制下的其他管理人管理的私募投资基金，或者与上述主体有其他重大利害关系的关联方发生的交易行为。

竞争关系的非上市企业的股权。

（三）员工持有与公司及公司管理的基金所投资的企业有竞争关系的上市公司的股份不应超过该上市公司股本总数的5%。如果员工持有股份总数超过5%，该员工应当立即向公司合规负责人报告该情况。

（四）上述规定的例外情形

1. 董事或其直系亲属（合称“董事及其相关人”），或公司高级管理人员或其直系亲属（合称“高级管理人员及其相关人”），在下述情况下，可以继续持有他们在一家企业的投资或财务利益（“有利害关系的实体”）：

（1）该投资或财务利益是在以下时点取得——（x）在公司或公司管理的基金投资或者发起投资程序之前，或（y）在该董事或者该高级管理人员加入公司之前（无论其加入公司时公司或公司管理的基金是否已经投资或者发起投资程序）；或

（2）在未来情形下，在公司或公司管理的基金还未进行投资或者发起投资程序时，董事或者高级管理人员已在此之前进行投资或者持有该公司利益。持有该投资或财务利益的前提条件是：该董事或高级管理人员需将此类投资或财务利益向公司如实披露。

2. 任何对该公司发生投资兴趣的董事或高级管理人员应避免参与任何与该公司有关的业务讨论，且不应涉及公司或公司管理的基金与该公司有可能性的交易。

3. 在董事及其相关人或高级管理人员及其相关人做出如下行为之前应先获得公司的事先批准：

（1）对一家与公司或公司管理的基金存在竞争关系的公司投资、持有权益或者其他财务利益；或者

（2）与该公司发生交易。

第十三条　贷款或其他金融交易：员工不得从重要客户或竞争对手获得贷款或个人债务担保，也不可以与之进行任何其他个人金融交易。但员工在公平交易原则下与银行或者其他金融机构进行交易的除外。

第十四条　资产管理：公司管理可能导致利益输送或者利益冲突的不同私募基金的，应当建立防范利益输送和利益冲突的机制，具体包括：

（1）公司遵循专业化运营原则，主营业务为股权投资管理，不兼营与股权投资管理无关或存在利益冲突的其他业务。

(2) 公司只管理私募股权投资基金，不管理其他类型的私募基金。

(3) 公司及员工不应将公司的固有财产或者他人财产混同于基金财产从事投资活动。

(4) 公司及员工不应不公平地对待公司管理的不同基金财产，不得在不同私募基金之间转移收益或亏损。

(5) 公司及员工不应侵占、挪用基金财产。

(6) 员工不应泄露因职务便利获取的未公开信息，利用该信息从事或者明示、暗示他人从事相关的交易活动。

(7) 公司及员工不应从事损害基金财产和投资者利益的投资活动。

(8) 员工不应玩忽职守，不按照规定履行职责。

(9) 公司及员工不应从事内幕交易及其他不正当交易活动。

(10) 员工不应同时履行可能导致利益冲突的职责，业务部门工作人员不应在与其业务存在利益冲突的其他部门兼任职务。

(11) 同一高级管理人员同时分管两个或两个以上存在利益冲突的项目时，不应直接或间接参与具体投资项目的投资决策等可能导致利益冲突的业务活动。

(12) 对于可能产生利益冲突的业务，公司的工作安排中应充分考虑岗位独立、信息隔离和人员回避等情况。

(13) 公司已经采取信息隔离等措施，仍难以避免利益冲突的，应当对实际存在的和潜在的利益冲突进行充分披露，信息披露仍难以有效处理利益冲突的，应当对存在利益冲突的相关业务活动采取限制措施。

(14) 公司及员工在对相关业务进行限制时，应当遵循客户利益优先和公平对待客户的原则，严禁利用基金财产或者职务之便，为本人或者投资者以外的人谋取利益，进行任何形式的利益输送，包括但不限于：接受利益相关方的贿赂或对其进行贿赂，如接受或赠送礼物、回扣、补偿或报酬等，或从事可能导致与基金投资者或公司之间产生利益冲突的活动。

(15) 合规负责人在业务合规审核时，应关注防范可能的利益冲突与利益输送以及基金投资者的不公平对待。

第十五条 上述商业竞争、商业机会、财务利益、贷款与其他金融交易、资产管理并不是产生利益冲突情况的完整清单，本制度仅提供了有限的示例。

员工必须充分披露任何可能引起利益冲突的情况。如果员工面临本制度未列举的情形，不能确定或其他人有理由怀疑存在利益冲突，必须立即向合规负责人报告。如果员工不能确定是否存在利益冲突时，可以首先从以下角度进行确认：

（一）相关行为是否合法？

（二）相关行为是否诚信公正？

（三）相关行为是否代表公司的最大利益？

（四）相关行为是否有可能损害基金投资者的利益？

第十六条　家庭成员因可能影响员工对公司利益决策的客观性而导致利益冲突，判断员工的家人能否与公司进行交易以及交易持续的时间、条件的标准是：为公司带来的利益不低于在相同条件下与本公司合作的非亲属或无关联关系的第三方。

第十七条　员工应当向合规负责人报告任何有理由被认为可能引起利益冲突的家庭成员介入的情况。本办法中“家庭成员”包括配偶、兄弟姐妹、双方父母和子女。

第十八条　合规负责人应在接到报告后立即展开调查，并根据调查结果采取进一步措施，如确认在公司层面，或者相关员工或其家庭成员与该员工所从事的工作存在利益冲突，则针对公司层面的利益冲突，应在进行充分评估后出具评估报告，供董事会做出最终决策（包括但不限于继续/终止关联交易，对公司旗下管理的不同私募基金采取更强的风险隔离措施等），针对员工层面的利益冲突，则应采取包括但不限于将该员工暂时调离涉及利益冲突的岗位，安排其他员工接手该员工未完成的涉及利益冲突的工作等。

第四章　附　　则

第十九条　如本制度如与国家日后颁布的法律、法规、规范性文件或经合法程序修改后的公司章程等相抵触时，应按国家有关法律、法规、规范性文件、公司章程的规定执行，并及时作出修订。

第二十条　本制度自法定代表人签署后起生效实施。由董事会负责修订与解释。

法定代表人签名（盖章）：

××有限公司（公章）

年　　月　　日

附：防范内幕交易、利益冲突的投资交易制度示意图

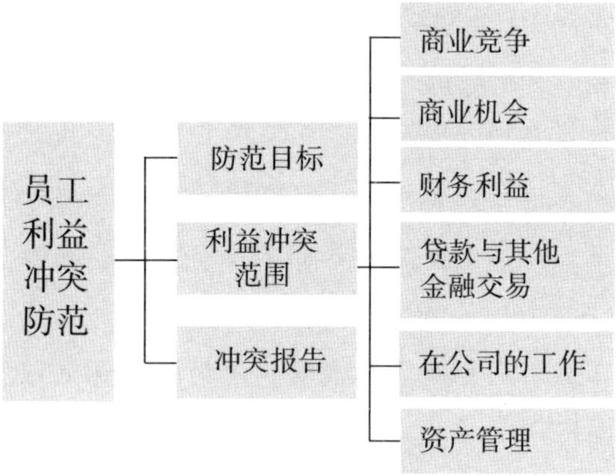

第四节　案例解读

一、应避免利用“资金池”进行利益输送

案件回放①：北京市证监局发布的《关于对恒宇××公司采取责令改正的行政监管措施的决定》（〔2019〕160号）称，恒宇××公司与天和××公司、西×公司、博信××公司、富立××公司是同一实际控制人控制的关联公司，该5家私募基金管理人的“募投管退”等私募基金活动由恒宇××统一管理。北京市证监局发现其管理的私募基金活动存在多项违法违规问题，其中就包括开展或参与具有“资金池”性质的私募基金业务，涉及“不同私募基金进行混同运作，资金与资产无法明确对应”，以及被市场称为“击鼓传花”的“私募基金未进行实际投资或者投资于非标资产，仅以后期投资者的投资资金向前期投资

---

① 参见《中国证券监督管理委员会行政复议决定书（北京某某基金销售有限公司）》，载中国证券监督管理委员会官网，http：//www. csrc. gov. cn/pub/zjhpublic/G00306211/202010/t20201016_ 384541. htm，2021年10月13日访问。

者兑付投资本金和收益等”行为。

其后恒宇××向证监会提起行政复议。证监会经过审查维持了北京市证监局对恒宇××发布的行政监管措施，并进一步明确了恒宇××所从事的“资金池”业务：恒宇××管理的系列基金中，存在滚动发行、分设不同投资单元、根据投资金额和期限制定不同业绩比较基准、不同私募基金混同运作、项目权益在不同基金产品之间转让、资金与资产无法明确对应、申赎未进行合理估值、脱离标的资产的实际收益率进行分离定价，以及用后期投资者的投资资金向前期投资者兑付本息等情形。

解读：本案是私募基金领域“资金池”业务受到监管措施的典型案例。对于“资金池业务”的定义，法律上并没有明确的界定。根据证监会于2020年12月30日发布的《关于加强私募投资基金监管的若干规定》，资金池业务具有滚动发行、集合运作、期限错配、分离定价等特征。本案中，恒宇××利用股东发行、集合运作期限错配的模式，通过发行多个过桥基金向同一个被投项目投入资金，进行利益输送，在无法按期兑付基金收益的情况下，其还利用资金池进行“借新还旧”，严重损害了基金投资者的合法权益。

案件回放①：基金业协会于2016年5月5日对某某公司下发了《纪律处分决定书》。据查，在2014年8月13日至9月23日期间，某某公司为其管理的“某某公司稳健收益3号金融投资专项资产管理计划”（以下简称稳健收益3号）分别进行了第1期和第2期的募集，而根据相关法律法规和行业自律规则，这两期没有任何关联的资产管理计划应分别向基金业协会进行备案。在稳健收益3号收到第1期投资本金3060万元的当日，稳健收益3号清退了第1期资金3103万余元，并将43640.19元结转至第2期。此外，某某公司旗下的各类不同期限的资产管理计划还存在资金来源与资产运用的流动性不匹配以及未能进行合理估值等问

① 《纪律处分决定书（某某公司）》，载中国证券投资基金业协会官网，https://www.amac.org.cn/selfdisciplinemeasures/cyry/hyjg/201605/t20160505_2506.html，2021年7月15日访问。

题。因此，基金业协会认定，某某公司的前述行为已构成证监会明文禁止的资金池[①]业务，并决定自2016年5月1日起暂停受理某某公司资产管理计划备案6个月。

解读：虽然基金业协会对某某公司进行处分的依据系针对证券期货经营机构（含私募证券基金管理人）的法律法规，但我们认为，这并不意味着私募股权基金管理人就可以合法地从事资金池业务。因为监管部门禁止资金池业务的一个很重要的目的是防止资产管理机构通过将不同的产品混同运作，从而进行利益输送。以上述某某公司为例，其稳健收益3号的第1期和第2期之间没有任何关联，本应就两个产品分别进行备案，但其却仅备案了一个产品，并且将第1期的资金结转至第2期。这就是以“合法手段掩盖非法目的”的典型利益输送。因而，如允许私募股权基金管理人将其管理的各基金产品资产混同，也将不可避免地会产生利益输送的情形，从而损害基金投资者的合法权益。

二、应避免通过关联交易进行利益分配

案件回放[②]：恒×源管理的恒塬×壹，于2016年7月26日、11月28日合计向荟×水电（有限合伙）提供无息借款2000万元；恒×源投资管理的恒塬×叁于2017年10月10日合计向荟×投资（有限合伙）提供无息借款2900万元。荟×水电、荟×投资均为恒×源投资的关联合伙企业。广东证监局认定该行为涉嫌利益输送，理由是：虽然恒×源分别与荟×水电、荟×投资签订了借款合同，但借款期限届满时荟×水电、荟×投资并未按约定支付相应利息。直至该局调查工作基本完成后，荟×水电、荟×投资才于2019年1月支付利息。因此，广东证监局最终对恒×源及其法定代表人给予了相应的行政处罚。

解读：将基金募集资金在关联方之间进行利益输送的行为屡见不鲜。本案

① 《证券期货经营机构私募资产管理业务运作管理暂行规定》第九条规定：“证券期货经营机构不得开展或参与具有‘资金池’性质的私募资产管理业务，资产管理计划不得存在以下情形或者投资存在以下情形的其他资产管理产品：（一）不同资产管理计划进行混同运作，资金与资产无法明确对应；（二）资产管理计划在整个运作过程中未有合理估值的约定，且未按照资产管理合同约定向投资者进行充分适当的信息披露……”

② 参见《中国证券监督管理委员会广东监管局行政处罚决定书（2019）7号（恒兆源、田某勇）》，载中国证券监督管理委员会官网，http：//www. csrc. gov. cn/pub/zjhpublic/G00306211/202010/t20201016_ 384541. htm，2021年10月13日访问。

就是典型案例。基金管理人在为其旗下私募基金募集到资金后，将资金利用无息借款的方式提供给其关联方，是典型的利用关联关系进行利益输送的行为。广东证监局敏锐地觉察到这一点，并及时予以制止和处罚。

此外，在实践中，还有不少实业家通过设立私募股权基金募集资金，再将其投资于其自己设立的实体企业以进行利益输送的例子。例如，奥×控股公司曾宣称在三年内实现千亿市值，且有意借壳登陆纳斯达克。其董事长王某一手建设产业园，一手借助其担任法定代表人的奥×创投募集资金投资奥×控股。当实体企业经营困难时，奥×创投所设立的私募基金便血本无归，因而严重损害了基金投资者的利益。最终，奥×创投被基金业协会列入失联名单，并被取消该省创业投资同业公会会员资格。①

① 《抬高门槛 私募监管再加强》，载经济观察网，http：//www.eeo.com.cn/2016/0312/284158.shtml，2021年10月9日访问。

第八章　投资决策委员会议事规则

之前的章节就基金业协会要求私募股权基金管理人必备风控制度的制订依据、核心内容进行了详细阐述。在本章中，我们将对投资决策委员会议事规则进行具体介绍。虽然，该议事规则并非基金业协会要求私募股权基金管理人必须具备的风控制度，但我们认为，对所有类型的基金管理人而言，投资决策机构都是必不可少的。一方面，投资决策委员会是基金管理人的核心机构之一，其作出的决策将在很大程度上影响基金的业绩表现，从而决定基金投资者的投资收益。另一方面，投资决策委员会能否正常运作以及其决策是否符合既定规则也是基金管理人的主要风险点之一。因此，制订详细、具体、能够有效控制风险并加以执行的议事规则，无论对私募股权基金管理人自身，还是对其管理的私募股权基金而言，都至关重要。

第一节　制订依据

截至目前，专门针对私募股权基金管理人投资决策的法律法规并不多见，但有一些针对证券投资基金公司和管理人中管理人产品①投资决策的规定。我们认为，任何类型的私募基金管理人均离不开投资决策，因此，在现有相关法律

① 《证券期货经营机构管理人中管理人（MOM）产品指引（试行）》第二条规定："管理人中管理人产品（以下简称 MOM 产品），是指证券期货经营机构（以下简称管理人）管理的同时符合以下特征的资产管理产品：（一）管理人按照本指引要求委托两个或者两个以上符合条件的第三方资产管理机构（以下简称投资顾问）就资产管理产品的部分或者全部资产提供投资建议；（二）根据资产配置需要将资产管理产品的资产划分成两个或者两个以上资产单元，每一个资产单元按规定单独开立证券期货账户……"

法规有待完善的情况下，主要参考涉及证券投资基金投资决策的一些原则性规定来制订股权投资基金管理人的投资决策委员会议事规则并无明显不妥。该等规定具体如下：

(1)《证券投资基金管理公司公平交易制度指导意见》

第十条 公司应健全投资授权制度，明确投资决策委员会、投资总监、投资组合经理等各投资决策主体的职责和权限划分，合理确定各投资组合经理的投资权限。投资决策委员会和投资总监等管理机构和人员不得对投资组合经理在授权范围内的投资活动进行干预。投资组合经理在授权范围内自主决策，超过投资权限的操作需要经过严格的审批程序。

(2)《证券投资基金管理公司治理准则（试行)》

第七十四条 经理层可下设投资决策委员会、风险控制委员会等专门委员会。设立专门委员会的，公司应当对专门委员会的职责、人员组成、议事规则、决策程序等作出明确规定。

(3)《基金管理公司投资管理人员管理指导意见》

第二条 本指导意见所称投资管理人员，是指下列在公司负责基金投资、研究、交易的人员以及实际履行相应职责的人员：

（一）公司投资决策委员会成员；

……

(4)《证券期货经营机构管理人中管理人（MOM）产品指引（试行)》

第十五条第一款 管理人应当建立完善的投资顾问管理制度，制定投资顾问选聘、监督、考核、评估、解聘标准和流程，健全决策程序和授权机制，明确投资决策委员会、投资总监、投资组合经理等各投资决策主体的职责和权限划分。

第二节 制订要点

根据前述的主要参考依据，投资决策委员会议事规则的制订要点应当包括：

1. 明确投资原则；

2. 明确投资标准和投资限制；

3. 确定投资决策委员会的产生和组成；

4. 明确投资决策委员会的职责和权限；

5. 明确投资决策委员会的议事方式和奖惩措施。

下面我们就对前述要点进行具体说明。

一、明确投资原则

诚然，因基金的体量和投资团队背景等要素的差别，不同的私募基金管理人对其旗下管理的基金产品有着不同的投资原则。即便是同一个基金管理人管理的多个私募基金，其投资原则也可能会有差异。但是，万变不离其宗，有一些投资原则是所有私募基金管理人在运用其管理的基金进行投资的过程中必须始终遵循的，而这些原则均是针对投资项目的，概括起来就是：优质、估值合理、商业模式清晰。所谓优质，即拟投企业应为行业佼佼者，或者其拥有不可复制的核心竞争力。所谓估值合理，是指拟投企业的估值通过合理的方式确定并应在合理范围内，否则，即便优质，基金也无利可图。所谓商业模式清晰，是指拟投企业的核心业务应清晰明了，至少能够让基金管理人看懂其盈利模式。上述三个原则，所有基金管理人在进行投资决策时均须严格遵循，以便尽可能地控制投资风险，从而保护基金投资者的利益。

二、明确投资标准和投资限制

如果说，投资原则仅是对基金投资大方向上的把握，那么，投资标准和投资限制则是投资原则在基金管理人进行实际投资过程中的具体体现。就投资标准而言，既然基金投资的目的是获利，那么投资标准的核心就应当是拟投企业的财务指标。通常情况下，营业收入、净利润和股东权益是最能够体现拟投企业经营状况的财务指标，基金管理人应提取拟投企业近2~3年的相关数据，才能在此基础上对其持续盈利能力进行判断。值得一提的是，为确保相关数据的准确性和可靠性，建议尽量从拟投企业获取审计报告，对于未经审计的财务报表，基金管理人可自行出资聘请第三方审计机构进行审计并出具相关报告。就投资限制而言，其是指应当明确可以投资的行业或企业发展的阶段。如果没有上述限制，则应明确选择投资标的的负面清单。具体而言，不同的私募基金的定位不同，其投资偏好决定了可以投资的行业或企业发展的阶段。而有些私募基金没有明确的投资偏好，则需要明确不能投资的行业或企业发展的阶段的清单。当然，对于那些负面清单上的项目，即不符合投资标准的项目，在满足一定限制性条件的情况下，基金也是能够进行投资的。

三、确定投资决策委员会的产生和组成

根据基金管理人组织形式的不同，投资决策委员会产生的方式也有所不同。具体而言，对于公司制的基金管理人，应依据公司章程的规定确定投资决策委员会的成员，通常应由董事会提名，并经股东会批准。而对于合伙制的基金管理人，应依据合伙协议的规定，通常应由执行事务合伙人全权决定。除了明确投资决策委员会的产生方式外，议事规则还应确定委员会的具体人数、委员构成以及任期等。关于具体人数，根据我们以往的实践经验，投资决策委员会通常由 3 ~9 人的单数组成，这主要是避免在投资决策的过程中，因同意票数和反对票数相同而出现决策僵局。关于委员构成，通常情况下应由基金管理人的高管和业务团队负责人组成，公司制基金管理人的总经理或合伙制基金管理人的执行事务合伙人（或其委派代表）一般会担任投资决策委员会主任。除了固定的委员外，我们建议，投资决策委员会还应建立一个由行业专家、法律、财务专业人士组成的顾问池，在遇到一些复杂或较难判断的投资项目时，可临时从顾问池中挑选一些人员作为外部顾问，参与投资决策会议。当然，该等外部顾问的作用仅是提供投资咨询，不参与投票表决。

四、明确投资决策委员会的职责和权限

顾名思义，投资决策委员会的主要职责是对基金的投资和退出进行决策。具体而言，基金投资决策包括拟投项目资料审核、开会讨论和投票表决等。在实践中，部分基金管理人的项目组会直接将拟投资或拟退出的项目资料提交给投资决策委员会进行审核。诚然，这种操作方式非常简便，但是，从风险防控的角度出发，我们建议多设置一道审核流程，即项目组将项目资料提交给风控部门进行初审，随后由风控部门出具初审意见。如初审通过，项目组可将项目

资料和风控部门的初审意见一并提交给投资决策委员会；如初审未通过，则项目组应根据风控部门的要求对项目资料进行补充和完善后再次提交风控部门审核，待通过后再提交给投资决策委员会。投资决策委员会主任在收到项目资料后，应对项目资料和风控的初审意见进行形式审核，如无问题，便可召集决策会议并进行最终投票表决。至于决策权限，其因基金管理人的不同而有所差异，例如，某些基金管理人将基金的投资和退出的决策权限完全授予投资决策委员会行使，而另一些基金管理人则将投资决策委员会的决策权限限定在一定的金额以内（通常会以公司或合伙企业资产总额的30%～50%为限）。无论何种决策权限，均应基于基金管理人的实际情况，并结合基金的总资产加以确定。

五、明确投资决策委员会的议事方式和奖惩措施

如前所述，当投资决策委员会收到需要进行决策的投资或退出项目资料后，应由主任进行形式审查后召集决策会议。议事规则应对召集流程、会议议程、表决程序和会议记录等事项进行明确规定。召集流程应包括召集人、召集方式、召集和反馈时间，以及是否允许代理等事项。会议议程则应根据具体情况来拟定，并体现在会议通知中。而表决程序应包括投票、计票和宣布结果等流程。此外，投资决策委员会的每次会议均应由专人（一般是委员会秘书）进行会议记录，该记录应根据基金管理人的档案管理制度等相关规定进行妥善保存，以供查阅和审计。我们在前文中提到过，投资决策委员会的常设委员，不是高层的基金管理人，就是业务部门负责人，其应具备丰富的管理和投资经验。而基金的投资决策关系到基金投资者的根本利益，不容有任何疏忽和过失，因此，如果基金在投资过程中的亏损是由于投资决策委员会的疏忽和/或过失造成的，那么相关委员应受到相应的处罚，包括降薪、降级，直至与其解除劳动合同。当然，如果投资决策委员会作出的投资决策使基金获得了超额收益，相关委员也可以得到一定的奖励。

第三节 参考模板

以下是我们为某基金管理人制定的投资决策委员会议事规则简略版，基本涵盖

了前述制订要点，建议基金管理人可根据各自的具体情况在此版本上进行调整：

《××有限公司投资决策委员会议事规则》

第一章　总　　则

第一条　为规范公司管理的股权投资基金（以下简称基金，指公司管理的所有股权基金，包括子平台管理的股权基金）的投资决策程序，加强股权投资业务的项目投资效率与投前风险控制，明确股权投资的投资原则与投资限制，从而保障投资决策的科学化、制度化，提高投资质量，降低投资风险，根据《中华人民共和国合伙企业法》《合伙协议》和《基金委托管理协议》等有关规定，制订本议事规则。

第二条　投资决策委员会是基金的专门议事机构，依据《合伙协议》和《基金委托管理协议》，负责对基金的项目投资及退出等相关问题进行决策。本议事规则适用于公司所有股权投资业务。若存在专项基金投资决策委员会决策管理办法，以该办法为准。

第二章　投资原则

第三条　股权投资应明确投资策略，不盲目追求投资速度，坚持“不好不投，不便宜不多投，不了解不投”的三不原则。

第四条　严格执行投资行业限制，基金专门投资于×××等行业和领域。

第五条　坚持价值投资的理念，坚持深度挖掘行业和拟投企业的基本面，坚持项目团队的独立研究和判断，坚持风险控制大于收益控制的原则，坚持严格的规范性要求和保护措施要求。

第六条　项目按照投资金额划分：2000 万元及以上的为大项目（含定增），2000 万元以下的为小项目（含定增）。

第三章　投资标准和投资限制

第七条　所有项目需至少同时满足以下三个指标。不满足以下条件的项目，项目经理不得上报投资决策委员会，若有特殊情况，需投资决策委员会成员一致同意方可投资。以下所列财务数据，均指拟投企业财务报表中的数据：

(1) 最近两年连续盈利，且平均年净利润不少于2000万元，且之前两年净利润没有下滑，最近两年净资产收益率不低于10%；

(2) 最近两年营业收入连续增长，且复合增长率不低于50%，最近两年平均营业收入不低于4000万元；

(3) 最近一年股东权益不少于5000万元。

特别要求：投资金额超过2000万元（含2000万元）的大项目，最近1年现金流必须为正。

第八条 按照二级市场正常估值测算的年化收益率低于30%不投。

第九条 原则上投资项目无业绩（包括营业收入和净利润两项指标）承诺条款或退出保障（回购）条款的不投，但投资决策委员会一致通过的除外。

第十条 主投项目无《项目尽职调查报告》、无《项目投资建议书》的不投；跟投项目无《项目比较分析报告》的不投。

第十一条 单一投资标的金额不能超过基金规模的20%，特殊情况可以超过20%但不能超过30%，但小于5000万元体量的基金或投资决策委员会2/3及以上通过的项目除外。

第十二条 新商业模式的投资标的，当年仍亏损的企业，须投资决策委员会全票通过方可投资。

第十三条 原则上所有项目次年度的动态估值PE应不高于15倍，次年度动态估值PE高于15倍的须投资决策委员会2/3及以上通过。

第十四条 重大项目专项跟踪制：

(1) 投资超过1亿元的项目，成立专项小组跟进，须投资决策委员会半数及以上委员和拟投企业负责人会面过，或去拟投企业拜访过；

(2) 投资超过1000万元且不超过1亿元（含1亿元）的项目，至少一名投资决策委员会委员和拟投企业负责人会面过，或去拟投企业拜访过。

第四章 人员组成

第十五条 投资决策委员会设委员5名（含主任，不含秘书），原则上从公司总经理、董事、业务部门负责人中产生，具体人选由董事会提名，并经股东批准。每届任期两年，可连选连任。投资决策委员会设专家顾问库，邀请相关行业、投行、法律、财务等领域的专家入库，投资决策委员会举行会议时可以邀请外部顾问列席，如邀请外部顾问列席投资决策委员会会议，则由董事长批准后，由公司负责聘请，相关费用应从基金日常运营账户中支取。外部顾问仅可提供咨询和建议，并无表决权。此外，风控总监、项目经理及被投项目相关人员均可以列席投资决策委员会会议。

第十六条　每次会议由不低于3名委员参与，外部顾问根据项目情况可以选择1~2人参加或不选择外部顾问参加。

第十七条　投资决策委员会委员须符合下列条件：

（1）具备良好的道德品行，遵守《合伙协议》和《基金委托管理协议》；

（2）熟悉投资的基本要求，具有一定的宏观经济分析、项目投资分析与风险判断的能力，以及相关的专业知识或工作背景；

（3）最近三年未受刑事处罚，且不存在因重大违法、违规行为被相关行政管理部门予以行政处罚的情形；

（4）有关法律法规或《合伙协议》《基金委托管理协议》规定的其他条件。

第十八条　《中华人民共和国公司法》关于公司董事义务的规定适用于投资决策委员会委员。

第十九条　公司可以根据需要对投资决策委员会委员进行调整。因委员辞职或其他原因而导致投资决策委员会人数低于3人时，公司应尽快指定新的人选。

第二十条　投资决策委员会设主任一名，由×××担任，主持投资决策委员会工作，包括但不限于负责召集和主持投资决策委员会会议。设投资决策委员会秘书岗位，由风控部门指派专人担任，主要从事会议筹备等日常工作，具体包括会议的组织协调、会议材料的发送、进行会议记录、起草决议文件以及协调、保管会议资料等。该秘书接受风控部门考核。

第五章　职责权限

第二十一条　投资决策委员会根据董事会的授权履行以下职责：对单笔投资额不超过基金规模的30%，或者单一投资不超过被投资公司总股本的20%的股权投资项目的投资和退出作出决策。

第二十二条 投资决策委员会对基金负责，但投资决策委员会须独立行使投资决策权。对于符合第二十一条的投资项目，投资决策委员会主要行使下列具体职权：

（1）审定投资方向、投资策略及投资限制；

（2）对已投资项目的退出变现或其他处置方案进行审议；

（3）对项目投资方案的执行情况进行审查监督；

（4）对其他影响基金发展的重大投资事项进行审议；

（5）董事会授权的其他事项。

第二十三条 单笔投资在基金规模30%以上的投资事项或者单一投资超过被投资公司总股本的20%的股权投资、涉及公司股东及其关联方的任何关联交易的投资，应当经过投资决策委员会审议通过后，提交公司董事会审议，根据公司章程规定需要提交股东审议的还应提交股东审议。

第六章 议事、表决与奖惩

第二十四条 所有项目立项后，项目经理需及时将项目信息和拟投资金额提供书面报告给风控部门初审。风控部门在收到该书面报告后7日内提出初审意见，项目经理应据此进行相应修改。经初审合格后，项目经理方可将相关项目资料提交投资决策委员会进行表决。

第二十五条 投资决策委员会的会议程序包括：

（1）项目经理进行尽职调查汇报，介绍待审核材料概要、项目优势、存在的问题等相关情况；

（2）风控总监汇报初审情况和初审意见；

（3）各委员审议，并有权提问或讨论；

（4）项目经理和风控总监接受必要的询问，并作出相应解释；

（5）除委员、秘书外的其他人员退场；

（6）委员表决，秘书记录表决情况；

（7）主任总结会议情况并宣布表决结果。

第二十六条 会议采取记名投票的表决方式，一人一票。投资决策委员会会议表决设同意票、反对票，不设弃权票。表决标准如下：

(1) 投资金额为0～1000万元（含1000万元），须投资决策委员会委员两票同意；

(2) 投资金额为1000万～2000万元（含2000万元），须投资决策委员会委员三票同意；

(3) 投资金额在2000万元以上，须投资决策委员会常务委员全票同意。

投资决策委员会委员应当根据项目情况、相关指标、会议讨论的情形、项目经理对风控初审意见的答复以及专项核查意见（如有）等作出独立判断，并说明理由。

第二十七条　投资决策委员会在表决的基础上形成审核决议。审核决议的内容包括：审核意见、表决结果、出席会议的委员名单。审核决议应当经出席会议的委员签字确认。

第二十八条　若拟投金额为1000万～2000万元（含）的项目无法获得三票的同意票数或拟投金额在2000万元以上的项目无法获得全票同意，且项目不存在实质性的重大诚信问题，投资决策委员会可考虑降低投资额度达到相应表决标准后进行投资，具体应由项目经理对项目文件进行相应修改后，由投资决策委员会重新表决。

第二十九条　针对所有已投项目，投资决策委员会委员奖惩制度如下：

(1) 反对者，若有明显的疏忽或过失，不仅不参与收益分配还需扣除部分奖金；

(2) 同意者，若有明显的疏忽或过失，需扣除部分奖金。

第三十条　投资决策委员会不定期召开会议。项目经理提交投资决策委员会审议的文件包括：

(1)《项目尽职调查报告》(必需)；

(2)《项目投资建议书》(必需)，包含项目的核心投资逻辑和潜在风险等重要信息；

(3)《核心交易要素表》(必需)，包含投资协议中约定的主体、金额、估值、业绩承诺、回购等所有重要内容和要素；

(4) 第三方中介机构出具的项目审计报告、资产评估报告、法律尽职调查报告或法律意见书等（如需）；

（5）行业专家就项目行业现状、产品性能、技术工艺和市场前景等出具的专家意见（如需）；

（6）拟签署的《合作意向书》和《投资备忘录》（如有）；

（7）其他投资决策委员会要求提供的文件材料（如需）。

第三十一条 投资决策委员会主任应在收到《项目投资建议书》及上述相关材料后的五个工作日之内，召集并主持投资决策委员会会议，对项目投资建议进行审议并作出决策。投资决策委员会主任不能召集或出席会议时，可以委托一名委员召集或主持。

第三十二条 投资决策委员会召开会议，至少应提前两个工作日以微信、电话、电子邮件或其他有效的方式通知各委员，并将相关项目文件送交所有委员。为保证投资决策委员会的会议质量，每次会议最多审核两个项目。

第三十三条 会议通知应包括以下内容：

（1）会议时间、地点和召开方式；

（2）会议期限；

（3）事由及议题；

（4）发出通知的日期；

（5）表决方式。

第三十四条 投资决策委员会应由3名委员出席方可举行。委员以电话、视频或者全体参会委员可以听见或看见的其他方式参加会议的，视为出席。委员可以亲自出席现场会议参加表决，也可以上述有效的方式行使表决权，但不可以委托其他委员行使表决权。

第三十五条 投资决策的内容主要包括：是否投资、投资价格、投资额度（包括项目团队跟投数额）、投资方式等。投资决策委员会原则上不独立进行投资项目的选择和论证，但投资决策委员会两名及以上委员同意的除外。

第三十六条 被投资决策委员会否决的项目，其上报审核的总次数不得超过两次（含被拒绝当次），但经投资决策委员会主任同意或两次上报间隔时间超过一年的除外。

第三十七条 委员对投资项目议案的表决应为签字方式的书面表决形式，

须通过填写《××投资决策委员会委员意见表（个人）》进行投票，并须在意见表中签字。若以电话会议或微信方式作出的表决，应由投资决策委员会秘书将表决结果记录在案，并在会后补充传真或其他的书面形式。秘书汇总所有委员的表决意见，并提交投资决策委员会主任公布决策结果。

第三十八条　投资决策委员会对项目的退出方案进行审议时，项目经理应列席会议，负责介绍投资项目的具体情况，回答委员的质询。项目退出的表决标准如下：

（1）退出金额为2000万元以上，须投资决策委员会全票同意；

（2）退出金额为1000万～2000万元（含2000万元），须投资决策委员会两票同意；

（3）退出金额为0～1000万元（含1000万元），须投资决策委员会一票同意。

特别要求：年化收益率低于30%的项目退出，须投资决策委员会全票通过。

第三十九条　已投项目退出原则如下：

（1）非必须退出的项目，如果满足年化收益率30%，可先退出一部分本金；

（2）投资决策委员会2/3以上委员特别看好的项目，可先不退出；

（3）小项目，则视其流动性，如果满足年化收益率30%，可全部退出。

第七章　会议决议

第四十条　投资决策委员会会议的每项议案在获得规定的有效表决票数后，经投资决策委员会主任宣布即应形成会议决议。

第四十一条　如对项目投资建议尚有疑问，不能作出通过或否决决议的，可以要求项目团队继续完善和补充相关资料，再次召开会议进行决策。

第八章　附　　则

第四十二条　投资决策委员会会议应有书面的会议记录，并有出席会议的委员和会议记录人的签名。出席会议的委员有权要求在记录上对其会议发言作出陈述性记载。

第四十三条 会议记录应当视同项目投资的重要文件资料根据公司的档案管理制度予以保存。会议记录和决议等会议资料的保存时间不少于十年，委员有权查阅。

第四十四条 会议记录应当包括以下内容：

(1) 会议召开的时间、地点和召集人姓名；

(2) 出席（或列席）会议的人员姓名；

(3) 会议议程；

(4) 发言要点；

(5) 每一决议事项的表决方式和结果（表决结果应载明赞成、反对的票数）。

第四十五条 本议事规则未尽事宜，依照《合伙协议》《基金委托管理协议》等有关规定执行，如与上述规定相抵触，应以上述规定为准。

第四十六条 本议事规则由公司董事会负责解释。

法定代表人签名（盖章）：

××有限公司（公章）

年　　月　　日

附：投资决策委员会议事规则示意图

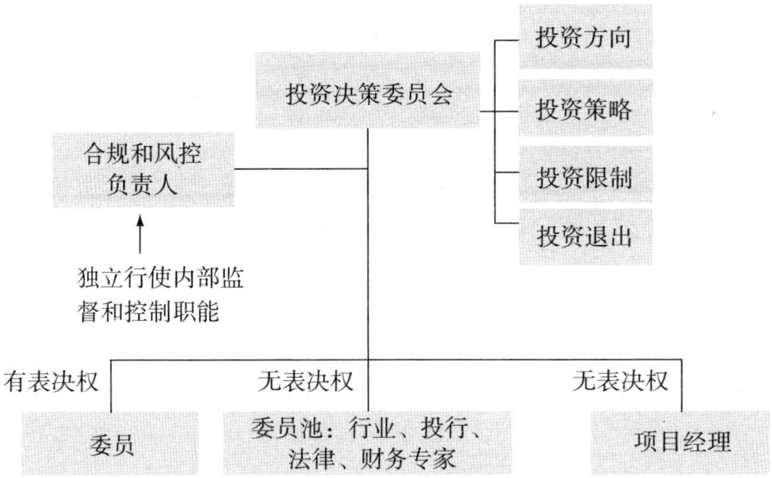

第四节　执行要点

与其他风控制度有所不同，与本制度相关的法律法规很少，因此，本制度无论在制订层面还是执行层面，更多地取决于私募基金管理人各股东/合伙人之间的约定。而一旦有了相关约定，就应严格遵照执行，以避免产生不必要的法律纠纷或在产生相关纠纷时能够使自身立于不败之地。

一、严格执行涉及投资项目的授权和审批流程

在黄某与银×公司劳动争议一案①中，银×公司认为，黄某作为公司董事会秘书、涉案项目引荐人和项目协管领导，未执行《投资管理办法》的相关规定，在投资项目发生重大事项时没有及时向投资决策委员会进行报告，贻误了时机，导致损害后果扩大。因此，银×公司按照员工处罚规定，对黄某进行了降级处分并要求其赔偿损失。黄某不服该处分决定，向法院起诉。北京市第二中级人民法院经二审终审认定：银×公司提交的立项申请表、用印呈批单、划款通知单、黄某书写的《关于舫昌投资情况的汇报》及黄某提交的谈话录音等证据显示，黄某作为项目协管领导实际参与了涉案项目，对该项目违反《银×公司投资管理办法》相关规定事宜亦明确知晓，且在汇报被投资公司巨额债务问题一事上存在拖延情形。据此，银×公司认定黄某在涉案项目中负有一定责任，并依据公司章程及已公示的员工处罚规定等对黄某作出降级处分及扣发奖金的决定，具有事实和制度依据。最终，法院驳回了黄某的相关诉讼请求。

在实践中，部分私募基金管理人会像银×公司那样，在《投资管理办法》中对投资决策委员会的职责进行具体规定。试想一下，如果银×公司并未严格执行《投资管理办法》中的相关授权审批流程，无法向法院提交包括立项申请表、用印单及其他相关证据材料，其就无法据此明确黄某的相关责任，也就无法对黄某进行处分，甚至即使对黄某进行了相应处分，也很可能会因为无法提出相关的处分依据而在诉讼中处于劣势，甚至败诉。因此，严格执行本制度中

---

① （2016）京02民终7317号。

涉及投资项目的授权和审批流程，并完整地保留相关书面材料，对私募基金管理人而言相当重要。

二、投资决策委员会必须恪尽职守

在东方高×公司与东方高×诚金企业（有限合伙）、某快递公司、石林×××公司合伙企业纠纷一案[①]中，原告诉称，其与被告某快递公司、被告石林×××公司签订合伙协议，约定共同出资组建被告东方高×诚金（有限合伙）。其后，被告某快递公司和被告石林×××公司分别向原告发送《除名通知书》，称原告一直未按照合伙协议缴纳约定的出资额，因此作出对原告的除名决议。而原告称，根据合伙协议，合伙企业的全体合伙人是根据投资决策委员会发出的通知来实缴出资的，但自合伙企业成立至今，投资决策委员会从未发出过要求合伙人实缴出资的通知，因此不存在原告未履行出资义务一事。天津市滨海新区人民法院经审理后认定：根据合伙企业法的相关规定，合伙人应当按照合伙协议约定的出资方式、数额和缴付期限，履行出资义务。合伙协议约定，各合伙人缴纳约定的相应出资额应当是在收到投资决策委员会发出的书面通知十日内缴纳至指定账户。而目前尚无任何证据证明，投资决策委员会发出过缴纳出资额的书面通知。因此判定被告某快递公司与石林×××公司联合签名作出的《除名通知书》因违反合伙协议的约定而无效。

如上一节的参考模板所示，私募基金管理人的董事会可授权投资决策委员会行使部分职责。我们认为，对于有限合伙制基金而言，由于没有董事会，合伙协议可就投资决策委员会的职责进行相关约定，其中便可包含本案中的向各合伙人发送缴纳出资额的书面通知。如投资决策委员会未能履行该职责，而导致合伙人的权益受损，该权益受损方可向司法机关进行主张，以维护自身的合法权益。另外，合伙企业可以根据合伙协议及投资决策委员会议事规则追究相关委员的责任。

---

① （2014）滨民初字第1030号。

第九章　投后管理办法

与投资决策委员会议事规则一样，投后管理办法也并非基金业协会要求私募基金管理人必须具备的风控制度，但我们认为，一方面，由于被投企业所面临的经营环境（包括国内外政策环境以及上下游行业的情况等）处于不断变化中，其在经营发展的过程中也会受到各种因素的影响，从而增加投资项目的不确定性和各种风险，而进行投后管理的目的正是管理和降低项目投资风险。另一方面，作为私募股权基金“募、投、管、退”生命周期中的两个重要阶段，投后管理对于基金投资成功起着举足轻重的作用。优秀的投后管理办法将能在很大程度上减少甚至消除潜在的投资风险，实现预期甚至超额投资收益，从而切实保障基金投资者的利益。因此，制定一套行之有效的投后管理办法，对于私募股权基金而言至关重要。

“投后”，顾名思义是指在完成项目尽职调查并经投资决策委员会表决通过，基金完成对被投企业的投资之日起直至项目退出这个完整的阶段。投后管理应当覆盖这个阶段的每个环节。

第一节　制订依据

截至目前，关于投后管理的相关规定，散见于国务院的文件、一些针对证券期货经营机构和证券基金管理公司及其子公司的相关规定之中。鉴于投后管理并非私募基金的特有概念，凡是涉及投资活动的企业，均会涉及投后管理。因此，我们认为，大部分与投后管理相关的法律法规均可作为私募股权基金管理人制订投后管理办法的依据。该等规定具体如下：

（1）《国务院关于促进创业投资持续健康发展的若干意见》

鼓励创业投资企业和创业投资管理企业从自身独特优势出发，强化专业化投资理念和投资策略，深化内部体制机制创新，加强对投资项目的投后管理和增值服务，不断提高创业投资行业专业化运作和管理水平，夯实“专业创投”运行基础。

（2）《证券公司另类投资子公司管理规范》

第十五条 另类子公司应当建立投资管理制度，设立专门的投资决策机构，明确决策权限和决策程序；健全公司组织架构，明确各组织机构职责和权限；完善投资论证、立项、尽职调查、投后管理等业务流程，有效防范投资风险。

（3）《关于进一步加强基金管理公司及子公司从事特定客户资产管理业务风险管理的通知》

……

（一）加强尽职调查和投后管理。子公司应当切实履行受托人责任，勤勉尽责，审慎投资，在合作方选择、项目筛选、项目审批、资金划拨、后期管理等各个环节进行有效控制；强化流程管理，细化尽职调查的程序和要求，必要时委托会计师事务所、律师事务所、评估机构等专业机构进行外部尽职调查；专人负责项目投后管理，全程跟踪项目进展情况，确保对投资项目心中有数，应对有策；建立资金划拨复核确认制度，严防操作风险。

……

（4）《证券期货经营机构资产管理业务登记备案和自律管理办法（试行）（征求意见稿）》

第二十六条第二款 资产管理人应制定完善的项目投后管理制度，加强项目投后管理，全程跟踪项目进展情况；建立资金划拨提取复核确认制度，严防操作风险。

（5）《证券期货经营机构私募资产管理业务管理办法》

第三十七条 资产管理计划可以投资于以下资产：

（一）银行存款、同业存单，以及符合《指导意见》规定的标准化债权类资产，包括但不限于在证券交易所、银行间市场等国务院同意设立的交易场所交易的可以划分为均等份额、具有合理公允价值和完善流动性机制的债券、中央银行票据、资产支持证券、非金融企业债务融资工具等；

（二）上市公司股票、存托凭证，以及中国证监会认可的其他标准化股权类资产；

（三）在证券期货交易所等国务院同意设立的交易场所集中交易清算的期货及期权合约等标准化商品及金融衍生品类资产；

……

（五）第（一）至（三）项规定以外的非标准化债权类资产、股权类资产、商品及金融衍生品类资产；

……

第六十二条　资产管理计划投资于本办法第三十七条第（五）项规定资产的，证券期货经营机构应当建立专门的质量控制制度，进行充分尽职调查并制作书面报告，设置专岗负责投后管理、信息披露等事宜，动态监测风险。

第二节　制订要点

根据前述主要制订依据，投后管理办法的制订要点应当包括：

1. 明确投后管理的原则。

2. 明确投后管理的主要内容。

下面我们就对前述要点进行具体说明：

一、明确投后管理的原则

1. 持续性

投后管理包括了私募基金整个运营过程中的管理和退出两大流程，相较于私募基金的募集和投资而言，投后管理将持续一段相当长的时间，少则3年，多则5～7年。因此，基金管理人应将投后管理视作一项长期任务，对已投项目进行持续跟踪，直至项目退出。

2. 全方位

负责投后管理的部门必须全面监控已投项目。从微观层面来说，应时刻关注被投企业的经营管理、人事和财务状况、抵（质）押情况和关联交易等；从宏观层面而言，需密切留意可能会对投资安全产生影响的国家宏观政策、被投企业所处的行业状况（包括其所处的行业地位）、市场情况以及上下游企业的情况等。

3. 谨慎性

如本书第一章和第二章所述，投资风险贯穿于私募基金的整个运营过程中，尤其是在基金的管理和退出阶段，经常会面临各种突如其来的风险因素，例如：已投项目所处行业利润率大幅下滑等。因此，基金管理人的投后管理部门应当高度重视任何可能对基金投资构成不利影响的风险，并在发现该等风险后的第一时间进行相应评估，以便及时采取有效措施消除或最大限度地降低风险。

4. 及时性

及时性原则应体现在两个方面：一方面，在执行日常投后管理职能中，应确保及时开展各项工作，例如，定期与被投企业负责人和相关业务部门开会并听取汇报，对被投企业的重大事项及时作出决策等；另一方面，一旦在投后管理过程中发现任何潜在的或已经暴露的问题或风险，应及时召集项目会议讨论对策，以便消除风险隐患或将相关问题的不利影响降至最低限度。

5. 真实性

既然投后管理是基金运作的重中之重，那么，投后管理的每一个环节都离不开真实完整的记录工作，例如，项目会议纪要、重大交易文件等。之所以要保证相关记录的真实和完整，一方面是为了对已投项目进行有效跟踪，以便及时发现并解决问题；另一方面则是为了给今后的基金投资提供有价值的参考。如果记录不够真实完整，将会大大降低投后管理的效率，甚至会导致决策失误。此外，一旦发生投资争议（如知情权纠纷、对赌纠纷等），投后管理中保存的资料有可能作为争议解决中的重要证据使用。

6. 有效监督

在实践中，存在一小部分被投企业的负责人，出于种种考虑以各种方式向私募投资机构业务人员或者负责人行贿。为了最大限度地避免投后管理人员因收受被投企业贿赂而无法公正地从事相关投后管理工作，我们建议在对被投企业开展投后管理的工作中，实行“双人负责制”，即在包括参加项目例会和决策会、对被投企业进行财务审计以及进行其他核查的过程中，必须双人（或以上）

共同参与，共同检查和签字，相互监督。

二、明确投后管理的主要内容

1. 履行投资协议

没有规矩，不成方圆。既然要开展投后管理工作，就必须先制订规则，即私募基金应通过一定的身份和方式参与到被投企业的生产经营活动中去，从而实现有效的投后管理职能。那么，这规则又该根据什么来制订呢？答案当然是私募基金与被投企业之间签署的《投资协议》。因此，投后管理工作的第一步应当是落实《投资协议》的相关内容，具体应包括但不限于：

（1）对于《投资协议》中约定由基金向被投企业委派董事、监事或财务总监等高管的，应及时办理委派手续；

（2）在向投资项目支付投资款后，应及时提醒和督促被投企业确认并修改章程、变更股东名册、签发出资证明书、进行公司变更登记；

（3）对《投资协议》中涉及基金重大利益的其他事项（包括但不限于关于业绩补偿、反稀释、随售权、领售权条款等保护基金投资利益的相关条款）制订相应的实施细则，并据此跟踪了解被投企业的各种状况，特别是上述保护条款的触发条件。

2. 进行项目跟踪和完善项目治理

基金管理人的投后管理团队应定期了解被投企业的经营状况，包括但不限于获取其经营和财务数据、“三会”决议等资料，借此了解被投企业的资产、负债、业务经营和财务状况等方面的信息。此外，还应建立起完善的重大事项报告机制，即一旦被投企业出现重大突发事件或出现重大违约情形时，投后管理团队应及时启动内部报告机制，必要时，应上报基金管理人的投资决策委员会进行最终决策。前述投后管理团队应了解的被投企业资料包括但不限于：

（1）月度、季度、半年度和年度财务报告；

（2）重大业务合同和关联交易；

（3）市场信息；

（4）重大的投融资活动；

（5）被投企业各项重大变更（如注册地址和/或经营范围的变更，以及高管变动等)；

(6) 其他可能对被投企业的生产经营活动和业绩等产生重大影响的事件。

在完善项目治理方面，投后管理团队应与被投企业的相关部门负责人通过各种方式（包括但不限于面谈、电话会议、电子邮件等）保持定期而有效的沟通，如出现需要由基金委派的董事或监事进行投票表决的事项，督促被投企业及时召集董事会或监事会并将相关事项提请审议和表决。此外，基金管理人分管该项目的合伙人还应积极参加被投企业的股东会并依据投资协议的约定代表基金行使表决权。

3. 提供增值服务

所谓增值服务，是指在进入投后管理期后，基金管理人的投后管理团队从人才、资源、战略、财务、资本等方面为被投企业提供的各项能够为其增加或创造价值的服务。其实，在私募投资界一直存在一种争论，即私募基金的投后管理是否应称为投后服务更为妥当？因为在完成投资后，基金管理人和被投企业在很大程度上利益趋于一致，对被投企业而言，接受特定私募基金的投资，不仅仅可以获得其资金，同时也看重其提供增值服务的能力，其目的是使企业能够发展得更快更好；对基金管理人来说，投资项目运营得越出色，基金的收益就会越好，甚至会有超额收益，而这正是基金管理人利润的主要来源。因此，基金管理人在投后管理的过程中，会投入大量的人力和物力来为被投企业提供各类增值服务，目的是通过更规范和高效的运营，来进一步提升被投企业的盈利能力，从而为基金带来超额收益。

同时，需要善意提醒的是，提供增值服务应当坚持有所为、有所不为，不能越俎代庖，过度介入被投企业的经营管理。过度介入被投企业的经营管理，不仅容易造成与被投企业的创始股东的矛盾，影响被投企业的正常经营管理，而且会成为被投企业业绩不理想的借口，使得私募基金在主张业绩补偿或者回购时受到挑战。

4. 退出管理

基金从选择投资项目之时即关注退出渠道，而完成投资后，退出即成为其目标。无论是主动退出（如 IPO 后退出、并购退出等）还是被动退出（如对赌触发的回购等)，均需要实时监测，及时提出可行的方案并付诸实施。笔者的一个私募基金客户投资了一家新材料企业，但是项目发展不尽如人意，投资一年多后即出现可行使回购权的情形，被投企业创始人再三保证被投企业的经营状况很快会出现好转，请求私募投资机构谅解。私募投资机构经评估也同意暂不行使回购权，但是在笔者的建议下，其与被投企业创始人签订了附条件的暂缓行使回购权的补充协议。不幸的是，被投企业的经营状况在宽限期内并没有好转迹象，其已经不可能在一年后完成上市，这又将触发前一轮私募投资机构行使回购权的条件。私募投资机构在与被投企业创始人协商回购未果后，经审慎研究并精心准备，果断提起仲裁并申请了财产保全，从而实现了投资资金的安全退出，并取得了部分投资收益。而前一轮私募投资机构则因被投企业创始人无足额财产可供执行而遭受损失。

第三节 参考模板

以下是我们为某私募管理人制定的投后管理办法简略版，基本涵盖了前述制订要点，建议基金管理人根据各自的具体情况在此版本上进行调整：

《××有限公司投后管理办法》

第一章 总 则

第一条 为最大化提高公司投资收益，有效规避、防范风险，加强对所投资项目的管理和服务，特制定本投后管理办法（以下简称本办法）。

第二条 本办法所称投资项目，是指已签订正式投资协议并已经完成划款工作，正式进入投后管理期的项目。

第三条 本办法所适用的对象，包括项目经理（包括下属项目经理助理和研究员）、分管合伙人、投后管理专员和本公司向被投企业委派的董事和监事等人员。

第四条 本办法的核心条款应当在投资协议中明确体现，以保证投后管理工作的顺利推进和对接开展。本办法适用于股权投资业务所涉及的员工及战略合作者。

第五条 投后管理工作应把握6大原则：持续性、全方位、谨慎性、及时性、真实性，以及有效监督。

第六条 投后管理的主要内容应包括：履行投资协议、进行项目跟踪和完善项目治理、提供增值服务，以及退出管理。

第二章 履行投资协议

第七条 在投资款划款完成后，项目经理应及时向分管合伙人提交拟向被投企业委派的董事、监事及其他高管（如有）名单，并经分管合伙人审批后协调相关委派程序（包括但不限于委派函的起草和签署等）并督促被投企业尽快通过法定程序完成选举或聘任，并办理相关公司变更登记手续。

第八条 投资款划款完成后，项目经理负责组织被投企业和本公司的投后管理团队对接，主要落实以下内容：

1. 项目经理负责将项目投资相关档案（包括但不限于尽职调查报告和投资协议等）移交给本公司投后管理专员存档并跟进投后管理，移交时需填写《项目投后管理移交记录》并由项目经理和投后管理专员签字确认。

2. 明确被投企业行政部门负责人、业务部门负责人、财务部门负责人、董事长等人员作为日常对接人，并及时告知被投企业公司投后管理理念以及接口人员信息，建立通畅的日常对接机制。

3. 投后管理工作实行“双人负责制”，应以项目经理为主，后台投后管理专员为辅。在包括参加项目例会和决策会、对被投企业进行财务审计以及进行其他核查的过程中，必须由项目经理和投后管理专员共同参与，共同检查并签署相关文件，如在履行相关职责的过程中，发现相关员工有任何违规行为（包括但不限于受贿以及与任何第三方串通损害公司利益等），项目经理和/或投后管理专员应第一时间向投资决策委员会进行书面汇报，并抄送风控部门。

4. 投后管理过程中生成的已投项目分析报告、董事会和股东会决议等文件需及时提交给投后管理专员并根据公司的档案管理办法进行归档，以备查。同时，投后管理专员应第一时间对《项目投后管理移交记录》进行更新。

5. 项目投后管理所有移交资料和更新资料需同时留存书面档原件一份（按档案管理办法进行归档），电子扫描件两份（项目经理和投后管理专员各保留一份）。

第三章 项目跟踪和治理

第九条 项目跟踪和治理通常包含日常管理和重大事项管理：日常管理主

要包括与被投企业保持联系，了解企业经营管理情况，定期编写投后管理报告等管理文件；重大事项管理包括对被投企业股东会、董事会、监事会议案进行审议、表决等有关事项。

第十条 财务信息收集

项目经理应定期收集汇总项目月度、季度、半年度和年度财务报告，月度报告应在每个自然月结束后的5天内完成收集，季度报告应在季度结束后的15天内完成收集，半年度报告应在半年度结束后的30天内完成收集，年度报告应在年度结束后的45天内完成收集，报告以纸质版或电子扫描版（均需加盖被投企业公章）进行汇总。

在收集相应的月度、季度、半年度、年度财务报告后，项目经理应在第一时间召集项目财务会议，由公司财务部门对项目财务报告进行详细分析。项目经理应根据前述分析更新《项目运行情况跟踪表》和《项目竞争分析及建议》，并提出改进建议；同时应确认已投资金按投资协议约定的投资计划使用，以有效预防被投企业的经营和债务风险。

如发现已投项目的财务状况发生重大变化，项目经理应邀请分管合伙人共同参加项目财务会议，分管合伙人应听取详细汇报，并与公司财务部门共同商讨对策，由项目经理进行实施。

第十一条 定期走访

项目经理应至少每季度实地走访项目一次，并向分管合伙人书面汇报项目生产经营计划执行情况以及与被投企业负责人进行访谈的会议纪要。

项目经理应拜访被投企业研发、生产、销售、财务等负责人，直接掌握获取最新的第一手项目生产经营以及市场等信息；对于中早期项目应当积极参加被投企业的重要工作会议、产品推介或订货会等。

项目经理应与被投企业各部门负责人保持常态化交流，及时了解企业经营动态，落实基金增值服务。

分管合伙人至少每季度与已投企业实际控制人进行业务交流一次，形式可以是电话、面谈等。

第十二条 突发事项或重大违约处理

如被投企业生产经营发生重大突发事项或投资协议的履行发生重大违约，

项目经理应立即向分管合伙人进行书面报告，提出妥善处理对策，经审核同意后执行。如有必要，分管合伙人应上报投资决策委员会进行决策。

如发生以下情况，视为重大突发事项和重大违约：

1. 被投企业不能有效履行投资协议或已投资金未按投资协议约定使用的；

2. 项目单项投资亏损超过500万元（含500万元）或虽不足500万元但投资亏损额达到账面投资额20%以上的；被投企业未能按照投资协议完成预定利润目标并触发业绩补偿条款的；

3. 被投企业对投资额、资金来源及构成进行重大调整，导致被投企业负债过高，超出企业经济承受能力的，或导致银行到期贷款不能及时偿还的；

4. 被投企业的参、控股股权比例发生重大变化，导致控制权转移并对基金投资造成重大影响的；

5. 被投企业严重违约，导致损害基金利益的；

6. 其他被公司视为严重违约的情形。

项目经理应对突发事项和重大违约进行个案核查和全面研究，进行全面分析，总结经验教训并形成书面报告存档。

第十三条 项目竞争分析

投后管理专员应每半年一次对投资项目进行国家政策变化、行业趋势变化、市场竞争格局变化等方面的系统性研究并形成书面报告。报告中应重点分析政策、市场、技术变化和竞争对手变化对被投企业产生的不利影响，项目经理应与分管合伙人共同探讨解决方案后反馈给被投企业。

第十四条 项目总体运行状况评估

项目经理应于项目投资完成后满6个月对项目进行总体运行评估，对项目运行实际结果与年度经营计划进行对比分析，找出偏离原因并出具书面评估报告；此后每半年一次，出具书面的评估报告，并提出调整公司投资战略的建议方案上报分管合伙人。

如项目实际运行状况与年度经营计划之间存在严重偏离，或项目运行出现重大变化，项目经理应立即上报公司投资决策委员会进行风险预警，必要时，应根据投委会议事规则召开临时项目决策会议进行紧急处理。项目总体运行评估基本指标应包括但不限于：

1. 对过去6个月内的项目决策、实施和运营情况进行全面回顾；

2. 对项目的财务状况和经济效益（包括业绩承诺）、技术和能力、项目管理等方面进行分析和评价；

3. 对项目存在的问题和风险提出改进意见和责任追究建议。

第十五条　公司向被投企业委派董事、监事，并代表公司出席被投企业的董事会、股东会或监事会，听取并审查企业经营报告和财务报告，并根据投资款相对应的持股比例或投资协议的约定行使被投企业的决策管理权，具体由项目经理负责安排，被投企业应至少提前三日书面通知会议时间、地点并提交相关会议资料。

项目经理应召集由分管合伙人、投后管理专员以及其他人员参加的公司内部会议，对会议资料进行讨论，所有涉及行使表决权的议案，均需经过分管合伙人审查决定；重大事项均需提交投资决策委员会并根据投委会议事规则进行最终投票决策。

第十六条　如被委派至被投企业的董事无法参加被投企业的相关会议，可委托项目经理参加，并代表本公司立场表达意见、提出建议并按照公司内部决策会议精神行使投票权。

所有参加被投企业会议的人员应及时将相关会议情况向分管合伙人进行书面报告，所有会议资料应提交投后管理专员根据公司相关的档案管理办法进行归档。

第四章　增值服务

第十七条　本办法所称增值服务，是指通过各种方式，为被投企业提供现金、收入、成本、组织架构、人力资源、经营战略和资本运作等方面的专业咨询和建议。

第十八条　项目经理应及时了解被投企业对增值服务的需求，并及时提交给公司。需合伙人层面出面与被投企业高管沟通提供增值服务的，项目经理应做好各种对接和准备工作。

第十九条　项目经理应当积极参与为被投企业提供增值服务；每年须针对已投资项目的具体情况向企业提出有针对性的管理建议，作为对所负责投资企业提供增值服务的重要内容。本条也应列入项目经理的季度和年度考核指标。

第二十条 建立双方高层相互沟通的长效机制，以被投企业核心高管定期来公司与合伙人会谈或不定期电话沟通等形式进行。

第五章 退出管理

第二十一条 公司应当尽力为被投企业提供资本运作方面的支持，对于被投企业的IPO计划或者并购计划予以全面配合，以创造最佳的退出机会。

第二十二条 被投企业成功实现IPO后，项目经理应当根据相关证券交易所的交易规则（包括交易限制、减持公告等）以及公司作出的相关减持承诺，适时根据《投资决策委员会议事规则》的相关规定向公司投资决策委员会提出退出建议，公司投资决策委员会应综合考虑基金存续期限、市场和行业状况、投资收益等因素作出退出决策，项目经理应当根据决策确定的策略、方式等实施退出。

第二十三条 如被投企业出现并购机会，项目经理应当及时与被投企业沟通，尽可能了解详细情况，及时向公司投资决策委员会报告并购进展，提出应对策略，公司投资决策委员会应当及时作出相关决策和授权，如确认该并购机会能够让公司实现顺利退出，则应推动签署并购协议。

第二十四条 若被投企业触发对赌条件，项目经理应当及时与被投企业沟通，并及时向公司投资决策委员会报告，提出应对策略，公司投资决策委员会应当根据对赌条款的约定、被投企业及对赌义务人的实际状况等及时作出相关决策和授权，项目经理应当根据决策要求实施必要的步骤（包括与对赌义务人洽谈、提起诉讼或仲裁），以尽早实现退出。

第六章 档案管理

第二十五条 投后管理所形成的所有文档均应提交投后管理专员进行归档，投后管理专员对每一个项目建立独立档案并根据公司相关档案管理制度的规定进行妥善保管，便于公司或部门随时查阅、跟踪管理、评估和事后追溯。

第七章 分级管理

第二十六条 为节省人力，从而实现有限资源的最优化配置，根据投资额将项目分为重点关注对象和一般关注对象。特殊情况下，项目发生严重突发状况或重大违约事件，可召开临时项目会议讨论将项目暂时列入重点关注对象，重点关注对象的投后管理采取个案个议的模式讨论确定；一般关注对象适用本办法第二、三、四章规定。

第八章　投后管理报告

第二十七条　投后管理专员每半年度编制投后管理报告呈送合伙人会议或投资人，报告内容应包括项目投资总体情况（包括但不限于项目的日常运营、人事财务、重大业务合同以及待解决问题等）、项目退出总体情况（包括但不限于退出项目、退出时间、退出方式以及实现投资收益等）等内容。

第九章　考核与奖惩

第二十八条　投后管理专员每季度以书面报告形式对项目经理和合伙人对投资项目的定期拜访、决策性管理和增值服务进行汇总整理，作为对相关员工进行季度和年终考核的内容。

第二十九条　公司将贯彻执行本办法的情况作为对相关员工季度和年度绩效考核的重要内容之一，对于认真贯彻执行本办法的员工，公司将视员工的具体表现并结合实际工作成果给予相应奖励，包括但不限于发放特别奖金、升职加薪等。凡违反本管理办法，公司将视严重程度和造成损失情况，给予相关员工相应的处罚，包括但不限于通报批评、扣发一定比例的奖金、降职降级，直至开除。

第十章　附　　则

第三十条　本办法由公司董事会负责解释。

第三十一条　本办法自公司董事会审批通过之日起实施。

法定代表人签名（盖章）：

××有限公司（公章）

年　　月　　日

附：投后管理办法示意图

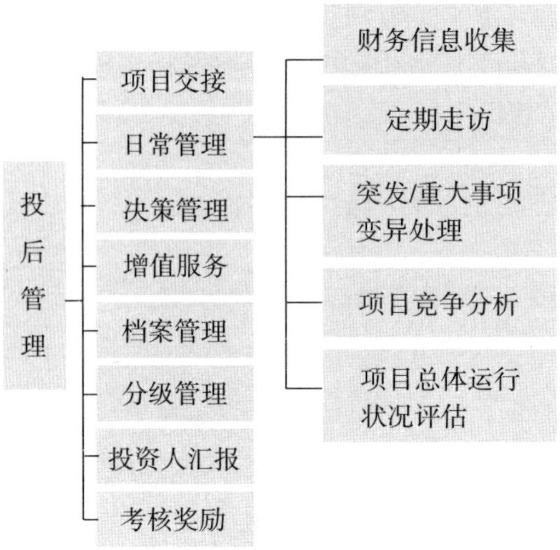

第四节　执行要点

如前所述，为被投企业提供增值服务，是私募基金管理人投后管理工作不可或缺的一项重要内容。中国的私募基金在向被投企业注资后，更多的是被动地获取被投企业的各种经营信息，而真正有能力为被投企业提供增值服务，从而为其经营发展添砖加瓦，以期实现共赢的私募基金少之又少。本节我们拟分析美国老牌私募投资机构 KKR 集团（Kohlberg Kravis Roberts & Co. L. P.，KKR）[①] 在其投后管理中为被投企业提供的增值服务，希望能够对广大私募基金管理人有所借鉴：

一、进行管理层股权激励

与许多私募投资机构喜欢从被投企业外部引进人才有所不同，KKR 更倾向

---

① KKR 集团（Kohlberg Kravis Roberts & Co. L. P.，KKR），是老牌的杠杆收购天王，金融史上最成功的产业投资机构之一，全球历史最悠久也是经验最为丰富的私募股权投资机构之一。2019 年 11 月 16 日，胡润研究院发布《2019 胡润全球独角兽活跃投资机构百强榜》，KKR 排名第 29 位。参见《胡润研究院发布〈2019 胡润全球独角兽活跃投资机构百强榜〉》，载上海胡润百富投资管理咨询有限公司网，https：//www. hurun. net/zh－CN/Info/Detail？num＝10DA8DFF7C3C，2021 年 10 月 9 日访问。

于在被投企业内部对管理层进行股权激励，我们认为，这么做的优点在于：一方面，被投企业的原有管理层比外部人才更了解被投企业，能够更好地经营被投企业；另一方面，通过股权激励，使管理层成为被投企业的“主人”，能够有效解决管理层“身在其位，不谋其政”“事不关己，高高挂起”的问题。

二、调整企业组织架构和授权机制

在Duracell投资案中，KKR则将自己丰富的企业内部控制经验应用得淋漓尽致，KKR为其招聘人员，设立职能部门，并将管理下级经理报酬等权利交由公司管理层，给予管理层充分的授权。[①]

三、进行资产重组和募资活动

在Safeway投资案中，由于企业此前盲目扩张，导致濒临破产，因此，KKR邀请第三方咨询公司帮助Safeway处理了大量不具有发展潜力的资产，并通过一系列增发等融资活动有效改善了Safeway的财务结构。在KKR对Duracell投资后三年内，其安排Duracell发行3450万股普通股，之后增发1200万股，公司得以偿还3.47亿美元债务并进一步进行投资。

功夫不负有心人，KKR为被投企业提供的一系列投后增值服务让其最终获得了丰厚的回报。到1997年年末，KKR对Safeway1.3亿美元的原始股权投资所积累的投资收益为49.7亿美元，以复利计算的年回报率高达42.7%。而KKR于1996年将Duracell以换股的形式出售给吉列公司，3.5亿美元的原始股权投资所积累的投资收益为42.2亿美元，以复利计算的年回报率高达39%。[②]

当然，在提供增值服务的过程中，也应尽量避免法律风险。比如，建议委托专业律师起草针对被投企业管理层的股权激励计划；在对被投企业进行组织架构调整、资产重组和再融资的过程中，也应有律师全程参与，制订和/或修改

① ［美］乔治·P. 贝克尔、乔治·大卫·斯密：《新金融资本家：KKR与公司的价值创造》，张爱玲、孙经纬译，上海财经大学出版社2017年版，第三章。

② ［美］乔治·P. 贝克尔、乔治·大卫·斯密：《新金融资本家：KKR与公司的价值创造》，张爱玲、孙经纬译，上海财经大学出版社2017年版，第三章。

相关的制度和法律文本，并参与相关谈判。

四、帮助被投企业强强联合、打造被投企业生态圈

除了上述投后管理案之外，中国本土私募基金公司也在不断开拓新的投后管理模式。例如，A公司在投资了甲企业和乙企业后，以投资人的身份牵头两家企业在业务上深度融合，创造性地帮助两家企业在业务拓展上实现强强联合，携手共建“出行AI大脑”，创新智能出行新形态。

随着“5G+AI”的深入融合与广泛应用，由人工智能推动的第三次企业转型浪潮席卷各行各业。A公司抓住这个切入点，通过投资人身份促成了被投企业在业务上的合作。具体而言，乙企业将利用自身自然语言处理、大数据等AI技术落地能力及多行业赋能经验，为甲企业提供相关的呼叫中心服务，落地更多AI业务流程场景，在甲企业原有的智能化体系的基础上打造“中控大脑”，升级整合AI服务全流程，最终实现为乘客、司机、平台工作人员提供自动化、智能化、高效运行的服务支持。①

这是本土私募基金公司在投后管理方面为行业贡献的中国智慧，即利用投资人身份优势，深度把握被投企业业务特点和发展方向，促成被投企业业务的深度融合，实现投资人、被投企业乙企业、甲企业的三方共赢。

综上，为被投企业提供增值服务是私募基金管理人投后管理的一项极为重要的职能，我们耳熟能详的国际著名企业都是通过私募股权投资基金的支持和培育而迅速成长起来的，从而也给为其提供增值服务的私募机构带来了巨大的投资收益。因此，强烈建议本土的私募基金管理人高度重视投后管理工作，尤其是充分发挥自身的优势，必要时借助第三方机构，为被投企业提供高质量的增值服务。从另一个角度而言，对于那些非常稀缺的投资标的，在其选择私募投资机构的过程中，也会将是否能够提供优秀的投后增值服务作为一项重要指标纳入考量，只“有资金”还不行，还得“有能耐”。试问：强强联手，岂有不赢的道理？

---

① 《乙企业携手甲企业 共建出行AI大脑丨A公司+》，载A公司搜狐客户端，https：//www.sohu.com/a/362310799_763568，2021年10月9日访问。

第十章 机构内部交易记录和档案管理制度

基金业协会要求所有类型的私募基金管理人均须具备机构内部交易记录制度。那么，究竟什么是内部交易？又为什么要对其进行记录？现行法下关于内部交易并无统一定义，而是散见于原银监会、原保监会和证监会发布的相关部门规章。例如，根据原保监会《保险集团并表监管指引》第二十四条的规定，内部交易是指保险集团成员公司之间发生的包括资产、资金、服务等资源、劳务或义务转移的行为。根据原银监会《商业银行并表管理与监管指引》第六十四条第二款的规定，内部交易是指商业银行与其附属机构以及附属机构之间表内授信及表外类授信（贷款、同业、贴现、担保等）、交叉持股、金融市场交易和衍生交易、理财安排、资产转让、管理和服务安排（包括信息系统、后台清算、银行集团内部外包等）、再保险安排、服务收费以及代理交易等。而相关金融监管部门联合财政部共同发布的《金融资产管理公司监管办法》第六十七条则规定，集团内部交易是指集团母公司与附属法人机构以及附属法人机构之间发生的包括资产、资金、服务等资源或义务转移的行为。对这些规定加以进一步提炼，可以大致得出内部交易的定义，即内部交易是指母企业与其控制的附属企业之间，以及附属企业之间发生的，包括资产、资金、服务等资源、劳务或义务转移的行为。通过对前述法规中与内部交易相关规定的解读可知，之所以要求私募基金管理人进行内部交易记录，是为了防范母子企业之间、子企业之间的投融资以及担保等行为引起风险（如利益输送、内幕交易等），继而将该等风险传导至整个机构内部，最终损害内部交易各方、股东或客户的利益。

诚然，前述规定针对的分别是保险集团、商业银行和资产管理公司这些金融机构，并非适用于私募基金管理人，但我们认为，私募基金管理人作为一类准金融机构，在其日常业务经营中也不可避免地会发生内部交易，而制订完善的内部交易记录制度并加以有效贯彻实施，对于防范利益输送和内幕交易，从而在根本上维护广大私募基金投资者的合法权益，是相当关键的。因此，前述规定在一定程度上可以作为私募基金管理人内部交易记录制度的制订依据。我们认为，私募基金管理人不仅应当对内部交易进行规范和记录，也应当对其在私募基金的募集、投资、管理和退出全过程中的其他重要文件进行适当保存，这也是相关法律法规对私募基金管理人的要求。鉴于内部交易和日常运营均涉及资料保存，从便于管理的角度出发，建议私募基金管理人制订内部交易记录和档案管理制度，对私募基金运作过程中的所有重要文件进行规范管理。值得一提的是，近年来，有不少基金管理人因未能妥善保存私募基金业务相关资料而受到了监管措施和/或基金业协会的纪律处分，如：某某国际投资管理（北京）有限公司因未妥善保存私募基金业务相关资料而于 2021 年 2 月被北京证监局要求责令改正①；福建某某投资管理有限公司则因未妥善保存私募基金相关文件而于 2021 年 2 月受到基金业协会的警示，并被暂停基金备案 3 个月。② 由此可见，建立完善的机构内部交易记录和档案管理制度，不仅仅是基金管理人日常经营的需要，也是为了满足日趋严格的监管要求。

第一节　制订依据

如前所述，我国并没有适用于私募基金的机构内部交易记录制度的具体规定，但可以参考《保险集团并表监管指引》《商业银行并表管理与监管指引》《金融资产管理公司监管办法》；而档案管理制度的主要制订依据包括《私募投资基金监督管理暂行办法》《基金募集机构投资者适当性管理实施指引（试行）》，以及《私募投资基金管理人内部控制指引》等。具体规定如下：

---

① 《关于对某某国际投资管理（北京）有限公司采取责令改正行政监管措施的决定》，载中国证券监督管理委员会官网，http：//www. csrc. gov. cn/pub/beijing/bjxyzl/bjxzjgcs/202102/t20210209_392630. htm，2021 年 10 月 13 日访问。

② 《纪律处分决定书》（中基协处分〔2021〕37 号），载中国证券投资基金业协会官网，https：//www. amac. org. cn//selfdisciplinemeasures/cyry/hyjg/202102/P020210219589559600697. pdf，2021 年 10 月 13 日访问。

(1)《保险集团并表监管指引》

第二十四条 本指引所称内部交易是指保险集团成员公司之间发生的包括资产、资金、服务等资源、劳务或义务转移的行为。

中国保监会主要关注下述内部交易类型，同时关注由内部交易产生的监管套利以及对保险集团稳健经营带来的负面影响。

(一)借贷、担保、发行应急资本、集团内投资、资产租赁；

(二)股利发放、成本分担机制；

(三)再保险、服务合同、集团内外包业务、集团内各板块间金融机构的交易以及其他类似交易。

第二十五条 保险集团公司应建立监测、报告、控制和处理内部交易的政策与程序，保险集团公司董事会应定期审查集团内部交易，并及时报告中国保监会。

第二十六条 保险集团内部交易应当确定合理的定价基础。

保险集团公司应当分析内部应收应付账款往来，识别其有无真实的业务交易背景，评估对资产负债、收益以及监管指标的影响。

保险集团公司应当了解保险集团内部不同机构向同一客户提供不同性质的金融服务，评价是否通过客户形成了间接形式的内部交易以及对集团稳健性的影响。

保险集团公司应当分析保险集团内部交易是否执行正常业务标准，是否通过交叉销售或信息共享等损害客户利益。

第二十七条 保险集团公司应按照相关规定在年报中及时、充分地披露内部交易情况，包括内部交易的内容、规模、范围以及对集团的影响等定量数据和定性描述。

保险集团公司合规部门应每年对集团内部交易情况进行评估并形成评估报告。评估报告应报董事会和监事会，董事会每年向股东会报告。

(2)《商业银行并表管理与监管指引》

第六十五条 商业银行应当指定牵头部门负责银行集团内部交易管理，建立识别、监测、报告、控制和处理内部交易的政策、权限与程序。

第六十六条 商业银行应当根据本银行集团的情况对银行集团重大内部交易进行界定，并建立包括额度执行、交易形式、交易条件、风险暴露以及风险影响等内容的内部审查程序，审议重大内部交易的合理性、是否存在不正当利益输送、是否存在侵害投资者或客户消费权益行为、是否构成规避监管规定或违规操作等。

第六十七条 银行集团内部交易应当按照商业原则进行。银行集团内部的授信和担保条件不得优于独立第三方。银行集团内部的资产转让、理财安排、同业往来、服务收费、代理交易等应当以市场价格为基础。

第六十八条 商业银行应当对银行集团内部授信、担保、资产转让、理财安排、同业往来和服务收费等内部交易的交易背景真实性、合理性、交易目的和交易路线进行识别和判断，评估其对相关附属机构及银行集团整体资产负债结构、资产质量、收益以及监管指标的影响。

第六十九条 商业银行应当关注银行集团内不同机构向同一客户提供不同性质的金融服务，识别和判断这类交易是否通过复杂产品结构设计、利益不当分层、风险定价转移、机构之间产品形态转换等形式构成了间接内部交易，形成不当利益输送，或导致风险延迟暴露、规避监管及监管套利，从而损害客户利益并对银行集团经营稳健性产生负面影响。

(3)《金融资产管理公司监管办法》

第三十四条 集团应当重点防范风险在集团母公司及各附属法人机构之间的传染。

（一）集团应当制定制度以规范集团内部交易，防范机构之间的投融资以及担保等行为引起风险在集团内部传染；

……

第六十八条 集团内部交易应当遵循诚信、公允、审慎、透明的原则，确保内部交易的必要性、合理性、合规性。

（一）必要性。内部交易应当符合集团及各附属法人机构的战略发展目标，有利于加强集团协同，提高集团的综合经营效益，防止通过内部交易掩盖风险。

（二）合理性。内部交易应当符合商业原则、行业和市场惯例，交易价格应当公允。

（三）合规性。内部交易应当遵守国家法律、法规以及相关行业的监管规定。

第六十九条　集团内部交易范围主要包括：

（一）以资产为基础的内部交易。包括：资产买卖与委托（代理）处置、资产重组（置换）、资产租赁等。

（二）以资金为基础的内部交易。包括：投资、授信、融资（借款、买卖公司债券、股东存款及提供担保等）、理财业务等。

（三）以中间服务为基础的内部交易。包括：提供评级、评估、审计、法律顾问、拍卖、咨询、业务代理、中介服务等。

第七十二条　集团母公司应当按照相关法律、法规及监管规定，制定集团内部交易管理制度，加强内部交易管理，规范内部交易行为。内部交易管理制度应当报送银监会。

第七十四条　集团母公司应当明确内部交易审议（审查）和决策机构及相应的管理职能，制定并严格履行科学、规范的内部交易审议（审查）和决策程序。

附属法人机构可根据业务开展情况，明确内部交易审议（审查）和决策机构及其对应的职责。

第七十五条　集团母公司应当健全和完善内部交易的定价机制，集团内部交易定价应当以市场交易价格为基础，无法获取市场交易价格的，可按照成本加成定价或协议价定价。集团内部交易按照协议价定价的，业务发生机构应当按照国家法律、法规要求，提供价格形成的有效依据。

第七十六条　集团母公司应当建立健全集团内部交易风险隔离机制，增强内部交易透明度，降低内部交易的复杂程度，防止通过内部交易不当转移利润和转嫁风险，减少利益冲突，避免风险过度集中，保护利益相关者的合法权益，维护公平竞争的市场环境。

第七十七条　集团母公司及各附属法人机构应当对内部交易的成本和收入进行分析，并按照会计准则和有关规定真实、及时地进行会计处理。

第七十八条第一款　集团母公司内部审计部门应当每年至少对集团内部交易情况进行一次审计。审计结果报董事会（或经营决策机构）和监事会，董事会（或经营决策机构）应当每年向股东大会（股东会）报告。

第七十九条　集团母公司在内部交易中不得利用其控股地位损害附属法人

机构、附属法人机构的其他股东和客户的合法权益。

第八十条 不得通过内部交易进行监管套利。

(4)《私募投资基金监督管理暂行办法》

第二十六条 私募基金管理人、私募基金托管人及私募基金销售机构应当妥善保存私募基金投资决策、交易和投资者适当性管理等方面的记录及其他相关资料，保存期限自基金清算终止之日起不得少于10年。

(5)《基金募集机构投资者适当性管理实施指引（试行)》

第十条 基金募集机构要加强对销售人员的日常管理，建立管理档案，对销售人员行为、诚信、奖惩等方面进行记录。

第十七条 基金募集机构要建立完善的档案管理制度，妥善保存投资者适当性管理业务资料。投资者适当性管理制度、投资者信息资料、告知警示投资者资料、录音录像资料、自查报告等至少保存20年。

第三十三条 基金募集机构要建立投资者评估数据库，为投资者建立信息档案，并对投资者风险等级进行动态管理。基金募集机构要充分使用已了解信息和已有评估结果，避免投资者信息重复采集，提高评估效率。

(6)《私募投资基金管理人内部控制指引》

第二十六条 私募基金管理人应当保存私募基金内部控制活动等方面的信息及相关资料，确保信息的完整、连续、准确和可追溯，保存期限自私募基金清算终止之日起不得少于10年。

(7)《基金管理公司开展投资、研究活动防控内幕交易指导意见》

第十四条第一款 基金管理公司应当建立完善投资、研究活动的记录和档案管理制度，对内幕信息的识别、报告、处理、检查、责任追究和合规审查、培训、考核等防控内幕交易制度的实施情况，以及投资决策依据完整留痕。相关资料应当妥善保存，保存期限不得少于20年。

(8)《基金管理公司投资管理人员管理指导意见》

第二十二条 公司应当建立完善投资、研究及交易的记录和档案管理制度，基金投资标的物备选库的建立及变更、主要投资决策等事项应当有充分的依据和完整的记录，并按照规定期限予以保存。

(9)《金融机构客户身份识别和客户身份资料及交易记录保存管理办法》

第二条　本办法适用于在中华人民共和国境内依法设立的下列金融机构：

……

（二）证券公司、期货公司、基金管理公司。

……

第二十七条　金融机构应当保存的客户身份资料包括记载客户身份信息、资料以及反映金融机构开展客户身份识别工作情况的各种记录和资料。

金融机构应当保存的交易记录包括关于每笔交易的数据信息、业务凭证、账簿以及有关规定要求的反映交易真实情况的合同、业务凭证、单据、业务函件和其他资料。

第二十八条　金融机构应采取必要管理措施和技术措施，防止客户身份资料和交易记录的缺失、损毁，防止泄漏客户身份信息和交易信息。

金融机构应采取切实可行的措施保存客户身份资料和交易记录，便于反洗钱调查和监督管理。

第二十九条第一款　金融机构应当按照下列期限保存客户身份资料和交易记录：

（一）客户身份资料，自业务关系结束当年或者一次性交易记账当年计起至少保存5年。

（二）交易记录，自交易记账当年计起至少保存5年。

……

(10)《公开募集证券投资基金销售机构监督管理办法》

第三十三条　基金销售机构应当建立健全档案管理制度，妥善保管投资人的开户资料和与基金销售业务有关的其他资料。投资人身份资料自业务关系结束当年计起至少保存20年，与基金销售业务有关的其他资料自业务发生当年计起至少保存20年。

第二节　制订要点

根据前述主要制订依据，机构内部交易记录和档案管理制度的制订要点应当包括：

1. 明确内部交易的定义、范围、审批程序、定价方式；

2. 明确档案的管理部门；

3. 明确档案的类型；

4. 确保档案的完整性、连续性、准确性和可追溯性；

5. 明确不同类型档案的保管期限；

6. 明确档案的秘密级别、借阅利用、统计鉴定、移交和销毁等事项。

下面我们就前述要点进行具体说明：

一、明确内部交易的定义、范围、审批程序、定价方式

如前所述，中国法下并无关于私募基金管理人的内部交易的定义和范围。因此我们仅能通过对适用于其他主体的内部交易的定义和范围进行归纳总结，从而得出针对私募基金管理人的相关内容，即内部交易是指母企业与其控制的附属企业之间，以及附属企业之间发生的，包括资产、资金、服务等资源、劳务或义务转移的行为。对于内部交易的审批程序和定价方式，从内部交易的定义不难发现，内部交易实质上是关联交易的一种，因此，建议基金管理人可参考上市公司与关联交易相关的审批程序和定价方式，对内部交易进行管理（亦可参考我们在下一节提供的参考模板）。

二、明确档案的管理部门

在私募基金管理人的日常经营活动中，其各个业务部门均会涉及与各自职责相关的资料和文件等档案，那么究竟是由各个业务部门自行保存并管理这些档案，还是统一由行政部门进行保管呢？我们建议采取由行政部门统一保管的模式。之所以要集中管理，是为了：

1. 提高工作效率。如档案由各个部门自行保管，则各部门均需安排人员对档案进行日常管理。而如由行政部门集中管理档案，则只需安排1～2名行政人员即可，如此便能降低重复劳动，提高工作效率。

2. 利于风控核查。档案管理是私募基金管理人风险控制的一项重要工作内容，因此，风控部门应定期对档案管理工作进行核查。如档案分散在各业务部

门，例如，某个投资项目的募集文件由基金部保管，而尽调报告和投资文件均由投资部保管，那么风控部进行核查时就需这两个部门同时提供相关档案，非常不便，而如由行政部统一保管档案，则风控部只需与行政部进行沟通即可。

3. 保证档案安全。在实践中，各业务部门分别保管各自的业务档案，往往会出现档案遗失或残缺问题，而且业务人员一般未经档案管理专业培训，其保管的档案也会杂乱无章。而如由行政部统一保管档案，则既可以在档案形成时及时纠正某些错误（如签字或盖章不完整、缺页等），也能保证档案的条理性，方便调阅。

三、明确档案的类型

档案有许多种分类方式，如根据是否涉及外部机构，可以分为内部档案和外部档案；再如，根据是否涉密及秘密等级，可以分为秘密档案、内部档案和公开档案。而对于私募基金管理人而言，我们建议根据私募基金的整个生命周期，即私募基金的募集、投资、管理和退出四个阶段，来对其档案进行分类。据此，私募基金管理人的档案可分为：涉及投资者适当性管理、投资决策、投资标的（搜索、初审、立项、尽职调查）、交易记录、投后管理（包括管理和退出）和内部控制活动等的记录和文件资料。同时，根据档案是否涉密，在涉密档案上加盖“秘密”图章。

四、确保档案的完整性、连续性、准确性和可追溯性

既然要对档案进行管理，那么就必须制订相关管理目标。我们认为，进行档案管理的目标就是确保档案的完整性、连续性、准确性和可追溯性，以此来满足私募基金管理人的合规要求。所谓完整性，是指与基金管理人设立、运作相关的文件和资料以及与所管理的私募基金的募集、投资、管理和退出相关的文件和资料应完整保存，无任何遗漏；连续性，主要是针对项目而言，即某一投资项目的档案应包含项目初审、尽职调查、投资决策、文件签署、正式交割、投后管理和投资退出等方面的相关文件和资料，不应缺少任何一个环节；准确性，是指档案的内容应准确反映相关经营活动，不应存在任何误差；可追溯性，是指能够通过查阅档案来还原基金管理人设立、运作以及所管理的私募基金的募

集、投资、管理和退出的历史。

五、明确不同类型档案的保管期限

根据对私募基金管理人经营活动重要性的不同，档案的保管期限也应有所区别。通常情况下，档案的保管期限应分为永久、长期和短期。需永久保管的档案，其在私募基金管理人的整个存续期间均不得销毁；而需长期或短期保管的档案，具体的保管期限应由私募基金管理人根据实际情况进行规定。

六、明确档案的秘密级别、借阅利用、统计鉴定、移交和销毁等事项

除了前述内容外，私募基金管理人还应在本制度中确定不同档案的秘密级别、借阅和利用档案的具体流程、对档案进行统计和鉴定的方法和流程，以及档案移交和销毁的相关流程。而在这些具体的流程中，应明确各相关部门的具体职责和权限，以确保档案管理工作的顺利开展。

第三节　参考模板

以下是我们为某基金管理人制定的机构内部交易记录和档案管理制度简略版，基本涵盖了前述制订要点，建议基金管理人可根据各自的具体情况在此版本上进行调整：

《××有限公司机构内部交易记录和档案管理制度》

第一章　总　　则

第一条　为进一步加强××有限公司（以下简称公司）的内部交易和投资业务档案以及其他档案的管理工作，更好地维护公司以及公司管理的私募基金的投资者的合法权益，特制定本内部交易记录和档案管理制度（以下简称本制度）。

第二章　内部交易管理

第二条　本制度所称内部交易是指，公司与公司的子企业之间，以及公司

的子企业之间发生的，包括资产、资金、服务等资源、劳务或义务转移的行为。

第三条　进行内部交易管理的目的在于防止利用内部交易进行利益输送或内幕交易，因而损害基金投资者的利益。

第四条　内部交易的范围包括：

1. 以资产为基础的内部交易，包括：资产买卖与委托（代理）处置、资产重组（置换）、资产租赁等。

2. 以资金为基础的内部交易，包括：投资、授信、融资（借款、买卖公司债券、股东存款及提供担保等）等。

3. 以中间服务为基础的内部交易，包括：提供咨询、业务代理、中介服务等。

4. 公司认定的其他内部交易。

第五条　内部交易的审批程序

1. 投资部门的初步认定

投资部门在投资项目尽职调查报告中除进行项目可行性分析、项目风险审查和内部风险控制机制评估外，还应初步认定所办理的业务是否涉及内部交易。如果认定为内部交易，由经手该项目的投资人员向风控部门进行书面汇报，经风控部门初审后提交投资决策委员会进行审批。

2. 投资决策委员会的最终审批

投资决策委员会认为相关项目可能涉及内部交易的，有权要求投资部门提交该项业务的相关资料，对其是否涉及内部交易进行认定。如涉及内部交易，由投资决策委员会进行审批。

3. 每笔内部交易除进行内部交易审查之外，仍须履行投资决策审查和风险控制审查程序。涉及投资的内部交易还应当由投资部门进行项目可行性研究和论证，并经投资决策委员会审查批准。投资决策委员会及风控部门应当根据各自的职责对每笔内部交易进行项目可行性审查及风险控制措施审查。

第六条　内部交易的办理程序

1. 签订交易文件

经批准的内部交易，须签订内部交易文件。

2. 资金划拨和账务处理

财务部门根据交易文件进行资金划拨和账务处理。

3. 按规定进行信息披露。

4. 按规定进行内部交易的事后管理。

第七条 内部交易的事后跟踪检查和审慎管理

办理内部交易的具体业务部门对已经发生的内部交易应当严格进行事后跟踪检查和审慎管理，切实落实风险防范措施，加强内部交易项目管理，防范、化解风险，保护各方合法权益。

第八条 内部交易的定价原则及定价依据

内部交易应当依公平市场价格确定交易价格。

1. 公平市场价格是指：

（1）存在公开市场价格，该价格视为公平市场价格；

（2）不存在公开市场价格，以资产评估机构的评估为参考确定的价格；

（3）不存在公开市场价格，经过多方询价后，建立在多方询价基础上的价格；

（4）不存在公开市场价格，交易标的也不适宜进行评估，同时进行多方询价存在困难的，可以参考同类交易的市场价格。

上述公开市场价格，包括最近时期的证券、期货市场交易价格、公开拍卖的拍卖价格及招投标的中标价格等，但明知或应当知道上述价格存在人为操纵情况的，不得作为公平市场价格。

2. 在以资产评估机构评估价格或同类交易的市场价格为参考确定公平市场价格时，除法律法规另有规定外，交易价格原则上应符合以下规定：卖出财产，最终交易价格不低于财产评估价格或同类市场价格的90%；买入财产或相当于买入财产，最终交易价格不高于评估价格或同类交易的市场价格的110%。

3. 内部交易涉及国有资产的，应符合国家国有资产管理的相关规定。

第三章 公司档案管理体制

第九条 公司档案指公司在各项经营活动中形成的全部文件和资料（含内部交易相关文件）的总称。

第十条 公司档案工作要坚持分部门、分业务落实，集中统一的管理原则。

第十一条　公司档案归属综合部管理。配备兼职档案管理人员，负责协调、组织、管理公司档案工作。

第四章　档案管理人员职责

第十二条　工作严谨精细，维护档案完整和安全。

第十三条　严格贯彻本制度，做好公司各类档案的收集、整理、鉴定、保管、统计和利用工作。

第十四条　负责指导公司各部门文件材料的形成、积累、整理和归档工作，积极配合各部门工作的正常开展。

第十五条　严格遵守保密纪律，确保档案机密的安全。

第五章　公司档案范围

第十六条　行政人事类档案：

公司设立、变更、审批、登记等产生的文件材料；规章制度；重要的会议材料；合同；员工信息材料、劳资材料、教育培训资料；固定资产使用及维修方面的文件；反映公司活动的音像类文件。

第十七条　投资业务类档案：

投资业务的档案管理要覆盖全部投资项目及部分重点调研后未投资项目。投资项目档案具体应包括但不限于：项目搜索阶段外来资料；项目初审阶段的企业最近财务报表、商业计划书、合作意向书/投资备忘录、公司初审意见；项目立项阶段的立项建议书/报告；尽职调查阶段的尽职调查报告；投资设计方案及投资建议书、核心交易要素表；风险评审阶段的风险评审报告；投资决策委员会会议纪要、决议；执行投资阶段的投资协议书及《投资款申请表》；投资退出阶段的《投资退出方案》及意见书。

第十八条　财务类档案：凭证、账簿、财务报告、预算、审计报告等文件。

第十九条　内部交易档案：与内部交易相关的所有过程性文件（包括但不限于认定和审批记录等）以及交易文件。

第六章　档案管理细则

第二十条　档案材料的收集及归档时间

各项管理工作中形成的文件材料，由各部门人员按其业务范围，指定有关人员负责积累、整理后及时交由档案管理人员归档。行政人事类档案由综合部负责，机密性较强的劳资、产权变动、重大会议文件随时归档，一般管理类文件，在第二年的上半年，将上一年形成的文件整理后归档。投资业务类档案由投资部及风险控制部共同负责，按照项目统一编号，依工作阶段整理完成后，交由综合部存档。财务类档案由财务部按照财务会计制度整理保存，由会计人员保管3年后移交至综合部存档。内部交易档案由办理内部交易的部门保管，并制作复印件报投资决策委员会备案。

第二十一条 文件归档材料要求

1. 归档的文件材料必须清晰、完整，层次分明，做好分类管理、易查易取，符合其形成规律。

2. 归档的文件材料必须准确反映公司经营管理等各项活动的真实内容和历史过程。

3. 归档的文件材料必须齐全完备，如有照片、录音、录像等，必须同其具体的文字说明材料一起归档。

4. 归档文件材料的文字材料载体必须易于耐久保存，同时保证字迹、图像清晰，禁止使用铅笔、圆珠笔、墨水、复写纸等。

5. 归档的文件材料必须是原件（定稿），重要文件同时保存历次修改稿，主要或使用频率高的文件材料根据需要可复制若干份归档。

6. 电子文件归档时应制作相应的纸质版，同时存档。

第二十二条 档案保管期限

档案保管期限分永久、长期、短期三种。适用于永久保管的档案指反映公司主要经营活动和基本历史，并对公司有长远利用价值的文件材料；适用于长期保管的档案指反映公司一般活动，并在较长时间内对公司的各项工作有参考利用价值的文件材料；适用于短期保管的档案指在较短时间内对公司有参考价值的文件材料。

第二十三条 档案的修整装订，组件组卷

1. 修整以不改变文件内容为前提。内容包括修裱、复制、去除金属物、对过大的文件进行折叠等。

2. 装订前首先对文件进行排序，顺序如下：正本在前，定稿在后；正文在前，附件在后；原件在前，复制件在后；转发文在前，被转发文在后；复文在前，来文在后；中文在前，外文本在后。

3. 单份、单册的文件采用单件归档方式；成套文件，即一套文件含多份文件，采用组卷方式归档。

4. 组件办法。各种报表、名册、图册、书刊等一册（本）为一件，会议文件每份为一件，会议纪要原则上一次会议纪要可一本为一件，重要文件（如重要规章制度、重要合同）须保留历次修改稿的，其正本为一件，历次稿（包括定稿）为一件。

5. 组卷办法。将反映同一问题或同一件事物的相关文件组成案卷，通常采用一事一卷、一事数卷、同事一卷。组卷必须依照公司各种文件不同的形成规律，保证一卷中的文件价值与密级相同。

第二十四条　档案的分类

1. 档案的分类编号要遵循文件材料的形成规律，便于档案的查找与利用。

2. 分类原则：依据档案内容和档案载体形态特点进行分类，便于科学管理和开发。

3. 类别设置：公司档案设大类和属类，全部档案分为四大类：（1）行政人事类（XZ）；（2）投资业务类（TZ）；（3）财务类（CW）；（4）内部交易类（NJ）。

第二十五条　档案密级分类

档案按保密程度分为秘密档案、内部档案、公开档案三个级别。

1. 秘密档案（SE）：指与公司存续、经营、人事有较大利益关系，一经泄露将导致公司的安全与利益遭受损害的档案；

2. 内部档案（IN）：指未向社会公众公开，仅限于内部有关人员使用的档案；

3. 公开档案（PU）：指可向社会公众公开，并为社会公众所利用的档案。

第二十六条　档案装盒

档案应严格按照件号的先后顺序装入档案盒，装盒要求如下：①不同形成年度的档案不应放入同一档案盒；②不同保管期限的档案不应放入同一档案盒；

③不同项目组的档案不应入同一档案盒。

第二十七条 档案的保管

1. 接收档案必须认真验收，并办理交接手续。

2. 存放档案必须有专用柜，排架方法要科学和便于查找。

3. 档案管理员应定期进行库藏档案的清理核对工作，做到账物相符，对破损或载体变质的档案，应及时进行修补和复制，库藏档案因移交、作废、遗失等注销时，应查明原因，保存依据。

第二十八条 档案的借阅与利用

1. 秘密级档案除公司董事会批准外一般不能查阅，经公司董事会批准，借阅人可按批准内容分别进行查阅。

2. 档案借阅与归还程序：①借阅人员填写《档案借阅申请表》，报档案所属的部门负责人审批。②借阅人员持经批准的《档案借阅申请表》到档案管理员处借阅，并在《档案资料借阅登记表》登记、签字。③档案管理员同时将借阅情况输入电脑中，并将《档案借阅申请表》存入档案所在的卷盒中。④借阅人员归还所借档案时，档案管理员应进行清查，确认无误后在《档案资料借阅登记表》和电脑中注销，同时将《档案借阅申请表》从卷盒中抽出。⑤《档案借阅申请表》按月装订，保存一年后销毁。

3. 档案借阅需在档案室中查看，未经档案所属的部门负责人批准不允许带出档案室，借阅人员复制档案应事先在《档案借阅登记表》上注明，并呈档案所属的部门负责人审批，密级档案未经相应审批人员批准，一律不得私自拍照、复印。

第二十九条 档案统计与鉴定

1. 公司档案管理要建立健全统计工作，统计数据以原始记录为依据，做到准确、可靠。主要包括档案管理基本情况统计、档案数量统计、档案提供利用及其效果的统计等。

2. 每年12月对已保存了一段时间的档案进行鉴定，内容包括密级调整、保管期限的调整、档案是否完整、准确、系统、有无保存价值等。

3. 鉴定工作主要由公司董事会和档案管理员参加，档案管理员应在每次鉴定完毕后汇总公司董事会的鉴定意见并据此撰写鉴定报告后由公司法定代表人确认签署，并且应注明鉴定日期。鉴定中发现档案不准确、不完整，应及时责成有关部门和人员负责修改、补充。

第三十条　档案移交流程

1. 档案管理人员变动时，要办理档案移交手续。

2. 移交时，由原档案管理人员编制档案移交清册，列明档案名称、卷号、册数、起止年度和档案编号、应保管期限、已保管期限等内容。移交清册一式三份，移交人一份，接收人一份，以便双方核对、检查。另一份留存在档案盒或案卷内。

3. 交接双方就移交清册所列内容逐项清查无误后办理交接，并由综合部负责人进行监交。

4. 交接完毕，交接双方和监交人在档案移交清册上签名或盖章。

第三十一条　档案的销毁

1. 经鉴定应予销毁的档案，由档案管理员填写《档案资料销毁清单》，报董事会或总经理审批。

2.《档案资料销毁清单》经批准后，档案管理员应立即将批准销毁的档案予以销毁。销毁档案时，应指定两人监销，并在《档案资料销毁清单》上签字。《档案资料销毁清单》应长期保存备查。档案被销毁后，档案管理员在分类账上注明"已销毁"，并标明《档案资料销毁清单》编号和销毁时间，并同时在计算机系统中对该等文件进行删除。

第七章　附　　则

第三十二条　本制度如与国家日后颁布的法律、法规、规范性文件或经合法程序修改后的公司章程等相抵触时，应按国家有关法律、法规、规范性文件、公司章程的规定执行，并及时作出修订。

第三十三条　本制度自法定代表人签署后起生效实施。由董事会负责修订与解释。

法定代表人签名（盖章）：

××有限公司（公章）

年　　月　　日

附件：

1. 《档案归档目录》
2. 《档案卷内目录》
3. 《档案借阅申请表》
4. 《档案借阅登记表》
5. 《档案保管期限和秘密等级表》

1. **《档案归档目录》**

____________档案归档目录

档案编号	文件号	文件标题	责任人	页数	日期	备注

2. 《档案卷内目录》

______________档案卷内目录

归档日期		**编制部门**		**档案编号**	
卷内页数		保管期限		秘密等级	
案卷题名					
文件号	文件标题	责任人	日期	页数	备注

3.《档案借阅申请表》

档案借阅申请表

借阅人		**借阅日期**		**部门**	
借阅事由					
借阅方式	□借阅　□查阅　□复印				
借阅期限	年　月　日至　年　月　日（查阅项本栏不需填写）				
序号	档案编号	文件标题	页数	秘级	备注
部门负责人批准					
总经理批准					
档案员签署			归还注销档案员签署		

4.《档案借阅登记表》

档案借阅登记表

序号	借阅人	档案编号	文件标题	借阅日期	归还日期	批准人	备注

5.《档案保管期限和秘密等级表》

<table>
<tr><th colspan="8">档案保管期限和秘密等级表</th></tr>
<tr><td colspan="8">★档案的保管期限分为永久、长期和短期3种。永久（P）为50年以上，长期（L）为16~50年，短期（S）为15年以下。(一）永久：凡是反映公司主要经营活动和基本历史，并对本公司有长远利用价值的文件资料，列为永久保管。（二）长期：凡是反映公司一般活动，并在较长时间内对公司工作有参考利用价值的文件材料，列为长期保管。(三）短期：凡是在较短时间内公司有参考价值的文件材料，列为短期保管。(四）设备档案的保管期限也可以根据该设备的使用年限划定具体年度。（五）财务档案的保管期限有永久、定期两类，其中定期包括3年、5年、10年、15年、25年五类。★档案按保密程度分为秘密档案、内部档案、公开档案。(一）秘密档案（SE)：指与公司存续、经营、人事有较大利益关系，一经泄露将导致公司的安全与利益遭受损害的档案。（二）内部档案（IN)：指未向社会公众公开，仅限于内部有关人员使用的档案。(三）公开档案（PU)：指可向社会公众公开，并为社会公众所利用的档案。</td></tr>
<tr><td>大类代号</td><td>一级属类代码</td><td>二级属类代码</td><td>三级属类代码</td><td>档案名称</td><td>保管期限</td><td>秘密等级</td><td>备注</td></tr>
<tr><td rowspan="10">XZ</td><td colspan="4">行政人事类档案</td><td></td><td></td><td></td></tr>
<tr><td>1</td><td></td><td></td><td>公司设立、变更、审批、登记所产生的文件</td><td>P</td><td>SE</td><td></td></tr>
<tr><td>2</td><td></td><td></td><td>规章制度</td><td>P</td><td>IN</td><td></td></tr>
<tr><td>3</td><td></td><td></td><td>文书材料</td><td>L</td><td>SE</td><td></td></tr>
<tr><td>4</td><td></td><td></td><td>合同</td><td>P</td><td>SE</td><td></td></tr>
<tr><td>5</td><td></td><td></td><td>员工信息材料</td><td>L</td><td>SE</td><td></td></tr>
<tr><td>6</td><td></td><td></td><td>劳资文件</td><td>P</td><td>SE</td><td></td></tr>
<tr><td>7</td><td></td><td></td><td>教育培训资料</td><td>S</td><td>IN</td><td></td></tr>
<tr><td>8</td><td></td><td></td><td>固定资产使用说明及保修卡</td><td>S</td><td>PU</td><td></td></tr>
<tr><td>9</td><td></td><td></td><td>照片、音像等特殊介质</td><td>P</td><td>SE</td><td></td></tr>
<tr><td rowspan="4">TZ</td><td colspan="4">投资业务类档案</td><td></td><td></td><td></td></tr>
<tr><td></td><td></td><td></td><td>××项目</td><td></td><td></td><td></td></tr>
<tr><td></td><td></td><td></td><td>YY项目</td><td></td><td></td><td></td></tr>
<tr><td></td><td></td><td></td><td>内部文件</td><td></td><td></td><td></td></tr>
</table>

续表

				项目初审意见书	P	SE	
				合作意向书/投资备忘录	P	SE	
				立项审批表、立项建议书	P	SE	
				考评会议纪要、立项通知	P	SE	
				尽职调查报告	P	SE	
				投资设计方案、投资建议书、核心交易要素表	P	SE	
				风险评险报告	P	SE	
				投决委会议纪要	P	SE	
				投资协议书、投资款申请表	P	SE	
				投资退出方案、意见书	P	SE	
				外来文件			
				项目搜索阶段对方资料、财务报表、商业计划书	L	SE	
CW	财务档案						

附：机构内部交易记录和档案管理制度示意图

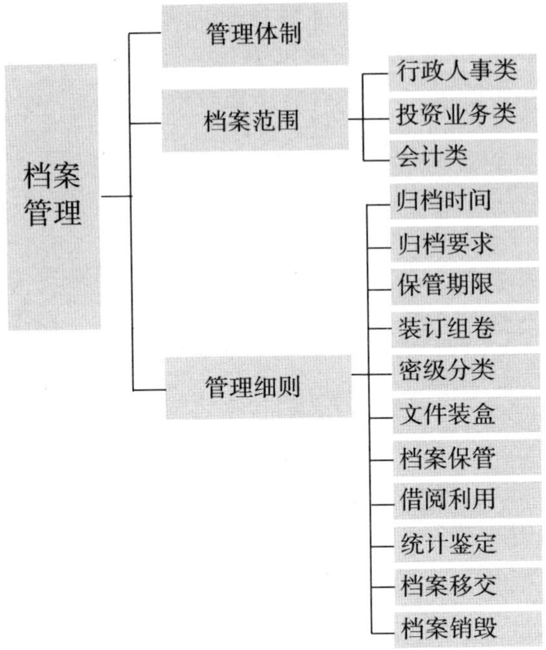

第四节 执行要点

我们认为，制订本制度的目的，不仅是满足监管要求，更主要的是使私募基金管理人能够对私募基金运营过程中的各项工作做到“有据可查”，以便从中发现问题和总结经验教训，同时也可在发现问题的过程中明确具体的责任方，并进行相应的处理。如上一节的参考模板所示，本制度主要包含两部分内容，一部分是内部交易管理，另一部分则是档案管理。因此建议广大私募基金管理人在具体执行制度的过程中，加强以下两方面的管理。

一、内部交易管理

既然是管理，那就必须遵循一定的流程，并在这些流程中加入相应的授权审批机制，明确各部门和人员的责任与分工。如前所述，内部交易管理流程包括交易审批、办理、事后监督检查和管理等。在交易审批环节，涉及投资部门的交易认定、投委会的最终审批，还可能涉及风控部门的监督审查（如系涉及投资业务的内部交易），在实际操作中，各部门应各司其职，不得越权审批，也不应遗漏任何必经环节。在交易办理环节，包括签署交易文件、进行账务处理和信息披露等。值得注意的是，有不少企业在进行关联交易时，并未进行规范操作，既没有书面记录，也没有财务进出账，而是通过关联企业相关人员口头沟通和个人账户进行相关操作，这么做的后果显然不堪设想，轻则导致账务混乱，无法厘清相关责任；重则为相关人员进行利益输送大开“方便之门”。当然，内部交易的事后监督检查和管理也不可忽视，风控部门尤其应在此环节发挥积极作用，让内部交易管理制度真正落到实处。

二、档案管理

本制度的另一大重点内容就是档案管理。众所周知，档案管理对各种类型的企业而言均是必不可少的。不过，对一般类型的企业来说，这只是一项内部管理措施，即使做得不够规范，甚至缺失，在通常情况下并不会招致行政处罚。但对于私募基金管理人而言，相关法律法规明确规定其应对日常经营活动中产生及获取的各类信息和资料予以存档，甚至还规定了最短保管期限。因此，私募基金管理人如不予以严格执行，势必会受到严厉的监管处罚。吉林证监局在对私募基金合规运营开展现场检查时，发现吉林省某某股权投资基金管理有限公司以及吉林省某某资产管理有限公司存在未对投资者的资产证明文件等适当性管理资料予以存档，旗下的私募基金产品决策未形成并保存书面记录等违法违规行为，因此于 2017 年 7 月对该两家公司分别出具了责令限期整改的决定书。①

① 《关于对吉林省某某股权投资基金有限公司采取责令改正措施的决定》（吉证监决〔2017〕9 号），载中国证券监督管理委员会官网，http：//www. csrc. gov. cn/pub/zjhpublicofjl/ghbgzj/201707/t20170714_ 320467. htm，2021 年 10 月 13 日访问；《关于对吉林省某某资产管理有限公司采取责令改正措施的决定》（吉证监决〔2017〕6 号），载中国证券监督管理委员会官网，http：//www. csrc. gov. cn/pub/jilin/jljgcs/201707/t20170712_ 320342. htm，2021 年 10 月 13 日访问。

下 篇

私募股权基金投资协议中的十项风控条款解析

第十一章　知情权条款

一、定义和适用对象

1. 定义

在中国法下，知情权是《中华人民共和国公司法》《中华人民共和国合伙企业法》等相关法律法规规定的，作为公司股东或合伙企业合伙人所享有的了解和掌握企业经营管理等重要信息的权利，是股东或合伙人依法行使资产收益、参与重大决策和选择管理者等权利的重要基础。那么，对于私募投资机构而言，知情权又能起到什么作用呢？由于在大多数情况下，私募投资机构是作为财务投资者投资于被投企业，因此其通常并不实际参与被投企业的经营管理，因而，其迫切需要通过行使知情权来了解被投企业的真实财务状况和经营情况，以便及时识别和规避相应的投资风险。因此，制定全面而细致的知情权条款对私募投资机构的作用举足轻重。

2. 适用对象

《中华人民共和国公司法》规定了有限责任公司和股份有限公司股东的知情权，而《中华人民共和国合伙企业法》也规定了普通合伙企业和有限合伙企业合伙人的知情权。因此我们认为，知情权条款应可适用于所有公司型和合伙型私募基金。

二、法律依据和裁判案例

1. 法律依据

(1)《中华人民共和国公司法》

第三十三条 股东有权查阅、复制公司章程、股东会会议记录、董事会会议决议、监事会会议决议和财务会计报告。

股东可以要求查阅公司会计账簿。股东要求查阅公司会计账簿的，应当向公司提出书面请求，说明目的。公司有合理根据认为股东查阅会计账簿有不正当目的，可能损害公司合法利益的，可以拒绝提供查阅，并应当自股东提出书面请求之日起十五日内书面答复股东并说明理由。公司拒绝提供查阅的，股东可以请求人民法院要求公司提供查阅。

第九十七条 股东有权查阅公司章程、股东名册、公司债券存根、股东大会会议记录、董事会会议决议、监事会会议决议、财务会计报告，对公司的经营提出建议或者质询。

(2)《中华人民共和国合伙企业法》

第二十八条 由一个或者数个合伙人执行合伙事务的，执行事务合伙人应当定期向其他合伙人报告事务执行情况以及合伙企业的经营和财务状况，其执行合伙事务所产生的收益归合伙企业，所产生的费用和亏损由合伙企业承担。

合伙人为了解合伙企业的经营状况和财务状况，有权查阅合伙企业会计账簿等财务资料。

第六十八条 有限合伙人不执行合伙事务，不得对外代表有限合伙企业。

有限合伙人的下列行为，不视为执行合伙事务：

……

（二）对企业的经营管理提出建议；

……

（四）获取经审计的有限合伙企业财务会计报告；

（五）对涉及自身利益的情况，查阅有限合伙企业财务会计账簿等财务资料；

……

(3)《最高人民法院关于适用〈中华人民共和国公司法〉若干问题的规定(四)》

第七条　股东依据公司法第三十三条、第九十七条或者公司章程的规定，起诉请求查阅或者复制公司特定文件材料的，人民法院应当依法予以受理。

公司有证据证明前款规定的原告在起诉时不具有公司股东资格的，人民法院应当驳回起诉，但原告有初步证据证明在持股期间其合法权益受到损害，请求依法查阅或者复制其持股期间的公司特定文件材料的除外。

第八条　有限责任公司有证据证明股东存在下列情形之一的，人民法院应当认定股东有公司法第三十三条第二款规定的“不正当目的”：

(一)股东自营或者为他人经营与公司主营业务有实质性竞争关系业务的，但公司章程另有规定或者全体股东另有约定的除外；

(二)股东为了向他人通报有关信息查阅公司会计账簿，可能损害公司合法利益的；

(三)股东在向公司提出查阅请求之日前的三年内，曾通过查阅公司会计账簿，向他人通报有关信息损害公司合法利益的；

(四)股东有不正当目的的其他情形。

第九条　公司章程、股东之间的协议等实质性剥夺股东依据公司法第三十三条、第九十七条规定查阅或者复制公司文件材料的权利，公司以此为由拒绝股东查阅或者复制的，人民法院不予支持。

第十条　人民法院审理股东请求查阅或者复制公司特定文件材料的案件，对原告诉讼请求予以支持的，应当在判决中明确查阅或者复制公司特定文件材料的时间、地点和特定文件材料的名录。

股东依据人民法院生效判决查阅公司文件材料的，在该股东在场的情况下，可以由会计师、律师等依法或者依据执业行为规范负有保密义务的中介机构执业人员辅助进行。

第十一条第一款　股东行使知情权后泄露公司商业秘密导致公司合法利益受到损害，公司请求该股东赔偿相关损失的，人民法院应当予以支持。

第十二条　公司董事、高级管理人员等未依法履行职责，导致公司未依法制作或者保存公司法第三十三条、第九十七条规定的公司文件材料，给股东造成损失，股东依法请求负有相应责任的公司董事、高级管理人员承担民事赔偿责任的，人民法院应当予以支持。

2. 裁判案例

如前所述，知情权条款对于作为被投企业的财务投资者，并且不实际参与被投企业生产经营活动的私募股权机构而言，是其了解被投企业经营发展状况的重要手段。但是，法律规定的知情权相对比较宽泛与原则，因此，在实践中，众多私募投资机构会要求修改被投企业章程来扩大知情权的范围。而无论有无协议约定，私募投资机构行使知情权受到消极对待甚至被拒的情况非常多见，难免因此产生纷争。此外，出于各种原因，在某些特定情形下，部分私募投资机构会委托另一个机构或个人投资于被投企业。那么，私募投资机构是否能够享有被投企业章程中扩大范围的知情权？而作为隐名股东的私募投资机构是否能够顺利行使法定知情权呢？下面以几个典型案例对这些问题予以阐述：

（1）章程增加股东知情权范围

《中华人民共和国公司法》对股东知情权的范围进行了规定，那么，公司章程是否可以将此范围进行扩大呢？科×公司与和×公司股东知情权纠纷上诉案[①]的判决结果在一定程度上表明了司法机关对此问题的态度。在此案中，上海市第二中级人民法院经审理认定：公司章程在不违反法律禁止性规定的情况下，其规定应认定有效，股东有权依据公司章程的规定主张相应的知情权利。但公司法以列举方式对股份有限公司的股东知情权作出不同于有限责任公司的规定，目的是在保证股东享有了解公司经营状况的途径的同时，又将行使知情权可能对公司正常经营所造成的影响控制在合理的范围之内。因此，对于股份有限公司的股东以公司章程为据所主张的相关的知情权利，应结合公司法的立法目的以及该股份有限公司的个体情况综合考量：

a. 关于查阅和×公司及其分公司的财务会计报告以及和×公司的股东大会会议记录、董事会会议决议、监事会会议决议，具有公司法规定以及公司章程的约定依据，科×公司应有此权利。

---

① （2013）沪二中民四（商）终字第S1264号。

b. 关于查阅和×公司子公司的财务报表以及和×公司及其分公司、子公司的会计账簿问题。虽然和×公司章程载明和×公司应向股东提交子公司财务报表、股东享有检查公司及其子公司的会计账簿、记录和管理账目的权利，但该规定超过了公司法列举的股东知情权范围，不过考虑到和×公司仅有五名股东，只要股东合理地行使知情权，一般不会对公司的经营造成重大影响，故公司章程的相关规定不致无效。何况科×公司系因和×公司在申请上市过程中经审计发现财务问题后而主张行使知情权，理由正当，因此，法院认为科×公司请求查阅和×公司子公司的会计报表并查阅和×公司及其分公司、子公司的会计账簿，应获支持。鉴于和×公司章程中未对子公司的范围作出明确界定，审理中当事人双方也未能就此达成一致意见，为避免可能损害子公司其他股东的权利，故对章程中所涉子公司界定为系和×公司的全资子公司。

c. 关于请求查阅的资料范围问题。公司章程规定明确，且该规定未违反法律法规禁止性规定，亦无违反公司法立法目的及价值取向，据此，科×公司主张查阅与股东大会会议、董事会会议、委员会会议相关的材料的诉讼请求，获得支持。关于会计凭证，因章程中已规定股东有权检查会计账簿、记录和管理账目，而会计凭证系佐证会计账簿记录是否正确的重要凭证，结合和×公司章程赋予了股东对于特定财务问题自行委托审计的权利，而审计中必然需要审查会计凭证，故科×公司请求查阅会计凭证的诉讼请求亦获得支持。关于科×公司主张的与林业证相关的资料，因有证据表明在和×公司申请上市期间，负责审计的毕××公司认为与林业证相关的资金用度情况存在需进一步核查的必要，故现科×公司请求查阅该部分资料具有合理的理由，且有公司章程第一百四十六条规定为依据，因而亦得到支持。

d. 关于复制材料的诉请问题。公司法列举的股东知情权仅限于查阅，和×公司的章程中也仅规定公司应向股东提供相关信息及材料，而未注明可复制，故科×公司要求复制材料缺乏依据。

e. 关于审计问题。公司法虽未明确股东可通过审计方式行使知情权，但本案中该方式已通过记载于和×公司章程的形式予以确定，且审计亦系股东了解公司经营状况的方式之一，该规定对于公司及股东均具有约束力，故科×公司有权要求和×公司配合其审计。

从上述判例可知，司法机关在判定股东是否享有公司章程约定的知情权时，会从该约定是否超出法律规定的范围，是否符合立法目的，是否合理，以及是否会影响公司的正常经营几个方面来加以判断。建议私募投资机构在投资协议或者被投企业章程中扩大知情权范围时参考这几个维度作出合理约定。

而在李某君、吴某、孙某、王某兴诉佳×公司股东知情权纠纷案①中，法院就账簿查阅权的范围作出了清晰的判定：依据会计法的相关规定，会计账簿登记，必须以经过审核的会计凭证为依据，而会计凭证包括原始凭证和记账凭证，记账凭证应当根据经过审核的原始凭证及有关资料编制。因此，公司的具体经营活动只有通过查阅原始凭证才能知晓，不查阅原始凭证，中小股东可能无法准确了解公司真正的经营状况。根据会计准则，相关契约等有关资料也是编制记账凭证的依据，应当作为原始凭证的附件入账备查。据此，股东查阅权行使的范围应当包括会计账簿（含总账、明细账、日记账和其他辅助性账簿）和会计凭证（含记账凭证、相关原始凭证及作为原始凭证附件入账备查的有关资料）。

我们认为，该案之所以入选最高院的公报案例，应当是因为其具有很强的指导意义，能够代表司法机关在审理类似案件过程中的主流裁判思路。

（2）行使知情权所涉之不正当目的

依据《中华人民共和国公司法》的相关规定，公司有合理根据认为股东查阅会计账簿有不正当目的，可能损害公司合法利益的，可以拒绝提供查阅。那么，在何种情形下，股东行使知情权会被认定为具有不正当目的呢？在司法实践中，公司通常会以股东行使知情权具有不正当目的，可能损害公司合法利益抗辩，但该抗辩若没有充分的证据支持一般不会获得法院支持。法院一般会具体审查公司的证据是否充分，其主张是否成立。例如，在前文提及的李某君、吴某、孙某、王某兴诉佳×公司股东知情权纠纷案中，股东要求查阅公司会计账簿，但公司怀疑股东查阅会计账簿的目的是为公司涉及的其他案件的对方当事人收集证据，并以此为由拒绝提供查阅。二审法院经审理认定：股东知情权是股东固有的、法定的基础性权利，无合理根据证明股东具有不正当目的，则

① 《最高人民法院公报》2011 年第 8 期。

不应限制其行使。四名股东合计持有公司54%的股权，其与公司的利益从根本上是一致的，公司如在他案中失利，客观上将对四名股东的股东收益权造成不利影响。因此，公司拒绝股东对公司会计账簿行使查阅权的理由和依据不足。

也有法院在判决中明确提出股东行使知情权被认定为具有不正当目的的具体情形。在徐某与姜×公司股东知情权纠纷案中，法院认为“不正当目的”系股东违反诚实信用、善意原则，为了开展同业竞争，获取商业秘密等损害公司经营的目的，则公司有权拒绝其查账要求。①

《最高人民法院关于适用〈中华人民共和国公司法〉若干问题的规定（四）》总结司法实践经验，明确了股东行使知情权时有“不正当目的”几种情形：（a）股东自营或者为他人经营与公司主营业务有实质性竞争关系业务的，但公司章程另有规定或者全体股东另有约定的除外；（b）股东为了向他人通报有关信息查阅公司会计账簿，可能损害公司合法权益的；（c）股东在向公司提出查阅请求之日前的三年内，曾通过查阅公司会计账簿，向他人通报有关信息损害公司合法权益的；（d）股东有不正当目的的其他情形。

对于私募投资机构而言，特别是专注于投资某一领域的私募投资机构而言，被投企业可能会利用上述规定的第（a）（b）种情形认为私募投资机构会向其投资的其他机构通报被投企业的信息，而拒绝其行使知情权，因此，建议私募投资机构在投资协议中对此予以明确排除，即私募投资机构根据投资协议或者被投企业章程行使知情权不构成上述规定的第（a）（b）种情形，被投企业不得拒绝。如果被投企业无法证明其行使知情权具有可能损害被投企业利益的不正当目的，就无权妨碍其正常行使知情权，如果被拒，私募投资机构大可诉诸法律加以解决。

（3）隐名股东的知情权

依据《最高人民法院关于适用〈中华人民共和国公司法〉若干问题的规定（三）》的相关规定，有限责任公司的实际出资人与名义出资人订立合同，约定由实际出资人出资并享有投资权益，以名义出资人为名义股东，实际出资人与名义股东对该合同效力发生争议的，如不存在合同无效的几种情形，应当认定

---

① （2017）苏12民终2225号。

该合同有效。因此，只要不违反法律的强制性规定，隐名股东与显名股东订立的股权代持协议当属有效。那么，隐名股东是否可以直接行使对被投企业的知情权呢？

在吴某福与邵某益、法 × 娜股东资格确认纠纷申诉案[①]中，再审申请人吴某福称：其系法 × 娜公司股东，享有知情权，其诉请法 × 娜公司提供会计资料属于其股东权的派生权益，应当予以支持。此外，其作为法 × 娜公司的隐名股东，其与显名股东邵某益之间系委托代理关系，邵某益作为吴某福的受托人应该履行报告义务，向吴某福提供法 × 娜公司的会计资料。最高人民法院经审理认定：因吴某福系法 × 娜公司的隐名股东，其对法 × 娜公司所享有的股东权利应通过显名股东主张，吴某福本人向法 × 娜公司主张行使股东知情权，要求法 × 娜公司向其提供相关会计资料无法律依据。此外，《中华人民共和国合同法》第四百零一条规定："受托人应当按照委托人的要求，报告委托事务的处理情况。委托合同终止时，受托人应当报告委托事务的结果。"因吴某福诉请邵某益向吴某福提供法 × 娜公司成立至今的会计凭证、会计账簿、财务会计报告及其他会计资料不属于该条法律所规定的受托人所负有的报告义务，故本案不适用《中华人民共和国合同法》第四百零一条的规定。

从最高人民法院的审判思路来看，有限公司作为资合兼人合组织，不宜向股东之外的人提供公司的保密信息，因而隐名股东享有的股东知情权应通过显名股东主张，而一旦显名股东不配合，隐名股东将在实质上无法享受知情权。那么，对于作为隐名股东的私募投资机构，又该如何顺利行使对被投企业的知情权呢？我们建议，鉴于显名股东不配合行使知情权，双方的信任基础已经受到很大伤害，因而，若现实可行，可以提起确权之诉，确认股东资格，并进而行使知情权，当然，前提是取得被投企业其他股东半数以上同意，且该等股东对其行使股东权利没有异议[②]。此外，如果私募投资机构在股权代持协议中约定了向代持方支付报酬，在确保协议合法有效的前提下，可以约定代持方不配合

---

① （2016）皖民再 31 号。

② 《全国法院民商事审判工作会议纪要》28.［实际出资人显名的条件］规定："实际出资人能够提供证据证明有限责任公司过半数的其他股东知道其实际出资的事实，且对其实际行使股东权利未曾提出异议的，对实际出资人提出的登记为公司股东的请求，人民法院依法予以支持。"

行使股东知情权等行为的违约责任，以此来维护自身的投资权益。

三、条款解析

例 1

投资方持有目标公司股权期间，目标公司应将下列企业信息在约定的期限内以书面形式或法定形式提供给投资方，以使投资方及时并充分了解目标公司的生产经营情况及预算情况：

1. 在每自然年度结束之后的 150 天内提供经有资质的会计师事务所审计的合并财务报告和经营报告；

2. 在每自然季度结束之后的 45 天之内提供未审计的季度财务报告和经营报告；

3. 在每自然月结束的 15 天内提供未审计的月度财务报告和经营报告；

4. 在下一自然季度开始前的 15 天内提供下季度预算报告；

5. 在下一自然年度开始前的 30 天内提供下年度预算报告；

6. 应就可能对公司造成重大义务或产生重大影响的事项，及时通知投资方；

7. 依据《中华人民共和国公司法》等相关法律法规的规定，股东应有权从公司获取任何其他信息。

除公司年度审计外，投资方有权自行聘任会计师事务所对公司进行审计。

解读：

例 1 是常见的基本知情权条款，其具备以下两大特点：

1. 约定了被投企业应提供的信息种类。除了年度/季度/月度财务报告、经营报告和重大事项之外，还加入了兜底条款，即股东可依法获取的其他信息。值得一提的是，由于被投企业的年度报告内容最为详尽，而且对私募投资机构进行下一步的投资决策最具有参考价值，因此，私募投资机构要求被投企业提供的年报必须经有资质的会计师事务所审计，以确保该报告的真实性和准确性，此外，私募投资机构亦应有权自聘会计师事务所对公司进行审计。为保障私募投资机构的知情权，还可以进一步约定须由私募投资机构选定或认可的审计机构进行审计。

2. 设定了被投企业应提供信息的时限。由于各类信息的详尽和复杂程度并不相同，因此，例1针对不同的信息设定了不同的提供时限，以保证被投企业拥有充足的准备时间。

例2

投资方或其授权代表有权经提前书面通知检查目标公司资产、检核报表、拷贝相关文件（以相关法律法规规定的限度为准，并以不影响目标公司的正常经营为限），并应有权获取目标公司财务或其他与经营相关的、所有的信息或材料（以下简称经营信息）。投资人应有权就经营信息向目标公司管理层提出建议。目标公司应按照如下周期和要求向投资方提供经营信息：

1. 每日历季度最后一日起30天内，提供月度合并财务报告，含利润表、资产负债表和现金流量表；

2. 每日历年结束后45天内，提供目标公司的年度合并财务报告；

3. 每日历年结束后120天内，提供目标公司的经审计的年度合并财务报告；

4. 每日历年/财务年度结束前至少30天，提供目标公司的年度业务计划、年度预算和预测的财务报表；

5. 在投资方收到财务报告后的30天内，有权向目标公司管理层提出建议，如该建议未被采纳，目标公司管理层应说明理由；

6. 按照投资方要求的格式提供其他与目标公司经营相关的统计数据、交易和财务信息。

解读：

与例1相比，例2显然赋予了私募投资机构范围更广的知情权，具体如下：

1. 赋予私募投资机构资产检查权。依据相关法律规定，公司股东的知情权范围并不包含公司资产，而例2赋予私募投资机构的资产检查权，意味着私募投资机构或其授权代表（通常是私募投资机构派遣的第三方审计机构）有权经提前通知对被投企业的资产状况进行检查乃至审计。当然，如前文介绍的司法判例，超出法定知情权范围的约定是否有效，最终将由司法机关从是否违法、是否符合立法本意以及是否影响被投企业经营等多方面加以综合考量后予以认定。

2. 赋予私募投资机构复制权。由于公司法仅规定股东可以要求查阅公司会计账簿，而没有规定可以复制公司会计账簿，在上文提及的科×公司与和×公司股东知情权纠纷上诉案中，法院也正基于此理由驳回了股东的复制公司会计账簿的请求。因此，在投资协议及公司章程中明确规定私募投资机构享有该项权利就显得特别重要。

3. 赋予私募投资机构获取交易信息权。该项权利对于私募投资机构了解被投企业的实际经营状况以及是否存在损害公司利益的关联交易等具有重要意义，可以防范未经披露的关联交易。

由于在大多数情况下，私募投资机构均是作为财务投资者投资于被投企业，因此其并不实际参与被投企业的经营管理，因而，其迫切需要强化知情权来了解被投企业的财务状况和经营情况，以便及时识别和规避相应的投资风险。虽然我国公司法已规定了作为公司股东对公司的财务状况和相关资料都有查阅和知情的权利，但是私募投资机构所希望掌握的信息远不只公司法所规定的股东知情权的范围。诚如在前文中所介绍的相关司法判例，强烈建议私募投资机构对于超出法定知情权范围的信息，在不违反相关法律法规强制性规定的前提下，通过被投企业的章程加以约定。

此外，为了增加对被投企业经营管理的监督以及保障私募投资机构的知情权，建议私募股权机构应尽可能争取向被投企业派驻董事或监事，并在被投企业章程中详细约定股东会、董事会和监事会的权限，而不是采用公司登记机关或者登记代理机构提供的章程模板。唯有如此，才能更好地了解并监督被投企业的日常经营管理活动，这在客观上也会对被投企业的创始股东和管理团队构成一定的约束，让其不敢“肆意妄为”。

第十二章　一票否决权条款

一、定义

与其他几个私募投资机构保护条款的作用类似，一票否决权条款也是私募投资机构出于资金安全和风险防范的考量，在股权投资协议中设定的若干保护性条款之一，一般会同时写入被投企业的公司章程。具体而言，一票否决权所针对的内容包含股东会决议事项和董事会决议事项。前者是指，私募投资机构对被投企业股东会决议的某些重大事项享有一票否决权；后者是指，由私募投资机构委派的某一个或者数个董事对被投企业董事会决议的某些重大事项享有一票否决权。一票否决权条款的目的并非阻止被投企业的创始股东正常行使对被投企业的运营权，其本质是强调被投企业股东会和/或董事会决议的某些重大事项必须经过私募投资机构和/或其委派的某一个或者数个董事的同意，方可有效通过，从而更好地防止创始股东损害私募投资机构的合法权益。通过该条款所约定的“黄金一票”，私募投资机构得以自行和/或通过其向被投企业委派的董事实现对被投企业重大事项的决策权，进而实现在重大事项上保护自身的投资权益。

二、适用

1. 董事一票否决权条款

(1) 合法性

在私募投资领域，董事一票否决权条款较为常见，因此我们将予以重点阐述。众所周知，在中国法下，董事会通常的表决机制为“一人一票”，而一票否决权条款突出特定一票的决定性作用，是否合法有效呢？《中华人民共和国公司法》第四十八条第一款规定，董事会的议事方式和表决程序，除本法有规定的外，由公司章程规定。董事会应当对所议事项的决定作成会议记录，出席会议的董事应当在会议记录上签名。董事会决议的表决，实行一人一票。由此可见，《中华人民共和国公司法》既规定了“一人一票”的董事会表决机制，同时又赋予公司通过公司章程自由约定董事会的议事方式和表决程序的权利。我们认为，《中华人民共和国公司法》规定的“一人一票”的董事会表决机制主要是区别于股东会按照表决权比例行使权利的表决机制，而其授权性规定则说明：私募投资机构与被投企业的创始股东在被投企业的章程中自主约定董事会的议事规则和表决程序（《中华人民共和国公司法》另有规定的除外），包括赋予私募投资机构委派的董事在被投企业的重大事项上的一票否决权系合法有效，并不违反相关法律法规的强制性规定。

（2）适用对象

在中国法下，公司的组织形式分为有限责任公司和股份有限公司，那么，董事一票否决权条款是否对二者均可适用呢？答案是否定的。因为《中华人民共和国公司法》第四十八条仅适用于有限责任公司董事会。至于股份有限公司的董事会议事方式和表决程序，《中华人民共和国公司法》第一百一十一条有明确规定，即董事会会议应有过半数的董事出席方可举行。董事会作出决议，必须经全体董事的过半数通过。董事会决议的表决，实行一人一票。《中华人民共和国公司法》并未赋予股份有限公司在其章程中自主约定董事会议事方式和表决程序的权利。因此，董事一票否决权条款仅适用于有限责任公司。法律之所以作出如此规定，我们认为主要是因为，有限责任公司强调人合性，需要更多的意思自治；而股份有限公司强调资合性，而且其中公众公司众多，出于保护社会公众利益的目的，必须由法律对其进行较为严格的规定。

（3）适用范围和司法判例

允许被投企业董事会在表决机制中设置一票否决权，并不意味着投资人委派的董事能够在被投企业经营决策的全部事项上均拥有一票否决权。董事一票否决权的适用范围应以《中华人民共和国公司法》第四十六条①规定的和被投企业章程约定的董事会的职权范围为限，不可行使《中华人民共和国公司法》明确规定的股东会的权限。

我们经常能够在某些投资协议中看到如下条款：投资人委派的董事对目标公司修改公司章程、公司增资或者减少注册资本、公司的合并和分立、向股东进行利润分配等事项，拥有一票否决权。但依据《中华人民共和国公司法》的相关规定，修改公司章程、公司增减注册资本、公司合并和分立，以及利润分配事项必须由股东会进行决议。而董事会作为向股东会报告工作的机构，仅有权就上述相关重大事项制订方案，最终的决策权应由作为公司最高权力机构的股东会行使，董事会无权越俎代庖。因此，公司章程不得约定由董事会行使股东会的相关权利，因而，必须由股东会行使权力的事项不应纳入董事一票否决权的适用范围。

或许有人会问，虽然董事会无权擅自行使股东会的职权，但股东会是否可授权董事会代为行使部分股东会职权呢？这样的授权是否有效呢？依据《中华人民共和国公司法》的相关规定，股东会和董事会的职权范围的最后一项为“公司章程规定的其他职权”。言下之意，但凡在法条中列明的股东会和董事会的具体职权当属法定，系不得由公司章程进行约定的事项。同时，相关法律法规并未规定该等法定职权是否可授权公司组织架构中的其他方行使，因此，我们认为，股东会的法定职权仅能由其自行行使，不得授权给董事会。此外，从保护小股东权益和公司治理的角度来看，股东会将本应由其自行行使的职权授予董事会，也是不妥当的。试想下，一旦董事会被授予了章程修改权，那么占

① 《中华人民共和国公司法》第四十六条规定：“董事会对股东会负责，行使下列职权：（一）召集股东会会议，并向股东会报告工作；（二）执行股东会的决议；（三）决定公司的经营计划和投资方案；（四）制订公司的年度财务预算方案、决算方案；（五）制订公司的利润分配方案和弥补亏损方案；（六）制订公司增加或者减少注册资本以及发行公司债券的方案；（七）制订公司合并、分立、解散或者变更公司形式的方案；（八）决定公司内部管理机构的设置；（九）决定聘任或者解聘公司经理及其报酬事项，并根据经理的提名决定聘任或者解聘公司副经理、财务负责人及其报酬事项；（十）制定公司的基本管理制度；（十一）公司章程规定的其他职权。”

据董事会多数席位的大股东[①]便可在董事会上通过完全代表其利益的章程，从而在实质上剥夺了小股东的表决权。我们再从公司治理角度来看，众所周知，中国法下的现代公司治理结构是在所有权与经营权适当分离的情况下，明确界定公司投资者、决策者、经营者、监督者的基本权利和义务，形成了各司其职、协调运转和有效制衡的公司法人治理结构。如由董事会行使股东会的法定职权，就会造成公司治理结构形同虚设，从而无法有效发挥各个机构应有的作用。鉴于中国法下对股东会是否可授权董事会代为行使股东会的法定职权这一问题并无明确规定，为进一步佐证我们的观点，我们将通过以下相关司法判例进行分析：

在袁某诉某公司公司决议效力确认纠纷一案[②]中，二审法院认为：根据公司法规定，股东按照实缴的出资比例分取红利，但是全体股东约定不按照出资比例分取红利的除外。可见，资产收益是公司股东享有的根本权利之一，应由公司全体股东决定公司未分配利润的分配方案，即使存在不按照出资比例分取红利的情况，也应建立在公司全体股东对分配方案认可的基础上。现股东会决议中概括性授权董事会决定上岗股东奖的分配方案问题，并约定“以前及今后由董事会决定的上岗股东奖金分配方案，股东会均表示认可”，该决议内容未考虑到今后公司是否有利润、利润多少、上岗股东具体奖金利润分配方案如何，即股东在无法预见自己利益损失的情况下且未经全体股东充分讨论，也未告知议事事项供股东分析该决议对自己的股东利益是否有损，故该决议内容限制了股东对未知奖金利润分配方案行使否决的行为，一旦实施完全有可能终止或者限制股东的资产收益权，因此股东会决议的该条内容违反了法律的规定，应确认为无效。

根据上述判决内容，我们认为，司法机关倾向于认定，凡是法律规定应由股东会行使的职权，须由股东会行使，且股东会应自行行使，不得授权作为其执行机构的董事会加以行使，否则该授权以及根据该授权做出的任何决议均系无效。因此，虽然现行法律法规并未对股东会是否可将本应由其行使的职权授予董事会加以行使，但法院的相关判例已然给出了明确答案：不可。

---

① 《中华人民共和国公司法》第四十三条第二款规定：“股东会会议作出修改公司章程、增加或者减少注册资本的决议，以及公司合并、分立、解散或者变更公司形式的决议，必须经代表三分之二以上表决权的股东通过。”

② （2013）沪一中民四（商）终字第822号。

综上，股东会和董事会的法定职权应当是确定的，不得通过所谓的“授权”进行随意缩减或者扩大。因此，如在投资协议和/或被投企业的章程中约定赋予私募投资机构委派的董事，在涉及股东会法定职权的事项上行使一票否决权，很可能会因违反法律的强制性规定而被认定为无效。因而，董事一票否决权条款的适用范围应仅限于董事会的法定职权。需要说明的是，《中华人民共和国公司法》规定的董事会的职权的最后一项赋予公司通过章程自由约定的权利，在不涉及股东会法定职权的前提下，私募投资机构可以尽可能在投资协议（或增资协议）和被投企业公司章程中将一些影响投资权益的重大事项罗列为董事会的决策事项，并选择对其中一些更为重要的事项享有一票否决权。

2. 股东一票否决权条款

（1）合法性

《中华人民共和国公司法》第四十二条规定，有限责任公司的股东会会议由股东按照出资比例行使表决权，公司章程另有规定的除外。第四十三条第一款规定，股东会的议事方式和表决程序，除本法有规定的外，由公司章程规定。由此可见，有限责任公司股东在行使表决权时的“同股同权”仅是原则性规定，并非强制性规定，完全可以通过公司章程自由约定不按出资比例行使表决权，同时，股东会的议事方式和表决程序也可以通过公司章程进行约定。因此，有限责任公司完全可以在投资协议和公司章程中约定股东一票否决权。

（2）适用对象

《中华人民共和国公司法》第一百零三条规定，股份有限公司股东出席股东大会会议，所持每一股份有一表决权。但是，公司持有的本公司股份没有表决权。股东大会作出决议，必须经出席会议的股东所持表决权过半数通过。但是，股东大会作出修改公司章程、增加或者减少注册资本的决议，以及公司合并、分立、解散或者变更公司形式的决议，必须经出席会议的股东所持表决权的三分之二以上通过。因此，《中华人民共和国公司法》对股份有限公司严格要求“同股同权”①，系强制性规定。同时《中华人民共和国公司法》明确规定股份

① 股份有限公司发行的优先股不在我们讨论之列。根据《国务院关于开展优先股试点的指导意见》，“优先股是指依照公司法，在一般规定的普通种类股份之外，另行规定的其他种类股份，其股份持有人优先于普通股股东分配公司利润和剩余财产，但参与公司决策管理等权利受到限制”。

有限公司的一般决议须经出席会议的股东所持表决权过半数通过，特别决议须经出席会议的股东所持表决权的三分之二以上通过。因此，对于股份有限公司而言，股东一票否决权条款并不适用，也就是说，仅有限责任公司方可约定股东一票否决权条款。

（3）适用范围和司法判例

关于《中华人民共和国公司法》第三十七条规定的有限责任公司股东会的职权范围①，除了《中华人民共和国公司法》列举的十项职权外，《中华人民共和国公司法》也赋予公司通过章程自由约定股东会的职权的权利，这正是股东会作为公司最高权力机构的体现。因此，从理论上来说，私募投资机构可对章程约定的任何重大事项行使一票否决权。那么在实践中是否可行呢？我们将通过以下另一个司法判例进行验证：

在蒋某文诉胡某、老×记公司请求变更公司登记纠纷一案②中，二审法院认为：关于章程能否对股权转让设定限制条款问题，《中华人民共和国公司法》对有限责任公司和股份有限公司作了不同规定，其中，对于有限责任公司股权转让，2005 年《中华人民共和国公司法》第七十二条第四款规定："公司章程对股权转让另有规定的，从其规定。"即有限责任公司的章程可以约定对股权转让的限制。为维护股东之间的关系及公司自身的稳定性，章程可以对有限公司的股权转让作出相应的限制和要求，这是公司自治及人合性的重要体现，同时也是诚实信用原则和当事人意思自治原则的体现。故公司章程中对股权转让所作的特别规定，各方均应遵守。本案中，赋予某公司对一些事项，包括股权转让的一票否决权，系某公司认购新增资本的重要条件，这种限制是各方出于各自利益需求协商的结果，符合当时股东的真实意思表示，未违反《中华人民共和

---

① 《中华人民共和国公司法》第三十七条规定："股东会行使下列职权：（一）决定公司的经营方针和投资计划；（二）选举和更换非由职工代表担任的董事、监事，决定有关董事、监事的报酬事项；（三）审议批准董事会的报告；（四）审议批准监事会或者监事的报告；（五）审议批准公司的年度财务预算方案、决算方案；（六）审议批准公司的利润分配方案和弥补亏损方案；（七）对公司增加或者减少注册资本作出决议；（八）对发行公司债券作出决议；（九）对公司合并、分立、解散、清算或者变更公司形式作出决议；（十）修改公司章程；（十一）公司章程规定的其他职权。"对前款所列事项股东以书面形式一致表示同意的，可以不召开股东会会议，直接作出决定，并由全体股东在决定文件上签名、盖章。

② （2014）沪二中民四（商）终字第 330 号。

国公司法》的强制性规定，应认定符合公司股东意思自治的精神，其效力应得到认可。

通过上述案例可知，法院结合股权投资协议和章程的相关约定，认定作为投资机构的某公司对被投企业股权转让的一票否决权，系公司自治及人合性的重要体现，并未违反《中华人民共和国公司法》的强制性规定；同时，这也是某公司认购新增资本的重要条件，是投融资各方的真实意思表示，当属有效。因此，在实践中，司法机关倾向于认定，在不违反法律强制性规定的前提下，投资机构可就被投企业章程中约定的股东会职权行使一票否决权。

三、法律依据

与其他风险投资条款类似，中国法下涉及一票否决权条款的法律法规较少，而且基本都是针对该条款的禁止性规定（当然，这些禁止性规定均是适用于股份有限公司的，正如前文所述，一票否决权条款并不适用于股份有限公司）。

《挂牌公司股票发行常见问题解答（三）——募集资金管理、认购协议中特殊条款、特殊类型挂牌公司融资》

二、挂牌公司股票发行认购协议中签订的业绩承诺及补偿、股份回购、反稀释等特殊条款（以下简称“特殊条款”）应当符合哪些监管要求？

答：挂牌公司股票发行认购协议中存在特殊条款的，应当满足以下监管要求：

……

（二）认购协议不存在以下情形：

……

5. 发行认购方有权不经挂牌公司内部决策程序直接向挂牌公司派驻董事或者派驻的董事对挂牌公司经营决策享有一票否决权。

……

四、条款解析

例 1

各方同意并保证，投资完成后，目标公司董事会成员应不超过 3 人，投资方有权提名1人担任目标公司董事，各方同意在相关股东会上投票赞成上述投资方提名的人士出任公司董事。目标公司应在办理公司注册资本变更登记的同时办理董事变更备案手续。

例2

在目标公司首次公开发行股票并上市之前，下列事项应当按照修订后的公司《章程》规定的决策机制审议通过，如系董事会决议事项，则必须经目标公司董事会中的投资方董事的投票确认方可形成决议；如系股东会决议事项，则须经出席股东会会议的股东所持表决权2/3以上，并在投资方的代表出席且同意的条件下，方可形成决议：

（1）公司增加或者减少注册资本；

（2）公司董事会成员的变动（包括但不限于增加/减少/变更）；

（3）公司对高级管理人员和/或核心员工实施股权激励及其方案；

（4）公司合并、分立、解散、清算或者变更公司形式；

（5）公司业务范围、业务活动的重大改变；

（6）购买和处置超过200万元的资产；

（7）公司向银行贷款单笔超过500万元或累计超过1000万元的；

（8）对外保证或者担保；

（9）修改公司章程；

（10）公司吸收新的投资或者对外投资；

（11）提起重大诉讼或仲裁；

（12）超过公司年度预算10%的支出；

（13）聘任或解聘公司总经理、副总经理、董事会秘书或财务总监等公司高级管理人员，以及会计师事务所和律师事务所；

（14）年度利润分配和亏损弥补方案；

（15）商标、专利以及专有技术等知识产权的购买、出售、租赁及其他处置；

（16）公司实施破产和/或清算；

（17）其他可能对公司经营、业绩、资产等产生重大影响的事项。

解读：

这是一个较为典型和全面的一票否决权条款，其具有以下几个特点：

1. 全面覆盖了被投企业董事会和股东会的各项法定和约定职权，并且私募投资机构对被投企业的所列的董事会和股东会的决议事项均享有一票否决权。此外，还约定了兜底条款，将其他尚未列举的，可能会对被投企业经营产生重大影响的事项均包含在一票否决权的适用范围之中。但是，私募投资机构拥有太多一票否决权，将会严重影响被投企业的决策效率，也会对被投企业进一步融资产生障碍，这种做法并不可取。

2. 扩大了被投企业董事会和股东会的职权范围。例 1 第 2 条的第（1）项、第（2）项、第（7）项和第（12）项以及第（11）项的部分事项系股东会或董事会的法定职权外，其余均为投资协议自由约定的事项。

3. 该条款虽然明确仅适用于被投企业 IPO 之前，但仍然存在瑕疵。如前所述，无论是董事还是股东一票否决权条款，在中国法下应仅适用于有限责任公司，而一旦被投企业有意 IPO，则必须先通过“股改”将公司形式变更为股份有限公司。因此，自其依法变更为股份有限公司之日起，一票否决权条款应不再适用。

如前所述，虽然中国法下涉及一票否决权等风险投资条款的法律法规严重缺失，因而在一定程度上增加了私募投资机构的投资风险。不过，正如前文分析的几个司法判例所述，司法机关在审理与一票否决权条款相关的案件时，会充分考虑到投融资各方的意思自治，并且，在不违反法律强制性规定的前提下，也倾向于认定一票否决权条款系合法有效。因此，建议广大私募投资机构在约定一票否决权条款时，应在律师指导下仔细研读《中华人民共和国公司法》等相关法律法规，不要触碰“雷区”，从而最大限度地保证一票否决权条款的合法有效性并得以顺利实施，使之真正成为私募投资机构控制投资风险的一大法宝。

第十三章　竞业禁止条款

一、定义和适用对象

1. 定义

如前所述，私募投资机构在决定向目标公司注入资金时，最看重的是目标公司的创始股东及其管理团队。而为了在向目标公司注资后保持创始股东及其团队的稳定性，私募投资机构往往会在投资协议中约定一些限制性条款，例如本书下一章将介绍的创始人股权转让限制条款及股权兑现条款，本章介绍的竞业禁止条款也是一个较为常见的约定。竞业禁止条款，是指禁止被投企业创始管理团队（通常就是董事和高级管理人员），在被投企业任职期间同时兼职于或在离职后的一定期限内就职于业务竞争企业或从事与被投企业相竞争的业务。竞业禁止一般包括不得在生产同类产品或经营同类业务且有竞争关系的其他企业兼职或任职；不得自己或者同他人合作或者以其他任何方式生产与被投企业有竞争关系的同类产品或经营同类业务。很显然，私募投资机构之所以要与被投企业的创始股东及其高管团队约定竞业禁止条款，主要是为了确保该等人员能够将全部精力投入到被投企业，并且防止该等人员在从被投企业离职后，从事与被投企业相同或相类似的业务，因而给被投企业造成无法弥补的损失。

2. 适用对象

竞业禁止源于《中华人民共和国公司法》《中华人民共和国合伙企业法》以及原《中华人民共和国中外合资经营企业法实施条例》中的相关规定，有特定的适用对象（主要指董事、监事、高级管理人员，具体将在下文中予以介绍）。然而，这并不排除企业可与法定适用对象之外的其他员工在其劳动合同中约定竞业禁止义务，或另行签署《竞业禁止协议》。根据相关劳动法律规定，企业可以与高级管理人员、高级技术人员和其他负有保密义务的人员约定竞业禁止义务。当然，企业与上述关键岗位上的员工约定竞业禁止义务还需遵守法律规定的相关条件（具体将在下文中予以介绍）。

以上所述法定的适用对象在职期间的竞业禁止义务是法定的必须遵守的义务，而关键岗位上的员工的竞业禁止义务则基于双方的约定。对于私募投资机构而言，除此之外，还需在投资协议中约定创始股东的竞业禁止义务，无论其是否具有法定的义务，也无论其是否另外依据劳动法律与被投企业约定竞业禁止义务。也就是说，为保障私募投资机构的投资权益，创始股东应当根据投资协议的约定在一定期间内（一般为在职期间加上离职后若干年，若不在被投企业任职则为约定的特定期限）承担相应的竞业禁止义务。

二、法律依据和裁判案例

1. 法律依据

如前文所述，特定的适用对象具有法定的竞业禁止义务，对此，相关法律均有明确规定（具体规定详见下文所述）。而对于创始股东约定的竞业禁止义务则没有明确的法律规定，一般应遵循《中华人民共和国民法典》的基本原则。

(1)《中华人民共和国公司法》

第一百四十七条第一款 董事、监事、高级管理人员应当遵守法律、行政法规和公司章程，对公司负有忠实义务和勤勉义务。

第一百四十八条 董事、高级管理人员不得有下列行为：

……

（五）未经股东会或者股东大会同意，利用职务便利为自己或者他人谋取属于公司的商业机会，自营或者为他人经营与所任职公司同类的业务；

……

董事、高级管理人员违反前款规定所得的收入应当归公司所有。

第一百四十九条 董事、监事、高级管理人员执行公司职务时违反法律、行政法规或者公司章程的规定，给公司造成损失的，应当承担赔偿责任。

第二百一十六条 本法下列用语的含义：

（一）高级管理人员，是指公司的经理、副经理、财务负责人，上市公司董事会秘书和公司章程规定的其他人员。

……

（2）《中华人民共和国合伙企业法》

第三十二条第一款　合伙人不得自营或者同他人合作经营与本合伙企业相竞争的业务。

第七十一条　有限合伙人可以自营或者同他人合作经营与本有限合伙企业相竞争的业务；但是，合伙协议另有约定的除外。

第九十九条　合伙人违反本法规定或者合伙协议的约定，从事与本合伙企业相竞争的业务或者与本合伙企业进行交易的，该收益归合伙企业所有；给合伙企业或者其他合伙人造成损失的，依法承担赔偿责任。

2. 裁判案例

为使读者能够更为清晰地了解司法机关在处理相关纠纷时所遵循的关键原则，我们选取了被法律界人士视作经典案例的两大竞业禁止判例。

（1）法定竞业禁止案例——实际得利原则

在春×公司与马某平、胜×公司的控股股东、实际控制人、董事、监事、高级管理人员损害公司利益赔偿纠纷一案①中，上海市浦东新区人民法院经审理认定：被告马某平在担任原告春×公司总经理期间，又同他人投资设立与春×公司经营同类产品的胜×公司，并担任胜×公司的法定代表人，同时春×公司原来的两家客户即利×公司、联×公司在被告马某平离职后成为胜×公司的客户，应该说这是被告马某平利用了其在担任春×公司总经理期间掌握的客户资源信息，为自己从事与春×公司营业种类相同的经营活动，违反了法律规定的竞业禁止义务，损害了春×公司的利益。根据《中华人民共和国公司法》规定，董事、监事、高级管理人员应当遵守法律、行政法规和公司章程，对公司负有忠实和勤勉的义务；未经股东会或者股东大会同意，利用职务便利为自己或他人谋取属于公司的商业机会，自营或者为他人经营与所任职公司同类业务；董事、高级管理人员违反前款规定所得的收入应当归公司所有。

① （2008）浦民二（商）初字第3984号。

最终，法院根据经审计的胜×公司在与利×公司和联×公司的商业交易中所获取之净利润，并结合被告马某平在胜×公司的持股比例，判决被告马某平将其获得的相应收入作为其违反高管竞业禁止义务而对春×公司造成的损失，赔偿给春×公司。由此可见，法院在处理企业与其高管之间与竞业禁止有关的纠纷时，严格遵循了《中华人民共和国公司法》第一百四十七条的规定，即董事、高级管理人员违反竞业禁止义务所得的收入应当归公司所有。当然，对于具体获利的金额，作为原告方的企业应承担相应的举证责任。

（2）约定竞业禁止案例——平等自愿原则

在朵×公司与刘某损害公司利益责任纠纷一案①中，原告朵×公司的两股东张某与刘某曾在2015年2月22日签订《合伙经营协议》，约定了竞业禁止义务以及违反之后的赔偿金计算方法。但被告在退出朵×公司前即以其丈夫名义成立与朵×公司相竞争的公司，并在退出朵×公司后继续具体负责该公司的经营，因此，原告起诉要求被告承担违约责任。虽然一审法院和二审法院均因原告举证不能而未支持原告的诉讼请求，但一审法院认为股东应遵守协议约定的股东竞业禁止条款，二审法院南京市中级人民法院则进一步认为“股东对公司是否负有竞业禁止义务，一方面来源于法律上是否有相应的明确规定，另一方面来源于公司与股东之间或者股东与股东之间是否设定此义务”，并在分析了协议中的竞业禁止条款后认为：刘某在担任朵×公司股东期间，应受此条款约束，对朵×公司负有竞业禁止义务。

在其他一些案例中，法院亦持类似观点。显然，与法定竞业禁止有所不同，对于约定的股东竞业禁止义务，法院更倾向于从《中华人民共和国合同法》（现《中华人民共和国民法典》之合同编）的平等自愿原则出发，也就是说，在不违反法律强制性规定的前提下，竞业禁止协议就是合法有效的。

三、条款解析

例1

在目标公司本次增资扩股完成后，目标公司实际控制人、创始股东和关键

---

① （2016）苏01民终4664号。

员工（以下简称竞业禁止义务人）应与目标公司签署一份令投资方认可的3年期竞业禁止协议（协议生效日期以取得变更后的营业执照之日为准）。上述竞业禁止义务人无论出于何种原因不再实际控制目标公司、退出投资或终止与目标公司的劳动关系，都将受到3年期竞业禁止协议的限制。目标公司关键员工是指公司的董事、监事、高级管理人员、掌握公司核心技术的员工（具体构成详见本投资协议附件）。为免疑问，上述竞业禁止义务人在实际控制目标公司、作为目标公司股东或员工期间也应以与竞业禁止协议相同的方式履行竞业禁止义务。

解读：

例1是一个基础性的竞业禁止条款，具体而言：

1. 约定了竞业禁止义务人的范围。值得一提的是，本条款中的竞业禁止义务人不仅包含法定义务人，即被投企业的董事、监事和高级管理人员，而且还应私募投资机构的要求加入了被投企业的实际控制人以及掌握公司核心技术的员工，可谓非常全面。通常情况下，这一条款针对的是生产或科技型企业，因为对该类企业而言，核心技术是重中之重。核心技术即被投企业在主要生产经营活动中所使用的各种技术以及该等技术所包含的知识产权。当然，如果核心技术人员并非创始股东，也非具有法定义务的特定对象，其竞业禁止义务应当依据其与所任职企业的约定以及相关劳动法律的规定，投资协议对其并没有直接的约束力。

2. 设定了竞业禁止义务的履行期限。本条款中竞业禁止义务的履行期限为“N+3”，其中N为竞业禁止义务人在被投企业的履职期间（应自被投企业变更营业执照之日起算），3为该等人员自被投企业卸任之日起三年内。通常情况下，私募投资机构均会结合被投企业的实际情况要求竞业禁止义务人在被投企业任职期间以及离职之后的一段时间内（通常为1~3年）履行竞业禁止义务，很显然，本条款约定的履行期限较长，这与竞业禁止义务人拥有被投企业的核心技术不无关联。

例2

目标公司的创始股东、董事、监事及重要员工（具体名单见投资协议附件）（以下简称竞业禁止义务人）都应按投资方认可的形式和内容签署为期1年的竞业禁止协议和劝诱禁止协议。该协议的主要内容包括：

1. 竞业禁止义务人不得以任何形式创立或参与创立与目标公司经营的业务相同、相近或相竞争的公司或在其他竞争性公司工作，且其现在没有且将来亦不会为从事与目标公司业务构成竞争性业务的任何机构或人士提供任何形式的咨询、指导、顾问、协助或资助。

2. 竞业禁止义务人不得将目标公司的客户带给新的任职公司。

3. 竞业禁止义务人不得劝诱目标公司的员工前往竞争性公司任职，和/或劝诱目标公司的客户与竞争性公司合作。

4. 竞业禁止义务人不得持有（包括直接持有或间接持有）与目标公司存在直接或间接竞争关系的企业的股权（但其持有的上市公司不超过一定比例的股票除外）。

为免疑问，该协议期限应自竞业禁止义务人从目标公司离任之日起算，并且，在目标公司任职期间，竞业禁止义务人应以与竞业禁止协议相同的方式履行竞业禁止义务。

解读：

相对例1而言，例2有以下两大特点：

1. 明确了竞业禁止协议的主要内容。例1仅约定了竞业禁止义务人应与被投企业签署竞业禁止协议，但并未在投资协议中明确竞业禁止的主要内容。我们认为，从保护私募投资机构利益的角度出发，在投资协议中就竞业禁止的主要内容加以约定，能够使私募投资机构将主动权牢牢掌握在自己手中，避免在未来签署竞业禁止协议时再"节外生枝"，无法就一些关键性条款达成一致。

2. 增加了劝诱禁止的内容。所谓劝诱禁止，包含两方面：一方面，应禁止劝诱被投企业的在职员工"投奔"被投企业的竞争对手；另一方面，应禁止将被投企业的客户介绍给被投企业的竞争对手并促成其合作。

此外，该条款的竞业禁止期限也比例1短得多，仅为1年，这说明被投企业并非技术型企业，在不存在核心技术的前提下，并不需要那么长的竞业禁止期限来约束相关义务人。

例3

创始股东向本协议其他各方承诺，自本协议生效日起，未经投资方事先书面同意，创始股东（包括其关联方）不会直接或间接从事以下任何活动：

(a) 新设、收购、管理、经营、全部或部分地拥有或控制从事与目标公司存在竞争业务的企业（以下简称竞争企业）、竞争企业的主要资产或为竞争业务或竞争企业提供任何咨询、协助或资助；

(b) 劝诱或试图劝诱目标公司的任何员工解除或终止其与目标公司的劳动关系，或者直接或间接地雇用于生效日尚未被创始股东或其关联方雇用的目标公司的任何员工。

就创始股东截至生效日拥有或控制的任何其他竞争企业（包括其股权、受益权、业务及资产），创始股东应于生效日后三个月内完全出售给第三方或予以注销。

解读：

相对于例 1 和例 2 来说，例 3 的竞业禁止义务人仅限于被投企业的创始股东。虽然义务人的范围缩小了，但约定的竞业禁止义务却非常细致和严苛，主要体现为：

1. 不仅对竞争企业进行了非常详细的定义，并且约定创始股东不得自行从事竞争业务，而且也不得为竞争业务或企业提供任何支持。

2. 约定创始股东必须“清理门户”，将截至投资协议生效日与被投企业的业务存在利益冲突的任何资产于一定期限内进行集中清理。之所以要进行如此约定，是为了在客观上避免创始股东因存在利益冲突问题而对被投企业的经营造成损害。

诚然，上述三个条款已涵盖了竞业禁止的方方面面，然而却均缺少相应的违约责任的约定（此处的违约责任系竞业禁止义务人应对私募投资机构承担的违约责任，而非对被投企业）。因此我们认为，私募投资机构应在确保合法性的前提下，在竞业禁止条款中加入相应的具有可操作性的违约责任，以保障自身在相关义务人违约时的权利救济途径。具体而言，相应的违约责任可以包括但不限于：私募投资机构回购请求权，要求创始股东回购私募投资机构股权，具体回购价格可以为投资款加固定比例收益。

四、竞业禁止与竞业限制

如前所述，除了《中华人民共和国公司法》等企业法下的法定竞业禁止义务外，关键员工的竞业禁止义务与创始股东的竞业禁止义务均是约定的义务。在此，进一步分析这两种不同的竞业禁止义务的法律基础以及适用条件，以帮助私募投资机构准确理解并作出合法有效的约定。

严格来说，关键员工的竞业禁止义务应当称为竞业限制义务，其法律依据是《中华人民共和国劳动法》《中华人民共和国劳动合同法》等劳动法律，其所承担的竞业限制义务是相对于任职企业而言的，通过与任职企业在其劳动合同中约定竞业限制义务，或另行签署《竞业限制协议》，私募投资机构与创始股东及被投企业签订的投资协议对其并没有直接的约束力。《中华人民共和国劳动合同法》《最高人民法院关于审理劳动争议案件适用法律若干问题的解释（四）》等相关法律法规均对竞业限制的对象、期限、补偿金等事项进行了较为详细的规定。例如，竞业限制的对象限于用人单位的高级管理人员、高级技术人员和其他负有保密义务的人员，期限不超过两年。关于竞业限制补偿金，从司法实践看，对于未约定经济补偿的竞业限制条款，或者约定经济补偿与工资一并发放，一般均会被认定为无效。竞业限制补偿金应以竞业限制条款的约定为准，如未约定，则应依据相关法律法规，按照劳动者在劳动合同解除或者终止前十二个月平均工资的30%按月支付经济补偿，此外，各地关于竞业限制补偿金的标准并不统一，具体执行中可参考劳动合同履行地的补偿金标准。

就创始股东而言，如其担任被投企业的董事和/或高管人员，那么其应当遵循《中华人民共和国公司法》关于董事和/或高管人员的法定竞业禁止义务。但如果创始股东并未担任被投企业的董事和/或高管人员，其竞业禁止义务则只能基于私募投资机构与创始股东及被投企业签订的投资协议，在此情形下，竞业禁止条款应当遵循《中华人民共和国民法典》的一般原则，只要不违反法律法规的强制性规定，就是合法有效的，创始股东必须信守，否则就须承担约定的违约责任。如前文所述，由于在此情形下，针对创始股东约定的竞业禁止义务并没有明确的法律规定，因此，就需要在投资协议中作出非常详细的具有可操作性的约定，以保障私募投资机构的投资权益。

对于私募股权投资而言，该竞业禁止条款在本质上是被投企业创始股东（甚至包括实际控制人）基于投资关系而应对私募投资机构履行的一种诚实信用义务。如违反该义务，将对被投企业的经营产生巨大影响，从而给私募投资机构造成相应的投资损失。一方面，如果创始股东从事与被投企业相竞争的业务，将会给被投企业 IPO 造成实质性障碍，影响私募投资机构顺利退出被投企业并取得预期的投资收益；另一方面，如果创始股东恶意进行同业竞争，甚至私下将被投企业的重大业务与核心资产转移至竞争企业，则会极大影响被投企业的正常经营和发展，严重损害私募投资机构的利益。因此，在确保合法性的前提下，制订一个全面、细致而具有可操作性的竞业禁止条款，对于切实保障私募投资机构的利益至关重要。

同时，为了更有效地执行竞业禁止条款，私募投资机构可根据被投企业的实际情况考虑从以下几方面入手：委任核心技术人员为被投企业董事；锁定关键人士或核心团队，关键人士包括公司创始股东、核心技术人员或高管人员，针对核心团队则可约定“被投企业的现有研发团队为公司的核心员工，该研发团队的离职率不得超出 10%/年”。

第十四章　创始人股权转让限制及股权兑现条款

一、定义

对于尚处在早期发展阶段的企业而言，由于还处在发展初期，并无华丽的经营业绩，因此，私募投资机构赖以作出最终投资决策的关键是认可被投企业的创始团队。对于该团队的相关学历、技术背景和管理经验，可以通过投前尽职调查进行核实，而一旦私募投资机构对被投企业注入了资金，则如何确保创始管理团队的长期稳定性便成了重中之重。在劳动合同不能限制创始人择业自由的背景下，限制创始人转让被投企业股权以促使其持续持有被投企业股权，保持与私募投资机构利益一致，努力提升被投企业价值，就显得十分必要。

而有些创业者出于将来融资及上市考虑，使用境外架构，设立离岸公司再返程投资于境内实体企业，因而，在融资时也将境外离岸公司作为主体，私募投资机构在投资该离岸公司时，则可在离岸地法律框架下灵活运用所谓的“股权兑现”（Vesting）条款以实现上述限制创始人退出被投企业的目的。具体而言，所谓“股权兑现”条款，类似于期权制度，就是在协议或章程约定的股权兑现期限（通常为4年）内，创业者的股份是随着时间的推移而逐步确认（兑现）的。举例而言，如果协议或章程约定某创始人拥有50%股权，但是他并非立即得到该50%的股权，而是在4年内逐步得到。如果他在6个月后退出被投企业，他只能得到50%股权的1/8，即被投企业6.25%的股权；如果他在3年后退出被投企业，则可以得到50%股权的3/4，即被投企业37.5%的股权。如果在协议或章程中约定了最短服务期（比如1年），则上述4年的兑现期限须从最短服务期满后起算。

从上述介绍可以看出，由于我国公司法实行法定资本和资本维持制度，公司只能在特定情形下回购股权，所谓注销股份也需要依法经过减资程序，因而，“股权兑现”条款在我国公司法下并没有可行性，只能适用于特定境外法域①。而在中国法下，只要经过适当设计，详细约定限制创始人转让被投企业股权的条款，就可以起到促使创始人努力提升被投企业价值的作用。这样私募投资机构便可在一定程度上保证创始管理团队的稳定性，从而在一定程度上确保被投企业在未来相当长的一段时间内的经营稳定性，以相应降低投资风险。

二、条款解析

1. 股权转让限制条款

例 1

除非投资人同意或已实现完全退出，创始股东不得转让其所持有的目标公司全部或部分股权。但目标公司发生被兼并、合并、资产出售或其他改变公司控制权事件或者本协议另有约定的除外。

解读：

正如前述，私募投资机构限制创始股东转让被投企业股权的目的是促使其持续持有被投企业股权，保持与私募投资机构利益一致，努力提升被投企业价值。因此，在私募投资机构未完全退出之前，创始股东不得转让其所持有的被投企业全部或部分股权。当然，在某些案例中，创始股东持股比例很高，完全限制其转让股权就不太合理，在这种情形下，通常会要求其在私募投资机构完全退出前须维持控股地位。

一般而言，私募投资机构最理想的退出方式是被投企业成功上市，但多数情形下，被投企业被并购（特别是被上市公司并购）也是非常好的退出机会。在此情形下，私募投资机构与创始股东的利益是一致的，没有理由再限制创始股东转让其股权。

而在另外一些情形下，被投企业经营得并不是特别理想，或者由于种种原

① 本章中提及的关于“股权兑现”条款均只适用于特定境外法域，仅供私募投资机构参考。如私募投资机构所投被投企业位于境外，希望约定“股权兑现”条款，应向当地执业律师咨询被投企业所在地法律是否允许以及如何约定才符合当地法律的规定。

因创始股东必须转让其股权，如果继续限制其转让股权，可能导致“鱼死网破”的下场，不符合私募投资机构的根本利益，此时，私募投资机构可以行使共同出售权或者优先出售权。关于共同出售权或者优先出售权，将在本书第十九章中介绍。

2. 典型的创始人股权兑现条款

例 2

股权兑现：除非董事会大多数成员（至少包括一名投资人指定的董事）同意批准（“必须批准”）不同的兑现条款，创始股东所持有的，截至投资协议生效之日已发行的目标公司股权在投资交割之后将遵从以下兑现条款：投资交割日后的第一年末兑现25%，剩余的75%在其后三年按月等比例兑现。目标公司或其依据适用法律指定的第三方有权在创始股东自目标公司离职时（有合理理由的离职除外）回购其尚未兑现的全部股权，回购价格是成本价和当前公允市场价的较低者。

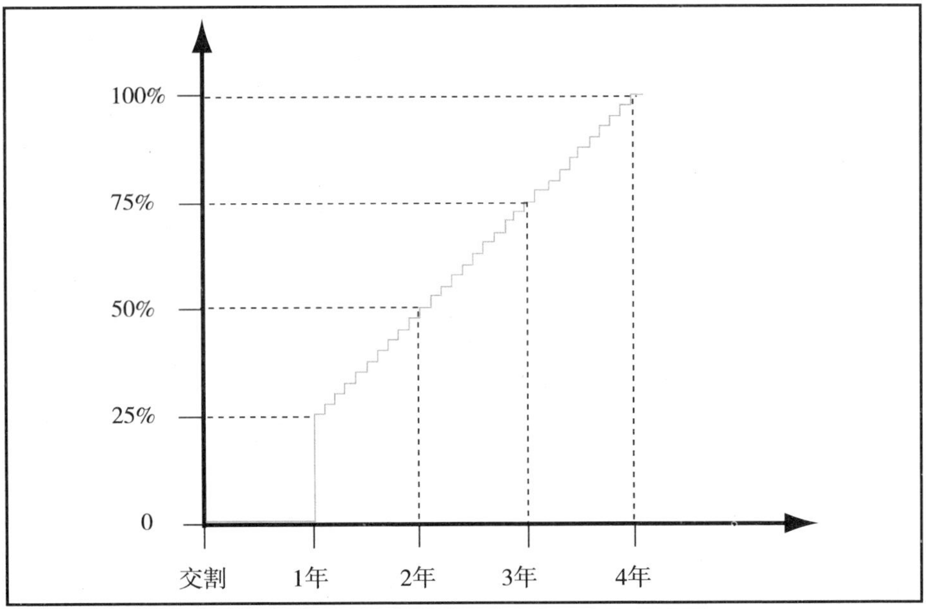

解读：

如上图所示，兑现期为四年，其中第一年为“阶梯”兑现，其余三年按月兑现，到第四年末全部兑现完毕。如创始股东在投资交割后的一年之内从被投企业离职，则无法兑现其所持有的被投企业的任何股权。在投资交割后满一年，创始股东可以兑现其所持有的被投企业股权的 25%。此后，创始股东将根据其在被投企业的服务期限在剩余的兑现期（三年）内按月兑换其所持有的其余被投企业股权。比如：创始股东在签署投资协议时，持有被投企业 80% 的股权，如其在投资交割之后的四年内在被投企业留任，则自投资交割后满一年之日起，其每年可兑现 20%（80% ×25%）的被投企业股权，直至兑现其持有的全部股权。假设其在投资交割之后一年半的时候离职，则其可以兑现的被投企业股权为 38.33%（80% ×25% +80% ×6/36）。

那么，在约定股权兑现条款的情形下，创始股东该如何行使股东投票权呢？是按其已兑现的股权，还是按其在兑现期届满应取得的全部股权来行使呢？答案是后者，即创始股东应按其在兑现期届满应取得的全部股权来行使股东投票权。既然股东投票权是按创始股东 100% 兑现的股权来行使，那么，是否其在兑现期内便可自由处置其所持有的 100% 被投企业股权呢？非也，创始股东在股权兑现期内可自由支配的股权应以其在投资交割后于被投企业的服务期限为准计算得出，例如：假设创始股东合计持有被投企业 1000 万股，则当其在投资交割后于被投企业服务期满两年半时，其可自由支配的股权应为 625 万股，以此类推。此外，如创始股东在股权兑现期内离职，其所持有的剩余被投企业股权又该如何处置呢？如例 2 所述，该等尚未兑现的股权通常会由被投企业或由被投企业依法指定的第三方进行回购。而在回购之后，通常会被注销而非重新分配，从而使所有被投企业既存股东的持股比例因被反向稀释而得以增加。这对既存股东而言无疑是一大激励。因此，创始人股权兑现条款并非仅对私募投资机构有利，未离职的其他创始人同样受益。虽然拥有单一创始股东的被投企业并不鲜见，但更常见的是，被投企业拥有多个创始股东。在这种情形下，如某个创始股东在投资交割后主动离职，在缺乏创始人股权兑现条款的情况下，离职的创始股东已经获得约定比例的全部被投企业股权，这就意味着其与私募投资机构以及继续留任的创始股东同样享有被投企业增值的权利，显然是不合理的。反之，如约定了创始人股权兑现条款，则相当于在所有创始股东头顶上悬了一把“达摩克利斯之剑”，为了能够顺利兑现其被投企业股权，所有创始股东都将积极投入被投企业的经营，从而在一定程度上形成合力，助力被投企业的发展壮大。

除了上述股权兑换模式之外，投融资双方还可结合各方的具体情况，制订不同比例的股权兑现模式：

（1）按年平均兑现模式。即在投资交割后的四年内，每满一年可兑现25%。

（2）兑现比例逐年递增模式。即在投资交割后的第一年兑现10%，第二年兑现20%，第三年兑现30%，第四年兑现40%。

（3）非按年兑现模式。即在投资交割后满两年之前不得兑现，满两年兑现50%，满三年再兑现25%，满四年再兑现25%。

3. 加速兑现条款

如前所述，被投企业董事会可在投资交割后，根据具体情况对创始人股权兑现条款进行相应修改，最常见的就是加入加速兑现条件。下面对相关条款进行详细分析：

（1）单激发加速兑现条款（single trigger acceleration of vesting）

例3

如目标公司发生被兼并、合并、资产出售或其他改变公司控制权事件（以下简称变更事件），则适用人员未兑现股权中的50%将立即兑现，并且该等股权的相关权利在发生变更事件后即可行使。

解读：

单激发加速兑现条款较多情况下作为一种激励方式适用于被投企业的董事会成员、顾问、战略合作伙伴以及服务提供者，一般较少适用于被投企业的创始股东。由于他们中的绝大多数（被投企业创始股东除外）的工作是为被投企业创造价值，而不会永久性地运营被投企业。因此，如果被投企业被并购或发生其他控制权变更事件，他们在那时便完成了使命。通常，这些人员并无意在被投企业被并购之后继续留任，因此无须对其实施留任激励。目前比较常见的单激发加速兑现条款的额外兑现股权为未兑现股权的25%至50%。

（2）双激发加速兑现条款（double trigger acceleration of vesting）

例4

在目标公司发生被兼并、合并、资产出售或其他改变公司控制权事件，并且创始股东在此事件发生后一年内被无故解雇或因正当理由辞职，该被解雇或辞职的创始股东未兑现股权中的100%将立即兑现，并且该等股权的相关权利在解禁日后即可行使。

解读：

相较于单激发加速兑现条款而言，双激发加速兑现条款更适合被投企业的创始股东。因为通常情况下，创始股东会在被投企业发生被并购等控制权变更事件后继续留任并运营被投企业。如前所述，私募投资机构之所以投资于被投企业，在很大程度上是出于看重被投企业创始股东的专业能力和经营管理能力，因此，为了能够使创始股东在任何情况下都能继续为被投企业所用，私募投资机构往往会选择双激发加速兑现条款，即对创始股东而言，如要加速兑现股权，需同时满足被投企业控制权发生变更和创始股东在该变更发生后一年内无过错离职两个条件。无过错离职包括主动离职和被动离职两种情形，主动离职是指因职位变更、薪酬降低等正当理由主动辞职的情形，被动离职是指被无故解雇（因创始股东的故意、重大过失、欺诈、违反合约等损害被投企业利益的行为被解雇的情形除外）。当然，上述情形只是较为典型的无过错离职情形，投融资双方可根据实际情况在投资协议中具体约定无过错离职的各种适用情形。

一般而言，如果被投企业在被投资之后，在创始股东的股权兑现期尚未结束就已上市，那么创始股东自然能够拿到所有股权，这是投融资双方都愿意看到的结局。但在目前的市场环境下，对大部分的私募投资机构而言，最常见的退出方式是被投企业被并购。通常，创始股东在面临被投企业被并购时，会要求加速兑现股权。这是因为在很多情况下，并购交易的买方系被投企业的同业竞争对手，一般而言，为使并购交易完成后，买方与被投企业的各项资源能够进行顺利整合，买方会指派其核心人员与被投企业的创始股东共同制订一系列详细而可行的整合计划。然而，俗话说“一山不容二虎”，买方深知，让被投企业创始股东在并购完成后长期留任，对买方实施并购之后的经营战略并无多大益处，甚至创始股东还有可能在一定程度上阻碍买方顺利实施相关战略，比如：在买方为经营需要而对被投企业作出裁员决定时，可能会遭到创始股东的强烈反对。因此，让创始股东在并购完成后继续留任仅是买方的权宜之计，一旦后期整合顺利，买方与被投企业初步达到协同效应，就是创始股东离任之时。由此可见，双激发加速兑现条款对于被投企业的创始股东而言非常重要，它能够确保其在被投企业发生并购或其他控制权变更事件之时或不久之后被“踢出局”时，不会失去所有或大部分被投企业股权。

三、“股权兑现”条款制订要点

根据上述介绍，股权兑现条款是在特定境外法域适用的比较复杂的协议条款，私募投资机构在投资协议中制订创始人股权兑现条款时，建议明确以下几个要点：

1. 创始人的股权在其离开被投企业之前属于创始人，只是该等股权的兑现（包括兑现时间和兑现比例等）须受到创始人股权兑现条款的制约。但该等制约通常不会影响创始股东对被投企业的经营决策权，在对被投企业行使股东表决权时，创始股东可以按照其拥有的所有股权（包括已兑现和未兑现的股权）比例进行投票。比如，按投资协议进行股权交割时，创始股东的持股比例是80%，则其在离开被投企业之前的任何时点，均享有该80%股权所对应的表决权。

2. 需确定股权兑现期的起算日。对私募投资机构而言，当然是起算日越迟越有利，因此，在私募投资机构较为强势的融资交易中，通常会将起算日约定为投资交割之后的首日。不过，在实践中也不乏存在私募投资机构迁就创始股东的情形，即将股权兑现期的起算日约定为投资协议生效之日。

3. 定义受限股权的范围。被投企业是由创始股东出资设立的，为了能够在各个创始股东之间形成一定的约束和激励机制，避免因某个创始股东过早离职，从而让其他创始股东为其打工的情形，创始股东们往往会将各自持有的被投企业的股份分为资本股和人力股，分别代表因投入的资金和人力而形成的被投企业股份。比如：A、B、C三位自然人创始股东分别持有甲公司50%、30%和20%的股权。在公司设立之初，三位创始股东共同约定，各自持有的甲公司股权中的资本股和人力股的比重为2∶8，即，A、B、C三位创始股东所持有的资本股分别为10%、6%和4%，人力股分别为40%、24%和16%。如甲公司在后续进行股权融资时约定了创始人股权兑现条款，则受限股权的范围应仅限于三位创始股东所持有的甲公司的人力股，而资本股在任何情况下均可由创始股东自由处置而不应受到任何限制。

4. 确定回购股权的价格。如创始股东在股权兑现期之内从被投企业离职(因合理理由离职除外)，则其尚未兑现的被投企业股权将由被投企业或被投企业指定的第三方进行回购。而创始人股权兑现条款中应对该回购股权的价格进行确定。通常应在创始股东离职之时，其尚未兑现股权对应被投企业的净资产的基础上给予一定溢价，或在最近一轮被投企业进行股权融资的估值的基础上打一个折扣（较为常见的折扣为最新一轮融资估值的1/3到1/5)。至于最终选择何种定价方式，应视被投企业的类型，并结合投融资双方的具体情况加以确定。

第十五章　优先股条款和优先权条款

一、优先股定义和适用对象

1. 定义

依据《国务院关于开展优先股试点的指导意见》和《优先股试点管理办法》等法规的规定，优先股是指依照公司法，在一般规定的普通种类股份之外，另行规定的其他种类股份，其股份持有人优先于普通股股东分配公司利润和剩余财产，但参与公司决策管理等权利受到限制。也就是说，优先股具有以下几个特点：

（1）是区别于普通股的另一种股份。

（2）其股东可优先于普通股股东进行分配，包括分红优先和清算优先。

（3）其股东的决策管理权受限。

2. 适用对象

根据相关法律法规，能够发行优先股的仅限于上市公司和非上市公众公司。众所周知，私募股权基金仅能投资于非上市公司股权，因此，其只能投资非公众公司的普通股和非上市公众公司（即新三板公司）非公开发行的普通股和/或优先股，而不能投资上市公司的普通股和/或优先股。因此，本章将不涉及上市公司发行优先股的相关内容。

二、优先股法律依据

(1)《国务院关于开展优先股试点的指导意见》

一、优先股股东的权利与义务

……

（二）优先分配利润。优先股股东按照约定的票面股息率，优先于普通股股东分配公司利润。公司应当以现金的形式向优先股股东支付股息，在完全支付约定的股息之前，不得向普通股股东分配利润。

公司应当在公司章程中明确以下事项：(1) 优先股股息率是采用固定股息率还是浮动股息率，并相应明确固定股息率水平或浮动股息率计算方法。(2) 公司在有可分配税后利润的情况下是否必须分配利润。(3) 如果公司因本会计年度可分配利润不足而未向优先股股东足额派发股息，差额部分是否累积到下一会计年度。(4) 优先股股东按照约定的股息率分配股息后，是否有权同普通股股东一起参加剩余利润分配。(5) 优先股利润分配涉及的其他事项。

（三）优先分配剩余财产。公司因解散、破产等原因进行清算时，公司财产在按照公司法和破产法有关规定进行清偿后的剩余财产，应当优先向优先股股东支付未派发的股息和公司章程约定的清算金额，不足以支付的按照优先股股东持股比例分配。

（四）优先股转换和回购。公司可以在公司章程中规定优先股转换为普通股、发行人回购优先股的条件、价格和比例。转换选择权或回购选择权可规定由发行人或优先股股东行使。发行人要求回购优先股的，必须完全支付所欠股息，但商业银行发行优先股补充资本的除外。优先股回购后相应减记发行在外的优先股股份总数。

（五）表决权限制。除以下情况外，优先股股东不出席股东大会会议，所持股份没有表决权：(1) 修改公司章程中与优先股相关的内容；(2) 一次或累计减少公司注册资本超过百分之十；(3) 公司合并、分立、解散或变更公司形式；(4) 发行优先股；(5) 公司章程规定的其他情形。上述事项的决议，除须经出席会议的普通股股东（含表决权恢复的优先股股东）所持表决权的三分之二以上通过之外，还须经出席会议的优先股股东（不含表决权恢复的优先股股东）所持表决权的三分之二以上通过。

（六）表决权恢复。公司累计3个会计年度或连续2个会计年度未按约定支付优先股股息的，优先股股东有权出席股东大会，每股优先股股份享有公司章程规定的表决权。对于股息可累积到下一会计年度的优先股，表决权恢复直至公司全额支付所欠股息。对于股息不可累积的优先股，表决权恢复直至公司全额支付当年股息。公司章程可规定优先股表决权恢复的其他情形。

……

二、优先股发行与交易

（八）发行人范围。公开发行优先股的发行人限于证监会规定的上市公司，非公开发行优先股的发行人限于上市公司（含注册地在境内的境外上市公司）和非上市公众公司。

（九）发行条件。公司已发行的优先股不得超过公司普通股股份总数的百分之五十，且筹资金额不得超过发行前净资产的百分之五十，已回购、转换的优先股不纳入计算……

……

（十一）交易转让及登记存管。优先股应当在证券交易所、全国中小企业股份转让系统或者在国务院批准的其他证券交易场所交易或转让。优先股应当在中国证券登记结算公司集中登记存管。优先股交易或转让环节的投资者适当性标准应当与发行环节一致。

（十二）信息披露。公司应当在发行文件中详尽说明优先股股东的权利义务，充分揭示风险。同时，应按规定真实、准确、完整、及时、公平地披露或者提供信息，不得有虚假记载、误导性陈述或重大遗漏。

（2）《优先股试点管理办法》

第六条第一款 试点期间不允许发行在股息分配和剩余财产分配上具有不同优先顺序的优先股，但允许发行在其他条款上具有不同设置的优先股。

第九条 优先股股东按照约定的股息率分配股息后，有权同普通股股东一起参加剩余利润分配的，公司章程应明确优先股股东参与剩余利润分配的比例、条件等事项。

第十二条 优先股股东有权查阅公司章程、股东名册、公司债券存根、股东大会会议记录、董事会会议决议、监事会会议决议、财务会计报告。

第十三条 发行人回购优先股包括发行人要求赎回优先股和投资者要求回售优先股两种情况，并应在公司章程和招股文件中规定其具体条件。发行人要求赎回优先股的，必须完全支付所欠股息，但商业银行发行优先股补充资本的除外。优先股回购后相应减记发行在外的优先股股份总数。

第二十三条 上市公司已发行的优先股不得超过公司普通股股份总数的百

分之五十，且筹资金额不得超过发行前净资产的百分之五十，已回购、转换的优先股不纳入计算。

第二十四条　上市公司同一次发行的优先股，条款应当相同。每次优先股发行完毕前，不得再次发行优先股。

第二十五条　上市公司存在下列情形之一的，不得发行优先股：

（一）本次发行申请文件有虚假记载、误导性陈述或重大遗漏；

（二）最近十二个月内受到过中国证监会的行政处罚；

（三）因涉嫌犯罪正被司法机关立案侦查或涉嫌违法违规正被中国证监会立案调查；

（四）上市公司的权益被控股股东或实际控制人严重损害且尚未消除；

（五）上市公司及其附属公司违规对外提供担保且尚未解除；

（六）存在可能严重影响公司持续经营的担保、诉讼、仲裁、市场重大质疑或其他重大事项；

（七）其董事和高级管理人员不符合法律、行政法规和规章规定的任职资格；

（八）严重损害投资者合法权益和社会公共利益的其他情形。

第三十二条第一款、第二款　优先股每股票面金额为一百元。

优先股发行价格和票面股息率应当公允、合理，不得损害股东或其他利益相关方的合法利益，发行价格不得低于优先股票面金额。

第三十三条　上市公司不得发行可转换为普通股的优先股。但商业银行可根据商业银行资本监管规定，非公开发行触发事件发生时强制转换为普通股的优先股，并遵守有关规定。

第四十二条　非上市公众公司非公开发行优先股应当遵守本办法第二十三条、第二十四条、第二十五条、第三十二条、第三十三条的规定。

第四十六条　非上市公众公司发行优先股的申请、审核（豁免）、发行等相关程序应按照《非上市公众公司监督管理办法》等相关规定办理。

第五十九条　非上市公众公司发行优先股的方案涉及重大资产重组的，应当符合中国证监会有关重大资产重组的规定。

(3)《创业投资企业管理暂行办法》

第二条第一款、第二款　本办法所称创业投资企业，系指在中华人民共和国境内注册设立的主要从事创业投资的企业组织。

前款所称创业投资，系指向创业企业进行股权投资，以期所投资创业企业发育成熟或相对成熟后主要通过股权转让获得资本增值收益的投资方式。

第十五条 经与被投资企业签订投资协议，创业投资企业可以以股权和优先股、可转换优先股等准股权方式对未上市企业进行投资。

(4)《非上市公众公司信息披露内容与格式准则第7号——定向发行优先股说明书和发行情况报告书》

第九条 申请人应在基本情况中披露本次定向发行的优先股的具体条款设置:

(一) 优先股股东参与利润分配的方式，包括: 票面股息率或其确定原则、股息发放的条件、股息支付方式、股息是否累积、是否可以参与剩余利润分配等; 涉及财务数据或财务指标的，应注明相关报表口径;

(二) 优先股的回购条款，包括: 回购选择权的行使主体、回购条件、回购期间、回购价格或确定原则及其调整方法等;

(三) 优先股转换为普通股的条款 (仅商业银行适用)，包括: 转换权的行使主体、转换条件 (含触发事项)、转换时间、转换价格或确定原则及其调整方法等;

(四) 表决权的限制和恢复，包括表决权恢复的情形及恢复的具体计算方法;

(五) 清偿顺序及每股清算金额的确定方法;

(六) 有评级安排的，需披露信用评级情况;

(七) 有担保安排的，需披露担保及授权情况;

(八) 其他中国证监会认为有必要披露的重大事项。

第十四条 董事会决议确定具体发行对象的，应披露附生效条件的优先股认购合同，应包括以下内容:

(一) 合同主体、签订时间;

(二) 认购价格、认购方式、支付方式;

(三) 合同的生效条件和生效时间;

(四) 合同附带的任何保留条款、前置条件;

(五) 违约责任条款;

(六) 优先股股东参与利润分配和剩余财产分配的相关约定;

(七) 优先股回购的相关约定;

（八）优先股股东表决权限制与恢复的约定；

（九）其他与定向发行相关的条款。

三、优先股权利解析

如前所述，相对于普通股股东而言，优先股股东拥有先于普通股股东进行利润分配和清算的权利，但同时，其对已投企业的经营管理权将会受到一定的限制。下面通过具体条款和相关法条对优先股股东的几大权利义务进行深入介绍：

1. 分红优先权

所谓分红优先权，是指优先股股东能够按照约定的股息率优先于普通股股东分配股息，并此后在一定条件下与普通股股东一起参加剩余利润分配的权利。

例 1

除非得到 A 系列优先股股东的书面批准，公司在可以向股东分配相当于 A 系列优先股股东投资总额 x% 的年股息之前不进行利润分配。

解读：

在企业发展的鼎盛时期，分红优先权并不具备明显优势，因为分配给优先股股东的那些股息相对于企业利润来说，不过是九牛一毛。然而，企业在日常经营过程中，往往会面临各种内外部风险，而在此时，分红优先权对优先股股东而言，便是一个能够用来抵御各种风险的最佳利器。因为只要被投企业产生利润，而不论利润多寡，分红优先权均能够确保优先股股东先于普通股股东从被投企业获得相对稳定的收益。不过，既然是一项权利，当然可以放弃行使，上述例 1 条款就是个典型的例子，即优先股股东可通过书面批准放弃分红优先权。这主要是因为在实践中，一部分优先股股东因为看好被投企业的未来发展，在一番利弊权衡后，往往会放弃行使分红优先权，而将本应由自己独得的股息部分与普通股股东共享。

2. 清算优先权

所谓清算优先权，是指当公司因解散、破产等原因进行清算时，优先股股东有权根据投资协议的约定，优先于普通股股东进行清算的权利。具体而言，清算优先权由实际清算优先权和参与剩余财产分配权两部分组成：

（1）实际清算优先权

所谓实际清算优先权，是指在公司清算过程中，优先股股东可先于普通股股东，以其原始出资额的一定倍数获得利益返还。其中包含两层含义：其一，在优先股股东获得相应的清算财产前，普通股股东无权获得任何利益；其二，优先股股东所获清算财产的数额为其原始出资额的倍数，一般而言，作为优先股股东的私募股权基金，为了尽可能降低投资风险，其在投资协议中约定的倍数应是大于或等于 1 的数字。更有甚者，有的互联网企业为了能够获取资金，纷纷向投资机构伸出橄榄枝，愿意给予投资者最高 10 倍于其原始出资额的实际优先清算权。下面，对几个具体条款加以分析和解读：

例 2

若发生清算事件（详见下文定义），优先股股东有权优先于普通股股东获得每股［×］倍于原始出资额的回报加上任何宣布但尚未派发的红利。

解读：

在上述条款中，被投企业在进行清算并分配剩余财产时，在普通股股东获得任何利益之前，优先股股东有权按照约定从剩余财产中取得相当于其原始出资额一定倍数的返还，如前所述，这个倍数至少应大于或等于 1。此外，优先股股东还有权优先于普通股股东获得已宣布而未发放的股利。值得一提的是，根据《中华人民共和国公司法》等相关法律法规，公司财产在分别支付清算费用、职工的工资、社会保险费用和法定补偿金，缴纳所欠税款，清偿公司债务后的剩余财产，才能由股东进行分配。因此，实践中很可能会出现剩余财产不足以向优先股股东返还约定的投资回报和/或股利的状况。

（2）参与剩余财产分配权

为与分红优先权加以区分，我们将优先股股东在清算过程中参与分配的权利称为“参与剩余财产分配权”。所谓参与剩余财产分配权，是指优先股股东在截至清算启动前所持有的优先股股权参与剩余财产分配的权利。该权利在实践中有三种表现形式，即完全参与分配权、附上限参与分配权以及无参与分配权。以下将对完全参与分配权和附上限参与分配权的具体条款进行分析和解读：

例 3

完全参与分配权：在支付给优先股股东清算优先权回报后，剩余资产由普通股股东与优先股股东按相当于转换后的股份比例进行分配。

解读：

为免歧义，此处的剩余资产，并非指《中华人民共和国公司法》规定的剩余财产，而是指在向优先股股东返还约定的投资回报和/或股利之后的剩余资产。上述条款中所称的"转换后的股份比例"，是指当优先股依据事先约定的比例转换为普通股后所占被投企业的股权比例。因此，该条款应仅适用于可转换优先股股东。并且，在该分配模式下，优先股股东所能分配到的资产应以其股权比例为准，不设回报上限。

例 4

附上限参与分配权：在支付给优先股股东清算优先权回报后，剩余资产由普通股股东与优先股股东按相当于转换后的普通股股份比例进行分配；但优先股股东因此获得的回报达到［×］倍于初始购买价格后，将停止参与分配。剩余的资产将由普通股股东按比例分配。

解读：

上述条款与完全参与分配权条款的区别，在于其对优先股股东参与剩余资产分配的回报设置了上限。即一旦达到了约定的上限，优先股股东便无权继续参与剩余资产的分配。

通过对几个清算优先权条款的解读，不难发现，对于作为优先股股东的私募投资机构而言，最有利的是拥有实际清算优先权和完全参与剩余财产分配权，其次是拥有实际清算优先权和附上限参与剩余财产分配权，而最不利的是仅有实际清算优先权而无参与剩余财产分配权。

3. 受限的经营管理权

（1）几种可参与表决的特定情形

根据《国务院关于开展优先股试点的指导意见》等法律法规，优先股股东不出席股东大会会议，所持股份没有表决权，但也存在一些例外情形，具体如下：

A. 修改公司章程中与优先股相关的内容；

B. 一次或累计减少公司注册资本超过 10%；

C. 公司合并、分立、解散或变更公司形式；

D. 发行优先股；

E. 公司章程规定的其他情形。

上述事项的决议，除须经出席会议的普通股股东（含表决权恢复的优先股股东）所持表决权的2/3 以上通过之外，还须经出席会议的优先股股东（不含表决权恢复的优先股股东）所持表决权的 2/3 以上通过。

（2）可恢复表决权的特定条件

根据上述意见等法律法规，除上述第（1）项所述的几种特定情形外，当公司累计 3 个会计年度或连续 2 个会计年度未按约定支付优先股股息的，优先股股东有权出席股东大会，每股优先股股份享有公司章程规定的表决权。对于股息可累积到下一会计年度的优先股，表决权恢复直至公司全额支付所欠股息。对于股息不可累积的优先股，表决权恢复直至公司全额支付当年股息。公司章程可规定优先股表决权恢复的其他情形。

4. 优先股的转换和回购

（1）优先股的转换

虽然在国外，发行可转换为普通股的优先股已司空见惯。但在中国法下，虽然意见中规定了公司可以在章程中规定优先股转换为普通股的条件、价格和比例，但根据《优先股试点管理办法》等法律法规，仅有商业银行才能非公开发行可转换为普通股的优先股，并且，该等转换系约定的触发事件发生时的强制转换①。

---

①《中国银监会、中国证监会关于商业银行发行优先股补充一级资本的指导意见》第七条规定：“商业银行应根据《商业银行资本管理办法（试行）》和《优先股试点管理办法》等规定，设置将优先股强制转换为普通股的条款，即当触发事件发生时，商业银行按合约约定将优先股转换为普通股。商业银行发行包含强制转换为普通股条款的优先股，应采取非公开方式发行。优先股强制转换为普通股的转换价格和转换数量的确定方式，由发行人和投资者在发行合约中约定。商业银行设置优先股强制转换为普通股条款的，股东大会应就优先股强制转换为普通股有关事项进行审议，包括转换价格的确定方式，并履行《优先股试点管理办法》第三十七条规定的程序。商业银行披露定期报告时，应专门披露优先股强制转换情况。商业银行发生优先股强制转换为普通股的情形时，应当报银监会审查并决定，并按照《中华人民共和国证券法》第六十七条及证监会的相关规定，履行临时报告、公告等信息披露义务。优先股转换为普通股导致公司控制权变化的，还应符合证监会的有关规定。”

（2）优先股的回购

根据上述意见和《优先股试点管理办法》等法律法规，公司应在章程和招股文件中规定优先股回购的条件、价格和比例，回购选择权可规定由发行人或优先股股东行使。即优先股的回购包括发行人要求赎回和投资者要求赎回两种情形，发行人要求赎回优先股的，必须完全支付所欠股息（商业银行发行优先股补充资本的除外）。投资者要求赎回的，需在相关文件中限定赎回期限和赎回价格等事项。如：自交割日后的第［×］年开始，优先股股东可要求公司按照投资金的［×］%的价格加上应付但未付的股息赎回其持有的优先股股权。优先股回购后应相应减记发行在外的优先股股份总数。

优先股制度对创投企业发展的主要有利之处在于，对投资人而言，有利于控制风险，可有效保障投资者的利益，调动风险投资者的积极性；对创业者及公司而言，能起到增加资本金解决公司融资问题，降低资产负债率的作用，使公司得到长期的发展动力；对社会而言，有利于鼓励创业、优化资源配置，对社会经济的发展起推动作用。①

四、优先权条款

正如前文所述，能够发行优先股的仅限于上市公司和非上市公众公司，这两者均为股份有限公司，而私募股权基金通常除投资于非上市公司股权外，更多地投资于有限责任公司。上述关于优先股的规定并不适用于有限责任公司，那么，这是否意味着私募股权基金就无法在对有限责任公司进行投资的过程中享有分红优先权和清算优先权了呢？下面我们就来具体分析一下：

1. 分红优先权

依据《中华人民共和国公司法》第三十四条的规定，有限责任公司股东按照实缴的出资比例分取红利；公司新增资本时，股东有权优先按照实缴的出资比例认缴出资。但是，全体股东约定不按照出资比例分取红利或者不按照出资比例优先认缴出资的除外。对于公司法的这一但书，理论界存在两种截然不同

---

① 参见雷军：《优先股制度对改善创投环境的积极作用》，载 TechWeb 网，http：//leijun. blog. techweb. com. cn/archives/121，2021 年 10 月 15 日访问。

的观点。第一种观点认为，公司法既然规定有限责任公司股东之间能够自由约定不按出资比例进行分配，也就意味着赋予了有限责任公司股东在分红这一事项上的绝对自主权，其中也应包括在分红顺序上的自由约定，也就是说，私募股权基金投资于有限责任公司时，完全可以在投资协议和被投企业章程中约定私募股权基金享有优先于其他股东进行分红的权利。第二种观点认为，从《中华人民共和国公司法》第三十四条的规定无法推导出有限责任公司股东能够约定分红优先权。目前尚无相关的司法判例支持上述两种观点，我们倾向于支持第一种观点，即私募股权基金可以根据公司法在其投资的有限责任公司章程以及相关投资协议中约定分红优先权。当然，鉴于尚无明确的司法解释和司法判例支持，上述约定存在被司法机关认定为无效的法律风险。

例 5

如果目标公司符合本协议约定的分红条件，在实施分红时应当首先按投资人本次投资额的6%向投资人分红，如果仍有可分配利润，方可按股权比例向其他股东分红；如果本期可分配利润不足投资人本次投资额的6%，则本期可分配利润应当全部分配给投资人。若目标公司当年盈利不符合分红条件，则分红优先权无效。

2. 清算优先权

依据《中华人民共和国公司法》第一百八十六条的规定，有限责任公司清算时，在分别支付清算费用、职工的工资、社会保险费用和法定补偿金，缴纳所欠税款，清偿公司债务后的剩余财产，应按照股东的出资比例分配。虽然法律关闭了有限责任公司自由约定分配清算财产“之门”，但这并不意味着私募股权基金就无法通过与被投企业创始股东之间的约定为自己打开“另一扇窗”。在实践中，不少私募股权基金都倾向于通过与被投企业创始股东在投资协议中约定清算优先权条款，即由创始股东将其依法获得的清算分配财产补偿基金的投资本金及约定的收益。正如上文中介绍的优先股股东所享有的清算优先权，私募股权基金亦可根据不同情况在三种清算优先权（即不参与分配清算优先权、完全参与分配清算优先权和附上限参与分配清算优先权）中择一使用。

例 6

不参与分配清算优先权：若发生清算事件（详见下文定义），投资人有权优先于其他股东获得每股［×］倍于原始出资额的回报加上任何宣布但尚未派发的红利。若前述约定被认定为无效，创始股东应补偿投资人以保证投资人上述权利得以实现。

例 7

完全参与分配清算优先权：若发生清算事件（详见下文定义），投资人有权优先于其他股东获得每股［×］倍于原始出资额的回报加上任何宣布但尚未派发的红利。在支付给投资人清算优先权回报之后，剩余资产由其他股东与投资人按其各自的持股比例进行分配。若前述约定被认定为无效，创始股东应补偿投资人以保证投资人上述权利得以实现。

例 8

附上限参与分配清算优先权：若发生清算事件（详见下文定义），投资人有权优先于其他股东获得每股［×］倍于原始出资额的回报加上任何宣布但尚未派发的红利。在支付给投资人清算优先权回报之后，剩余资产由其他股东与投资人按其各自的持股比例进行分配；但投资人一旦其获得的回报达到［×］倍于原始出资额以及任何宣布但尚未发放的红利，将停止参与分配。若前述约定被认定为无效，创始股东应补偿投资人以保证投资人上述权利得以实现。

需要指出的是，在私募投资领域，清算优先权中的“清算”并非仅指《中华人民共和国公司法》意义上的因公司解散、破产等原因进行的清算，还包括被投企业发生“资产变现事件”的情形，企业合并、收购以及出售、租赁、转让、以排他性许可或其他方式处置企业全部或大部分资产的事件均可视作清算。因此，前述任一事件在投资协议中均可约定为清算事件，在这些情形下，由于并没有明确的对于所谓“清算优先权”的法律规定或限制，私募基金的清算优先权在不损害第三方权益（特别是债权人和员工利益）的前提下一般可以自由约定。

《中华人民共和国公司法》第一百八十六条的规定适用于所有有限责任公司，但是公司法亦规定外商投资企业法律另有规定的，则适用这些特别规定。

而《中华人民共和国中外合资经营企业法实施条例》第九十四条第一款明确规定："合营企业以其全部资产对其债务承担责任。合营企业清偿债务后的剩余财产按照合营各方的出资比例进行分配，但合营企业协议、合同、章程另有规定的除外。"虽然，前述条例已随着《中华人民共和国外商投资法》的出台而废止，但根据《中华人民共和国外商投资法实施条例》第四十六条的规定，现有外商投资企业的组织形式、组织机构等依法调整后，原合营、合作各方在合同中约定的收益分配办法、剩余财产分配办法等，可以继续按照约定办理。因此，如果私募基金所投企业是中外合资企业，其清算优先权则可直接获得法律保护，私募基金可以在合资合同和章程中直接约定私募基金的清算优先权，而无须另行约定创始股东的补偿义务。

第十六章　反稀释条款

一、定义

反稀释条款并非法律概念，因此在中国法下并无明确定义。根据近年来中国投资界与法律界的实践，反稀释条款也称反股权摊薄协议，是指在被投企业进行后续项目融资或者定向增发过程中，私募投资机构为避免自己的股份贬值及份额被过分稀释而采取的措施，以保证私募投资机构所享有的被投企业股份不受被投企业股份之分类、转换、拆股、股份红利或以较低的估值进行新的股权融资等做法的影响。

二、法律依据

《挂牌公司股票发行常见问题解答（三）——募集资金管理、认购协议中特殊条款、特殊类型挂牌公司融资》

二、挂牌公司股票发行认购协议中签订的业绩承诺及补偿、股份回购、反稀释等特殊条款（以下简称“特殊条款”）应当符合哪些监管要求？

答：挂牌公司股票发行认购协议中存在特殊条款的，应当满足以下监管要求：

（一）认购协议应当经过挂牌公司董事会与股东大会审议通过。

（二）认购协议不存在以下情形：

1. 挂牌公司作为特殊条款的义务承担主体。

2. 限制挂牌公司未来股票发行融资的价格。

3. 强制要求挂牌公司进行权益分派，或不能进行权益分派。

4. 挂牌公司未来再融资时，如果新投资方与挂牌公司约定了优于本次发行的条款，则相关条款自动适用于本次发行认购方。

5. 发行认购方有权不经挂牌公司内部决策程序直接向挂牌公司派驻董事或者派驻的董事对挂牌公司经营决策享有一票否决权。

6. 不符合相关法律法规规定的优先清算权条款。

7. 其他损害挂牌公司或者挂牌公司股东合法权益的特殊条款。

（三）挂牌公司应当在股票发行情况报告书中完整披露认购协议中的特殊条款；挂牌公司的主办券商和律师应当分别在“主办券商关于股票发行合法合规性意见”、“股票发行法律意见书”中就特殊条款的合法合规性发表明确意见。

与之前几章所介绍的私募投资机构风控条款类似，由于在现行的中国法下，并未出台专门针对私募投资机构风控条款方面的法律法规，因此，反稀释条款在中国的运用更多取决于投融资双方的自由约定，前提是不违反《中华人民共和国公司法》《中华人民共和国合伙企业法》等法律法规中对于保护股东和合伙人利益的强制性规定。此外，对于拟上市公司及拟新三板挂牌公司，反稀释条款还需满足监管部门的要求，以免对上市或者挂牌产生负面影响。

三、条款解析

如本书第十五章所言，在现行的中国法下，仅有上市公司和新三板挂牌公司才具有发行优先股的资格。对于非公众公司（主要是有限责任公司），就不存在适用优先股的可能。因此，反稀释条款在中国私募股权投资领域的运用，在大多数情形下（被投企业系新三板挂牌公司的除外）需要进行一定的变通。下面对美国版和中国版的反稀释条款分别进行详细介绍：

1. 美国版反稀释条款

美国版反稀释条款根据稀释事件的不同，又可进一步分为价格性反稀释条款和结构性反稀释条款：

（1）价格性反稀释

触发价格性反稀释的事件，是指被投企业在后续融资的过程中，以低于优先股转换价格发行普通股，一旦发生该事件，优先股股东的转换价格应进行相应调整。价格性反稀释条款是美国风投领域常用的一种反稀释条款，通过调整向普通股转换的转换价格实现反稀释目的。具体的调整方式主要分为两种：完全棘轮条款和加权平均条款，加权平均条款又有狭义和广义之分。

例 1

完全棘轮条款：如公司在后一轮融资中发行新股的价格低于前一轮的价格，则前一轮投资者所持有的优先股的转股价格应降低至与后一轮的价格完全一致，并且，前一轮投资者所持有的优先股的总价值保持不变。

解读：

在完全棘轮条款下，仅考虑被投企业后续低价发行股份融资时的交易价格，而不考虑发行股份的规模。即使被投企业仅以低于先前约定的优先股转换价格发行了一股新股，所有的优先股转化价格也均应调整至与新股的发行价一致。完全棘轮条款是对优先股股东最有利的方式，因为无论后续股权融资的增发价格低至如何，优先股股东始终能够以最优价格进行转股。在该条款下，被投企业经营不善的风险在很大程度上由普通股股东承担，因而普通股股东的股权将遭到重大稀释。当然，在实践中，也存在部分棘轮条款，如半棘轮或 2/3 棘轮，具体就看投资者和创始股东之间的博弈了。

例 2

狭义加权平均条款：如公司在后一轮融资中发行新股的价格低于前一轮的价格，则 A 系列优先股股东在 B 轮融资中享有的转换价格 =（A 轮融资时优先股每股价格 × A 系列优先股股东所持全部优先股股份数 + B 轮新融资额）/（A 系列优先股股东所持全部优先股股份数 + B 轮实际发行股份数）。

解读：

根据上述条款，假设被投企业 A 轮融资引入 A 系列优先股股东，持有 10 万股，每股 5 元；B 轮融资 5 万股，每股 2.5 元；创始股东持有普通股 5 万股，每股 5 元。则在狭义加权平均条款下：A 系列优先股股东在 B 轮融资中享有的转换价格 =（100000 × 5 + 50000 × 2.5）/（100000 + 50000）= 4.17 元。

例 3

广义加权平均条款：如公司在后一轮融资中发行新股的价格低于前一轮的价格，则 A 系列优先股股东在 B 轮融资中享有的转换价格 =（A 轮融资时优先

股每股价格 ×A 系列优先股股东所持全部优先股股份数 +B 轮新融资额 + 创始股东持有的普通股每股价格 × 持有的股份数）/（A 系列优先股股东所持全部优先股股份数 +B 轮实际发行股份数 + 创始股东所持有的全部普通股股份数）。

根据广义加权平均条款，假设目标公司的各种数据与例 3 中的案例保持不变，那么：A 系列优先股股东在 B 轮融资中享有的转换价格 =（100000 ×5 + 50000 ×2.5 +50000 ×5）/（100000 +50000 +50000）=4.375 元。

解读：

通过上述两个条款的对比可知，广义加权平均条款的计算公式更为复杂，其将创始股东所持有的被投企业权益也一并计算在内。而在实践中，广义加权平均条款所需计算的项目更为全面，因为，其采用的是完全稀释方式，除上述条款中已发行的普通股之外，还包括通过执行期权、认股权等可获得的普通股数量，即计算时将后续融资前所有已发行的普通股认定为按原定的转换价格发行。而狭义加权平均条款则仅计算优先股和后续融资的股份价格和数量。由此我们不难发现，纳入计算的项目越多，调整后的优先股转换价格就会越高。因此，狭义加权平均条款对优先股股东而言更为有利，这意味着在优先股转换成普通股时，优先股股东可获得更多的股份数量。

综合来看，在三种价格性反稀释条款中，狭义的加权平均条款运用得最为普遍，因为其不仅能够较好地保护优先股股东的利益，而且能兼顾被投企业创始股东的责任限制。完全棘轮条款，则多见于优先股股东拥有绝对话语权的股权融资交易中；而广义的加权平均条款之运用，则属于融资方较为强势的情形。

（2）结构性反稀释

结构性反稀释的触发事件，是指被投企业普通股的结构性变化，包括但不限于普通股拆分、发放红股以及其他导致被投企业普通股的结构发生改变的事件。该等事件发生后，优先股股东在转换后所应持有的普通股股份数量也应按比例获得调整。为便于理解，我们将对普通股拆分和发放红股两种情况各举一例如下：

A. 普通股拆分

例 4

如公司决定在发行优先股之后进行普通股拆分，则在拆分的同时，原先约定的优先股转换价格应等比例降低，从而使优先股股东在转换后应持有的普通股数量按拆分后的普通股的数量等比例增加，而优先股股东的持股比例和股权总价值均保持不变。

解读：

根据上述条款，假设创始股东拥有被投企业 10 万股普通股，每股 8 元，价值为 80 万元。作为优先股股东的私募投资机构拥有 10 万股优先股，每股 8 元，价值为 80 万元，私募投资机构享有的股权比例为 50%。现被投企业将每一股普通股按照 1∶5 的比例进行拆分，则在进行普通股拆分后：

	未约定反稀释条款	约定反稀释条款
创始股东拥有的普通股数量	50 万股	50 万股
私募投资者拥有的普通股数量	10 万股	50 万股
被投企业股份总额	60 万股	100 万股
私募投资者拥有的普通股价值	80 万元	400 万元
私募投资者的持股比例	16.7%	50%

B. 普通股发放红股

例 5

如公司决定在发行优先股之后向普通股股东发放红股，则在分红的同时，原先约定的优先股转换价格应与分红后的普通股价格保持一致，从而使优先股股东在转换后应持有的普通股数量按分红后的普通股数量等比例增加，优先股股东的持股比例和股权总价值均保持不变。

根据上述条款，假设被投企业决定向创始股东按照每一股普通股获得 4 股新的普通股的标准发放红股，则在进行普通股分红后：

	未约定反稀释条款	约定反稀释条款
创始股东拥有的普通股数量	50 万股	50 万股
创始股东拥有的普通股价值	1.6 元/股	1.6 元/股
私募投资者拥有的普通股价值	8 元/股	1.6 元/股
私募投资者拥有的普通股数量	10 万股	50 万股
被投企业的股份总额	60 万股	100 万股
私募投资者的持股比例	16.7%	50%

解读：

通过上述两个条款和案例不难发现，无论是普通股拆分还是发放红股，均会改变被投企业普通股的股本结构。如未约定反稀释条款，则作为优先股股东的私募投资机构所持有的被投企业股权将在被投企业普通股拆分或发放红股后被稀释，因而降低私募投资机构对被投企业的持股比例。因此，约定针对被投企业普通股结构变化的反稀释条款，对私募投资机构而言非常重要。

2. 中国版反稀释条款

如前所述，由于在中国法下，大部分被投企业并不具备发行优先股的资格，因此不存在调整优先股转换为普通股的转股价格的可能性，而只能通过调整私募投资机构所持有的被投企业股权比例来达到反稀释的目的。

例 6

各方同意，如在目标公司的后续融资中，新投资者的最终投资价格低于本协议投资方的投资价格，则投资方有权要求目标公司的创始股东在后续融资交易完成交割后的60日内无偿转让其持有的目标公司部分股权给投资方，以使投资方对目标公司的投资价格与新投资者相同。如依据适用法律规定，因投资方受让创始股东持有的目标公司股权而需要投资方支付任何形式的对价（包括但不限于转让价款和税负），则该对价应由创始股东向投资方承担全额补偿责任。

解读：

根据上述条款，私募投资机构可通过无偿或低价受让创始股东持有的被投企业股权来达到反稀释目的。值得一提的是，在很多情况下，被投企业的创始股东系自然人，而在中国法下，自然人股东无偿让渡股权的行为必须具备合理理由，否则主管税务机关可以核定股权转让收入。前述的合理理由包括：有证据证明被投企业经营困难、近亲属之间的股权转让、合理的内部转让等。通常情况下，投资协议双方很难提供该等合理理由。因此，在不存在合理理由的情况下，反稀释条款应避免“无偿”或“零对价”转让的约定，同时应明确，私募投资机构因无偿或低价受让被投企业股权而产生的任何成本和费用（包括受让价款和税负）均应由创始股东承担。

例 7

目标公司创始股东不可撤销地承诺并保证，目标公司在后续融资中引入的新投资方的增资价格不得低于本协议投资方的增资价格，否则，本协议投资方有权选择要求创始股东在后续融资交易完成交割后的60日内完成以下任何一种补偿：

（1）向本协议投资方补偿后续增资价格与本协议增资价格之间的差额；

（2）向本协议投资方无偿转让其持有的目标公司部分股权，以使投资方对目标公司的投资价格与新投资方相同。

如依据适用法律规定，因投资方受让创始股东持有的目标公司股权或获得现金补偿而需要投资方支付任何形式的对价（包括但不限于转让价款和税负），则该对价应由创始股东向投资方承担全额补偿责任。

目标公司创始股东进一步承诺，在完成后续融资后并在目标公司上市前，投资方所持有的目标公司股权比例在目标公司拆股、股票分红、并股，以及其他资产重组的情况下也应按比例获得调整，以确保投资方对目标公司的任何权益不因前述事项而受到任何损失。

解读：

相对例 6 而言，例 7 的条款对私募投资机构更为有利，这种优势主要体现在两个方面：其一，例 7 赋予了私募投资机构以选择权。私募投资机构可根据对被投企业经营业绩的判断在现金补偿和股权补偿之间进行选择。如看好被投企业的后续发展，则可“收股”，否则就“拿钱”。当然，如例 7 所述，应在条款中约定，由创始股东来承担任何与补偿相关的成本和费用。其二，例 7 将后续可能导致私募投资机构对被投企业的持股比例被稀释的各种情形均纳入保障范围内。

3. 反稀释调整的例外情形

在实践中，创始股东和私募投资机构在就反稀释条款进行谈判的过程中，通常会约定一些排除适用反稀释条款的情形，一般包括：

（1）预留在被投企业期权池中的员工股份；

（2）被投企业因兼并、合并、收购或其他类似的企业合并而发行的用于代替现金支付的股份；

（3）与以下情况有关的股份：当被投企业后续融资时新发行股份的价格低于当时适用的优先股转换价格，持有大部分优先股的股东放弃反稀释权。

现就前述排除适用反稀释条款的三种情形分别进行解读：第一种情形是股权激励。在被投企业上市前，其一般会对核心员工进行股权激励，在该激励机制下，被投企业授予其员工的股权的对价一般会显著低于市场估值。作为私募投资机构，也乐于通过股权激励来激发被投企业的核心员工的工作动力，从而为被投企业创造更大的价值，私募投资机构便能获得预期甚至超额投资收益，因此，私募投资机构愿意将股权激励排除在反稀释条款的适用范围之外。但需特别提醒的是，私募投资机构应要求在投资协议中对排除适用反稀释条款的员工股权激励或员工持股计划进行清晰而精确的定义，以防止创始股东在形式上利用该排除适用反稀释条款的股权激励方案，而在实质上以关联方低价入股被投企业，恶意稀释私募投资机构的股东权益。除了清晰界定排除适用反稀释条款的股权激励和持股计划的内涵和外延外，最安全的做法是明确约定排除适用反稀释的激励计划或持股计划必须经包括私募投资机构在内的股东同意。第二种情形是被投企业并购交易中股份支付，此种情形与一般意义上的股权融资不同，通常不适用反稀释条款。第三种情形是大多数优先股股东自动放弃反稀释权。即在被投企业后续以低于优先股转换价的价格进行融资时，大多数优先股股东放弃其反稀释权利，同意参与被投企业的该后续低价融资。如有少数优先股股东无意参与该轮低价融资，而试图通过反稀释条款来调整其转换后的持股比例，那么，由于此例外情形的存在，该等少数优先股股东将无法执行反稀释条款。

值得一提的是，一般而言，私募投资机构都会与被投企业及其创始股东在投资协议中约定，私募投资机构对创始股东转让的股权有优先购买权，因此，如被投企业的本轮股权融资并非首轮，也就是说，在本轮融资之前，被投企业除了创始股东之外还有其他私募投资机构，本轮私募投资机构就应注意在反稀释条款中排除其他私募投资机构的优先购买权，以便该条款能够顺利履行。

反稀释条款是私募投资机构在进行股权投资时的重要风控条款之一，其主要作用有二，一是为了保护私募投资机构，避免其持有的被投企业股权因被投企业进行降价融资而被严重稀释。二是为了激励被投企业以更高的估值进行后续融资，要求创始股东及管理团队对被投企业的经营业绩负责，并承担因经营不善而导致业绩不达预期的后果。因此，被投企业在后续融资的过程中，估值是否会降低以及降低多少，主要取决于被投企业的经营发展是否顺利，如果业绩良好，触发反稀释条款的可能性就会大大降低。但如果业绩不佳，估值下降得较多，此时投资机构应考量的或许是如何全身而退，而非根据反稀释条款来调整持股比例了。此外，如反稀释条款约定了现金补偿，而创始股东又无力偿付的话，私募投资机构将依然是“竹篮打水一场空”。因此，触发反稀释条款的结果，在多数情况下，将会是“双输”的结局。

以笔者经办的一起并购为例：某科学家创办的新材料企业具有较大的技术优势，受到私募投资机构的青睐。但该企业在融资后盲目扩张，并且其创始人法律意识淡薄，随意为他人担保，导致企业陷入债务危机。笔者代表的投资机构同样看好该企业的技术优势，拟通过受让创始股东股权及增资方式收购该企业，鉴于在法律尽职调查中，我们注意到投资于该企业的私募投资机构均在投资协议中约定了反稀释条款，如果执行该等反稀释条款，创始股东将被迫出局，这不符合笔者所代表的投资机构的利益（因为该投资机构看好的就是创始股东的技术能力）。为此，笔者建议将该等私募投资机构放弃执行反稀释条款作为该并购交易交割的先决条件之一。该要求获得该等私募投资机构的配合，因为对于该等私募投资机构而言，虽然执行反稀释条款是他们的权利，但是，如果笔者所代表的投资机构放弃并购，该企业将面临破产的窘境，该等私募投资机构因而将遭受投资损失。事实证明，该等私募投资机构的选择是正确的，笔者所代表的投资机构并购该企业后，不仅注入资金解除其债务危机，还引入了一些优质客户资源，两年后，该企业不仅转亏为盈，还启动了上市流程。

第十七章　对赌条款

一、定义

“对赌”在现行的中国法下并无明确定义，因其具有双向估值调整的功能被形象地称为“对赌”。根据十多年中国投资界与法律界的实践，最高人民法院于2019年11月14日发布的《全国法院民商事审判工作会议纪要》[①]给出了初步定义：实践中俗称的“对赌协议”，又称估值调整协议，是指投资方与融资方在达成股权性融资协议时，为解决交易双方对目标公司未来发展的不确定性、信息不对称以及代理成本而设计的包含了股权回购、金钱补偿等对未来目标公司的估值进行调整的协议。从订立“对赌协议”的主体来看，有投资方与目标公司的股东或者实际控制人“对赌”、投资方与目标公司“对赌”、投资方与目标公司的股东、目标公司“对赌”等形式。

在实践中，私募投资机构一般会与融资方在投资协议中约定被投企业的经营目标，经营目标可以是财务性指标，如利润额、利润增长率、营业收入、营业收入增长率等，也可以是非财务性指标，如上市、新药研发的里程碑等。如果约定的经营目标未能达到，私募投资机构可以根据投资协议的约定行使要求估值调整、业绩补偿或股权回购[②]等权利；如果被投企业超额完成经营目标达到

① 《全国法院民商事审判工作会议纪要》不是司法解释，不能作为人民法院裁判依据进行援引。但对人民法院审理案件具有极强的指导意义，因而为法律界和投资界所重视。

② 需要说明的是，在私募投资领域，回购并不等同于《中华人民共和国公司法》规定的公司收购股东所持有的公司股权或股份，还包括由被投企业的创始股东或者控股股东或者实际控制人或者他们指定的任何人受让私募投资机构所持被投企业的股权或股份。

约定的比例，融资方则可以根据投资协议的约定行使反向的估值调整或增资的权利。约定对赌条款是私募投资机构在信息不对称的情形下作出投资决定时的一种非常重要的降低投资风险、保护私募投资机构权益的手段。

二、法律依据

如前所述，由于对赌并非法律概念，因此中国法下并无针对对赌条款或对赌协议的法律法规，因而对于对赌条款应如何规范或者应遵守何种原则，并无明确的法律依据。随着对赌条款的应用越来越广泛，一些层级较低的规范性文件以及不具有法律约束力但有极强指导意义的司法文件逐渐发布。现分列如下：

(1)《全国法院民商事审判工作会议纪要》

二、关于公司纠纷案件的审理

……

(一) 关于“对赌协议”的效力及履行

实践中俗称的“对赌协议”，又称估值调整协议，是指投资方与融资方在达成股权性融资协议时，为解决交易双方对目标公司未来发展的不确定性、信息不对称以及代理成本而设计的包含了股权回购、金钱补偿等对未来目标公司的估值进行调整的协议。从订立“对赌协议”的主体来看，有投资方与目标公司的股东或者实际控制人“对赌”、投资方与目标公司“对赌”、投资方与目标公司的股东、目标公司“对赌”等形式。人民法院在审理“对赌协议”纠纷案件时，不仅应当适用合同法的相关规定，还应当适用公司法的相关规定；既要坚持鼓励投资方对实体企业特别是科技创新企业投资原则，从而在一定程度上缓解企业融资难问题，又要贯彻资本维持原则和保护债权人合法权益原则，依法平衡投资方、公司债权人、公司之间的利益。对于投资方与目标公司的股东或者实际控制人订立的“对赌协议”，如无其他无效事由，认定有效并支持实际履行，实践中并无争议。但投资方与目标公司订立的“对赌协议”是否有效以及能否实际履行，存在争议。对此，应当把握如下处理规则：

5.【与目标公司“对赌”】投资方与目标公司订立的“对赌协议”在不存在法定无效事由的情况下，目标公司仅以存在股权回购或者金钱补偿约定为由，主张“对赌协议”无效的，人民法院不予支持，但投资方主张实际履行的，人民法院应当审查是否符合公司法关于“股东不得抽逃出资”及股份回购的强制性规定，判决是否支持其诉讼请求。

投资方请求目标公司回购股权的，人民法院应当依据《公司法》第35条关于“股东不得抽逃出资”或者第142条关于股份回购的强制性规定进行审查。经审查，目标公司未完成减资程序的，人民法院应当驳回其诉讼请求。

投资方请求目标公司承担金钱补偿义务的，人民法院应当依据《公司法》第35条关于“股东不得抽逃出资”和第166条关于利润分配的强制性规定进行审查。经审查，目标公司没有利润或者虽有利润但不足以补偿投资方的，人民法院应当驳回或者部分支持其诉讼请求。今后目标公司有利润时，投资方还可以依据该事实另行提起诉讼。

（2）《最高人民法院关于人民法院为企业兼并重组提供司法保障的指导意见》

二、强化商事审判理念，充分发挥市场在资源配置中的决定性作用

……

要坚持促进交易进行，维护交易安全的商事审判理念，审慎认定企业估值调整协议、股份转换协议等新类型合同的效力，避免简单以法律没有规定为由认定合同无效……

（3）《关于为虹口区金融持续健康发展和推动金融创新提供有效司法保障的意见》

10. 完善本区风险投资的法律环境，有效支持和引导风险投资。配合上海风险投资中心建设，积极创造健康的风险投资法治环境。正确区分投资协议中估值调整机制的效力，充分尊重有关业务规程、行业惯例，依法保护认定回购股权、利益补偿、优先购买等条款效力。

（4）《全国中小企业股份转让系统股票发行业务指引第2号——股票发行方案及发行情况报告书的内容与格式（试行）》

第十七条 董事会决议确定具体发行对象的，应当披露股票认购合同的内容摘要，至少应包括以下内容：

……

（六）估值调整条款（例如以达到约定业绩为条件的股权质押、股权回购或现金支付等）；

……

三、对赌案例

“对赌”看似形象，其实并不会出现我们一般理解的在博彩中一方赢了另一方的结果，而只可能有两个结果：“双赢”或“双输”。何出此言呢？先来说说“双赢”。对作为投资方的私募股权基金而言，基金投资者之所以愿意对该股权基金进行投资，最根本的原因是看好基金投资团队，那么如何判断一个投资团队的实力？其过往的投资业绩往往是一个重要的衡量标准。试想，如果该基金投资团队过往的投资项目大多收益不佳，那么如何才能令投资者相信其实力，从而放心地将资金投入该投资团队所管理的基金呢？由此可见，一个错误的投资决策，即使通过触发对赌条款收回了投资成本，也难以实现其投资收益，更何况，即使触发了对赌条款，也未必能够全额收回投资成本。因此，基金投资者和私募投资机构最愿意看到的是被投企业的经营业绩达到甚至超出对赌目标，若如此，即便意味着私募投资机构因向被投企业的创始股东履行对赌承诺而产生一定的“损失”，但其作为被投企业的股东因被投企业的优秀业绩而获得的收益却能够远远超出对赌损失，最终获得私募投资机构和被投企业创始股东“双赢”的结果。反之，如果被投企业的经营业绩不尽如人意，未能达到投资协议所约定的对赌目标，则其创始股东须履行对赌承诺，以约定的方式（具体方式将在下文中详述）对私募投资机构进行赔偿。如前所述，且不论该等赔偿是否能够弥补私募投资机构的投资成本，即便能够补足，对私募投资机构而言，这仍然是一个投资失败的项目，因而，对赌失败并非仅针对对赌一方，而是双方皆输，只不过，私募投资机构可以通过触发对赌条款来尽量减少自己的损失。下面通过几个著名的对赌案例看看对赌的结局：

案例1：某乳业公司管理层对赌摩×公司[①]

某乳业公司管理层与摩×公司的对赌可谓是中国私募投资领域至今为数不多的成功案例之一。2003年，摩×公司等投资机构与某乳业公司签署了类似于国内证券市场可转债的“可换股文据”，根据约定，摩×公司等投资机构在未来可选择以每股仅0.74港元的价格将“可换股文据”转换为上市公司某乳业公司的股票。前述机构通过“可换股文据”合计向某乳业公司投入3523万美元，折合人民币2.9亿元。

为了使预期增值的目标能够兑现，摩×公司等私募投资机构与某乳业公司管理层签署了基于业绩增长的对赌协议。双方约定，从2003年至2006年，某乳业公司的年复合增长率不得低于50%。否则，公司管理层将向摩×公司无偿转让6000万股至7000万股上市公司某乳业公司股票；如某乳业公司的业绩增长达到对赌目标，摩×公司等机构须以其所持有的一定数量的某乳业公司股份作为奖励无偿转让给某乳业公司管理层。

2004年6月，某乳业公司的业绩增长达到预期目标。由此，摩×公司等机构所持有的“可换股文据”的期权价值得以兑现，换股时某乳业公司股票价格达到每股6港元以上，摩×公司等私募投资机构所获得的期权取得了近8倍的收益；另外，机构投资者们给予某乳业公司管理层的股份奖励也得以兑现。因而，某乳业公司管理层与摩×公司等机构投资者的业绩对赌，让各方都成为赢家。

案例2：张某对赌鼎×公司[②]

相比之下，某公司的创始人张某就没那么幸运了。2008年9月，某公司与

---

① 参见某乳业公司（股份代号023××）：“释义”，载香港交易所披露易网站，https://www1.hkexnews.hk/listedco/listconews/sehk/2004/0601/02319/cwp105_c.pdf，2021年11月19日访问；某乳业公司（股份代号023××）：“企业架构”，载香港交易所披露易网站，https://www1.hkexnews.hk/listedco/listconews/sehk/2004/0601/02319/cwp111_c.pdf，2021年11月19日访问；某乳业公司（股份代号023××）：“有关本售股章程及全球售股的资料”，载香港交易所披露易网站，https://www1.hkexnews.hk/listedco/listconews/sehk/2004/0601/02319/cwp107_c.pdf，2021年11月19日访问；某乳业公司（股份代号023××）：“附件五－可换股文据的主要条款及条件”，载香港交易所披露易网站，https://www1.hkexnews.hk/listedco/listconews/sehk/2004/0601/02319/cwp127_c.pdf，2021年11月19日访问；王雪靖、边长勇：《摩×公司交出鞭子 牛某某笑到最后》，载《第一财经日报》2005年4月8日。

② 上海大学管理学院MPAcc案例编写委员会编：《会计专业硕士（MPAcc）教学案例集Ⅱ》，上海大学出版社2017年版，第133～135页。

鼎×公司签署增资协议，根据约定，鼎×公司向某公司注入约合2亿元人民币，持有某公司10.53%的股权。增资协议还约定了对赌条款：如非鼎×公司的原因，导致某公司未能在2012年年底上市，则鼎×公司有权要求张某回购其所持有的全部某公司股权。

2011年3月，某公司向证监会发行部提交了上市申请。在2012年春节前夕，证监会终止审查某公司的IPO申请，张某被迫转战港股，但仍未能成功。由于最终没能够在2012年年末实现IPO，就触发了增资协议中的股份回购条款，而当时某公司正处于经营比较困难的情况下，门店也从70家缩减到50家，因此张某无法拿出足够的资金用于回购鼎×公司所持有的股权。于是，股份回购的失败又相继触发了领售权条款（又称强制出售权条款，将在后文进行介绍）和清算优先权条款。鼎×公司找到的某公司股权受让方系私募股权基金CVC。

2014年1月，商务部在其官网公布了《2013年第四季度无条件批准经营者集中案件列表》，其中私募CVC收购某公司案赫然在列，结案时间为2013年11月。2014年4月，CVC宣布正式入主某公司，成为控股股东。根据相关媒体报道，CVC间接持有某公司82.7%的股权，其中就包含张某根据领售权条款转让的70%左右的股权。据悉，张某于2013年年底就不再担任某公司的法定代表人和董事，至此，张某彻底失去了某公司的控制权。

如果说，某乳业公司管理层与摩×公司的对赌案是“双赢”的典范，那么，张某与鼎×公司的对赌案则是典型的“双输”。作为创始人的张某失去企业控制权自不用说，而对于鼎×公司来说，从此前媒体报道的收购价格来看，CVC收购某公司股权给予的估值非常低，鼎×公司的投资回报率极其有限。同样“双输”的例子还有瀚×公司创始人曹某波与中兴公司等27家私募机构的对赌。

案例3：瀚×公司对赌案①

2011年，瀚×公司以2012年上市为对赌目标，与多家私募机构签署了增资协议，而对赌失败的代价就是瀚×公司创始人曹某波回购机构投资者所持有的瀚×公司股权。2012年，瀚×公司上市失败，但曹某波无力回购，于是2013年

---

① 王小莓：《××天堂陷瀚×IPO对赌骗局27家PE忽悠入股14亿》，载人民网，http：//finance.people.com.cn/stock/n/2014/0318/c67815－24666205.html，2021年10月15日访问。

上半年，27 家私募机构之一的冷×资本开始起诉曹某波。

四、对赌条款的效力

如前所述，早期的对赌协议以与被投企业对赌为主，兼有与被投企业及创始股东对赌。2009 年前，我国对赌失败的案例不多，即使对赌失败，也大多能协商解决，笔者就曾代理一家私募投资机构与被投企业成功和解。在研究这起对赌纠纷时，笔者注意到，对于对赌协议的效力，当时既无法律规定，也无案例可供参考，业界对此的研究非常少。

随着对赌失败的案例逐渐增多，有些私募投资机构被迫提起诉讼或者申请仲裁，对赌协议的效力问题开始进入司法视野。

1. 海×、世×案①

2007 年 10 月，海×投资决定投资世×公司，并与世×公司、其母公司及世×公司法定代表人兼总经理签订了增资协议，约定：海×投资出资 2000 万元投资世×公司，占世×公司增资后注册资本的 3.85%。其中的对赌条款约定：世×公司 2008 年净利润不得低于 3000 万元人民币，否则，海×投资有权要求世×公司予以补偿，如果世×公司未履行补偿义务，海×投资有权要求其母公司履行补偿义务。而世×公司 2008 年度的实际净利润仅为 26858.13 元，因此，海×投资按照增资协议约定，要求世×公司补偿 1998 万元，并在遭到拒绝后将世×公司告上了法庭。该案经兰州市中级人民法院一审和甘肃省高级人民法院二审分别以不同的理由认定对赌条款无效后，最终经最高人民法院再审后于 2012 年作出终审判决：认定海×投资与世×公司之间的对赌条款无效，海×投资与世×公司的创始股东之间的对赌条款有效。

该判决认定被投企业股东对投资人作出的补偿承诺并不损害公司及公司债权人的利益，不违反法律法规的禁止性规定，是当事人的真实意思表示，是有效的。但是，投资人与被投企业对赌，投资人可以因此取得相对固定的收益，该收益脱离了被投企业的经营业绩，损害了公司及债权人利益，因而是无效的。

此后，多数私募投资机构和私募律师在设计对赌协议时一般会遵从这一裁

① （2012）民提字第 11 号。

判原则。但是仍有大量对赌纠纷系基于此案判决前订立的对赌协议，私募投资机构与被投企业的对赌纠纷发生后，私募投资机构及其律师均会想方设法寻找各种法律或法理依据，试图挑战这一裁判原则。各级法院多数会参考本案确立的原则，但也有一些法院尝试重新界定对赌协议的效力。

2. 江苏“华×案”①

2019年4月，江苏省高级人民法院关于“华×案”的再审判决如一块巨石打破了私募圈水面的宁静。对于私募投资机构华×公司与被投企业扬×公司及其股东的对赌纠纷，在一审、二审皆认定与被投企业对赌协议无效后，江苏省高院再审判决认为，《中华人民共和国公司法》并不禁止公司回购本公司股份，且各方约定的年回报率为8%，与同期融资成本相比并不明显过高，不存在脱离公司经营业绩、损害公司、公司其他股东和公司债权人的权益的情况，而且回购具备法律上及事实上的履行可能，因此，回购约定有效，并据此判决被投企业向投资人支付回购款。

3. 全国法院民商事审判工作会议纪要

2019年11月14日最高人民法院发布《全国法院民商事审判工作会议纪要》表明其对对赌协议的立场。对于对赌协议的效力，《全国法院民商事审判工作会议纪要》首先确立了审判的原则：人民法院在审理“对赌协议”纠纷案件时，不仅应当适用合同法的相关规定，还应当适用公司法的相关规定；既要坚持鼓励投资方对实体企业特别是科技创新企业投资原则，从而在一定程度上缓解企业融资难问题，又要贯彻资本维持原则和保护债权人合法权益原则，依法平衡投资方、公司债权人、公司之间的利益。

进而明确了对赌协议的效力：

对于投资方与目标公司的股东或者实际控制人订立的“对赌协议”，如无其他无效事由，认定有效并支持实际履行。

投资方与目标公司订立的“对赌协议”在不存在法定无效事由的情况下，目标公司仅以存在股权回购或者金钱补偿约定为由，主张“对赌协议”无效的，人民法院不予支持。

---

① （2019）苏民再62号。

《全国法院民商事审判工作会议纪要》虽然终结了关于对赌协议的效力的争执，但是，这并不意味着私募投资机构可以大胆地与目标公司进行对赌。

五、对赌协议的可执行性

虽然根据《全国法院民商事审判工作会议纪要》，私募投资机构无论与被投企业对赌，还是与被投企业的股东或者实际控制人对赌，只要不存在法定无效事由，均是有效的。但是《全国法院民商事审判工作会议纪要》也同时强调了对赌协议的可执行性问题。

对于私募投资机构与被投企业的股东或者实际控制人对赌，《全国法院民商事审判工作会议纪要》认为应“支持实际履行”，亦即私募投资机构诉请要求被投企业的股东或者实际控制人履行回购义务或者现金补偿义务，可以获得法院的支持。

而对于私募投资机构与被投企业对赌，《全国法院民商事审判工作会议纪要》认为：

投资方主张实际履行的，人民法院应当审查是否符合公司法关于“股东不得抽逃出资”及股份回购的强制性规定，判决是否支持其诉讼请求。

投资方请求目标公司回购股权的，人民法院应当依据《中华人民共和国公司法》第三十五条关于“股东不得抽逃出资”或者第一百四十二条关于股份回购的强制性规定进行审查。经审查，目标公司未完成减资程序的，人民法院应当驳回其诉讼请求。

投资方请求目标公司承担金钱补偿义务的，人民法院应当依据《中华人民共和国公司法》第三十五条关于“股东不得抽逃出资”和第十六条利润分配的强制性规定进行审查。经审查，目标公司没有利润或者虽有利润但不足以补偿投资方的，人民法院应当驳回或者部分支持其诉讼请求。今后目标公司有利润时，投资方还可以依据该事实另行提起诉讼。

简言之，若被投企业未完成减资程序，法院应当驳回私募投资机构请求被投企业回购股权的诉讼请求；若被投企业没有利润或者虽有利润但不足以补偿私募投资机构，人民法院应当驳回或者部分支持私募投资机构请求被投企业现金补偿的诉讼请求，当然，在今后被投企业有利润且私募投资机构依据该事实另行提起诉讼时，其诉讼请求可以获得全部或者部分支持（视被投企业利润而定）。

根据上述规定，私募投资机构只有先推动被投企业减资，然后才能由被投企业回购股份。然而根据《中华人民共和国公司法》第四十三条的规定，有限责任公司的股东会会议作出减少注册资本的决议，必须经代表2/3以上表决权的股东通过；《中华人民共和国公司法》第一百零三条规定，股份有限公司的股东大会作出减少注册资本的决议，必须经出席会议的股东所持表决权的2/3以上通过。在实践中，私募投资机构一般不会持有被投企业30%以上的股权（或股份），除非被投企业股权非常分散，否则其没有可能成功推动被投企业作出减资决议，因而，私募投资机构推动被投企业减资再起诉要求被投企业履行回购义务的可能性将非常小。私募投资机构与其推动减资，不如与被投企业或其股东积极协商，以和解而非诉讼方式实现退出。

而关于被投企业在对赌失败后对私募投资机构进行现金补偿，《全国法院民商事审判工作会议纪要》似乎主张以优先分红的方式实现。因为如果被投企业有利润且作出分红决议，私募投资机构本可获得相应的分红，并不涉及补偿问题。而《全国法院民商事审判工作会议纪要》的精神在于如果被投企业有利润且足以按对赌协议约定补偿私募投资机构，则应当首先补偿私募投资机构，实际上是强制被投企业分红且将其他股东应当分取的利润补偿给私募投资机构，其实质还是被投企业股东对私募投资机构作出补偿，而非被投企业作出补偿，只是诉讼主体不同罢了。

六、条款解析

在中国私募股权投资界，典型的对赌条款包括估值调整条款、业绩补偿条款和股权回购条款，下面我们将对这三种对赌条款逐一进行解析：

1. 估值调整条款

估值调整条款是指，鉴于信息不对称以及其他不确定的情形，私募投资机构注资时双方确认的估值可能严重偏离被投企业实际价值，因而需要根据双方确认的估值设定业绩目标，当被投企业未能或超额实现约定的业绩目标时，就应当根据实际实现的业绩结合设定的业绩目标对估值进行相应调整，即私募投资机构可以据此向被投企业创始股东收回或返还与其投资款之间的差额部分，或者根据投资款反推其应获得的股权比例，并要求创始股东向其无偿转让或向创始股东无偿转让相应比例的被投企业股权。

例 1

如 B 公司在 2016 年和 2017 年的净利润分别达到 2240 万元及 4970 万元（以下简称业绩目标），则 A 公司所持有的 B 公司的股权比例将最终确定为 20%；如届时 B 公司净利润仅达业绩目标的 90%，则 B 公司的创始股东必须额外将其所持 B 公司股权的 11.1%，以 1 元的象征性价格转让给 A 公司；如届时 B 公司净利润仅达业绩目标的 85%，则 B 公司的创始股东必须额外将其所持 B 公司股权的 17.6%，以 1 元的象征价格转让给 A 公司；如届时 B 公司净利润不足业绩目标的 85%，则 B 公司的创始股东需要额外出让更多其所持有的 B 公司股权给 A 公司，具体比例应根据 B 公司的实际业绩确定，但最多不超过 B 公司总股本的 20%；如届时 B 公司净利润业绩目标达 12% 或以上，则 A 公司将以其持有的 1% 的 B 公司股权作为奖励返还给 B 公司的创始股东，则 A 公司的实际持股比例将变更为 19%。

解读：

如前所述，触发估值调整条款的结果是，私募投资机构对被投企业的持股比例或投资额将根据被投企业的新估值发生相应变化。上述条款调整的是私募投资机构对被投企业的持股比例，即被投企业在超额完成或未能完成业绩目标的情况下，其创始股东应从私募机构获得或向私募机构无偿转让一定数量的被投企业股权，其具体有以下几个特点：

（1）向下细分，向上统一。向下细分即对未能完成业绩目标的情况根据实际完成比例进行细分并分别设定创始股东应向私募投资机构无偿转让的股权比例；向上统一即对超额完成目标仅设置一种情形，并统一设定私募投资机构应向创始股东返还的股权比例。这体现出私募投资机构相对强势的特征。

（2）对无偿转让股权设定上限。虽然私募投资机构很强势，但创始股东也不会任人宰割，一番博弈之下，对赌双方协商一致对未达业绩目标时无偿转让股权比例设定上限。私募投资机构之所以愿意作出妥协，主要是因为在本案例中，私募投资机构只是财务投资者，其看重的是被投企业创始股东及其管理团队的经营管理能力。如果创始股东因对赌失败而无偿转让过多被投企业股权，因而导致其失去对被投企业的控制权，将最终使被投企业的经营管理陷入巨大的不确定性之中，而此时，作为财务投资者的私募投资机构也将无法独善其身。因此，设定无偿转让股权的上限，是为了确保创始股东始终持有被投企业的控制权，从而保证被投企业的稳定经营。

2. 业绩补偿条款

业绩补偿条款是指，当被投企业未能完成约定的业绩目标时，将由被投企业的控股股东或实际控制人向私募投资机构进行相应补偿。补偿的标准由对赌双方协商，但一般有三种模式：第一种为补足私募投资机构应分得的利润差额；第二种为按实际业绩对被投企业重新估值，并将投资额差额补偿给私募投资机构；第三种为设定一定的触发条件，例如约定实际业绩未达到约定业绩目标的一定比例（如90%）时，才触发业绩补偿，且仅对未达到业绩目标的部分进行补偿。这三种模式在实践中均被采用过，但第二种模式较为常见。

例2

甲方2018年净利润应不低于3000万元人民币，否则，乙方有权要求丙方予以补偿，丁方应承担无限连带补偿责任。如果丙方未能履行补偿义务，乙方有权要求丁方履行补偿义务。补偿金额＝（1－2018年实际净利润/3000万元）×本次投资金额。

解读：

在上述条款中，甲方为被投企业，乙方为私募投资机构，丙方为被投企业的控股股东，丁方为被投企业的实际控制人。如前所述，业绩补偿条款下的补偿模式有三种，上述条款系第二种，计算公式为：

补偿金额＝已投资金额×（1－实现利润÷预期利润）。

之所以大家更倾向于这种模式，主要有两方面原因，一方面是因为计算相对简单，另一方面是因为能够更好地保护私募投资机构的利益。但是，在实际操作中，建议参考例1限制补偿上限，如果补偿额太高，被投企业的控股股东或实际控制人将会没有补偿能力，因而可能影响被投企业股权的稳定性和经营的稳定性。

3. 股权回购条款

股权回购条款是指，当被投企业未能完成约定的业绩目标或未能按约定实现上市目标时，或出现其他约定的回购事件时，私募投资机构有权要求被投企业的控股股东回购私募投资机构持有的被投企业股权。

例 3

B 公司合并净利润在三年内需具备平均不低于 20% 的持续性的增长能力，其中净利润的增长率应高于应收账款和库存的增长率。各方同意，如在三年内无法达到上述持续性的增长能力，则乙方（目标公司原股东）或由乙方指定的受让方将回购甲方在 B 公司的 20% 股权，回购价格为下列两者中较高者，该价格将扣除甲方自增资至股权回购期间实际收到的 B 公司发放的分红：

（1）离回购日最近的半年度或年度审计报告中 B 公司的净资产；

（2）甲方本次对 B 公司的增资总额加上甲方增资日到股权回购日期间以每年 15% 计算的利息（未满一年按实际天数计算）。

解读：

如前文中所提及的某公司和瀚 × 公司的对赌案例，私募投资机构均在投资协议中加入了股权回购条款，并且，二者约定的回购事件均为在一定期限内实现上市目标。为避免重复，我们选取了以未能完成业绩目标为回购事件的股权回购条款进行解读。上述条款的特点如下：

1. 扩大了回购主体。上述条款将回购主体设定为被投企业原股东或其指定的受让方，也就是说，一旦原股东缺乏足够资金回购私募投资机构持有的被投企业股权，就可寻求其他受让方进行回购。这样就增加了私募投资机构通过股权回购条款收回投资的机会。

2. “保底”的投资收益。上述条款约定了两种回购价格，并以价高者为准：第一种系以被投企业在一定期限内的净资产为准，第二种则为投资额 + 固定收益。也就是说，根据该约定，私募投资机构在任何情况下均能够取得每年 15% 的保底收益。以被投企业净资产为依据计算回购价格不存在任何法律障碍，但是否能约定保底的投资收益呢？如前所述，最高人民法院在《全国法院民商事审判工作会议纪要》中明确，被投企业的控股股东或者实际控制人对私募投资机构的补偿并不损害被投企业及其债权人的利益，未违反法律法规的禁止性规定，因而是有效的，也是可执行的；而如果对赌义务人是被投企业，对赌条款原则上有效，但是，在被投企业未依法减资的情况下，私募投资机构的回购要求不会得到人民法院的支持。

作为私募投资机构保护自身利益的一大“神器”，对赌条款的重要性不言而喻。但由于《全国法院民商事审判工作会议纪要》对于对赌条款的可执行性提出明确要求，对私募投资机构而言，如何在合法合规的情况下，制定出能够最大限度地规避投资风险的对赌条款，确实是一大挑战。

在前文提及的“海×、世×案”判决后，私募投资机构一般会放弃要求被投企业回购股权的想法，转而要求被投企业的股东或者实际控制人承担回购股权的义务。但是很多创业者已经将其全部资产投入被投企业或者担保被投企业的贷款，根本不可能有支付回购款的能力，要求其承担回购股权的义务没有现实意义。另外，不少创业者担心承担回购义务将会摧毁其家庭的物质基础，因而明确拒绝。基于现实考虑，有些私募投资机构在与创始股东或者实际控制人对赌的同时，要求被投企业对此进行担保，从而试图让被投企业实际承担回购款的支付义务。

然而，对于这种条款设计，视其严谨程度，在司法实践中也有不同的认识：若该担保经被投企业股东会决议通过，则一般认可其效力，如上文提及的最高人民法院判决的“瀚×公司对赌案”；若该担保未经被投企业股东会决议通过，一般认定担保无效，也有法院虽然判决认定担保无效，但同时认定被投企业对于担保无效应承担过错责任，如最高人民法院在通联公司、新方向公司与公司有关的纠纷一案[①]中判令被投企业承担一半的过错赔偿责任。法院判决认定未经被投企业股东会决议通过的担保无效是基于《中华人民共和国公司法》第十六条对于公司为公司股东或者实际控制人提供担保的下述规定：

公司为公司股东或者实际控制人提供担保的，必须经股东会或者股东大会决议。

前款规定的股东或者受前款规定的实际控制人支配的股东，不得参加前款规定事项的表决。该项表决由出席会议的其他股东所持表决权的过半数通过。

---

① （2017）最高法民再258号。

在司法实践中，也有法院对公司法上述规定作出实质重于形式的解读，即如果被投企业的全部股东均签署了设定担保条款的协议，则可认定被投企业的全部股东均以其行为同意被投企业为其股东或者实际控制人提供担保，该担保实质性符合《中华人民共和国公司法》第十六条的规定，而不必拘泥于是否存在股东会决议的形式。

《全国法院民商事审判工作会议纪要》总结了上述司法实践，对被投企业为公司股东或者实际控制人提供关联担保的效力提出了具体的要求：

债权人主张担保合同有效，应当提供证据证明其在订立合同时对股东（大）会决议进行了审查，决议的表决程序符合《中华人民共和国公司法》第16条的规定，即在排除被担保股东表决权的情况下，该项表决由出席会议的其他股东所持表决权的过半数通过，签字人员也符合公司章程的规定。

但《全国法院民商事审判工作会议纪要》同时也规定了无须股东会决议的例外情况，即如果"担保合同系由单独或者共同持有公司三分之二以上有表决权的股东签字同意""即便债权人知道或者应当知道没有公司机关决议，也应当认定担保合同符合公司的真实意思表示，合同有效"。当然，如果结合上下文来分析，对于被投企业为公司股东或者实际控制人提供关联担保时，上述"单独或者共同持有公司三分之二以上有表决权的股东"应当排除被担保的股东。

根据以上分析，笔者认为，在《全国法院民商事审判工作会议纪要》后，对于私募投资机构而言，最佳的对赌方案应当是：与被投企业的股东或者实际控制人对赌，同时，由被投企业对其股东或者实际控制人的支付回购款的义务承担担保责任。为确保其有效性，该协议应当由全体股东签署（公司登记机关在办理公司变更登记时本就要求全体股东签署增资协议）。当然，若再由被投企业通过一份符合上述纪要要求的股东会决议则更佳。

如需满足创业者不愿意个人承担对赌责任的要求，则可根据被投企业的股权架构，在上述方案基础上做必要的调整，以消除私募投资机构与创业者各自的顾虑，促成对赌协议的达成。

七、对赌协议与经营权

经营管理权与承担对赌责任的关系不仅是创始股东、投资界、法律界、财经媒体共同关注的热点，也是法院审理此类案件的焦点。

1. 对赌义务人对被投企业享有经营管理权是承担对赌责任的前提条件

如前所述，根据《全国法院民商事审判工作会议纪要》的定义，对赌协议是投资方与融资方在达成股权性融资协议时，为解决交易双方对被投企业未来发展的不确定性、信息不对称以及代理成本而设计的包含了股权回购、金钱补偿等对未来被投企业的估值进行调整的协议。创始股东之所以愿意与私募投资机构“对赌”，是因为其相信：被投企业能够继续遵循其制定的发展战略，并继续在其经营管理下取得应有业绩，从而实现对赌目标；换言之，只有创始股东持续享有被投企业的经营管理权，才能实现其对公司发展目标的承诺。而私募投资机构对被投企业的投资仅系财务投资，其之所以愿意向被投企业注资，通常是因为看好被投企业的经营管理团队，因此会在投资后选择继续维持原有的经营管理团队，甚至会对被投企业的经营管理团队进行股权激励。如果被投企业未能达成发展目标，则通过“对赌”条款将风险转嫁给经营管理团队。这既符合对赌双方的利益驱动，也符合双方对赌的初衷。

如前所述，对赌条款的效力在司法实践中已逐渐达成共识，那么，对赌条款与创始股东对被投企业的经营权有无关系？若有，创始股东享有经营权是其承担对赌责任的前提条件吗？对此，我国司法机关是否也已经达成共识？我们来看看司法机关的主流裁判观点。

（1）对赌义务人担任公司总经理并负责经营该公司系实现对赌业绩的前提

在瑞×公司等诉劳×公司等公司合并纠纷案①（以下简称案例1）中，法院经审理查明：投资方和转让方股东签订资产收购协议，共同设立一家有限责任公司（以下简称收购方），用来收购并经营转让方名下的目标资产。投资方向转让方股东支付第二笔资产转让对价的前提是，收购方连续两年均达到业绩目标。系争资产收购协议还约定了转让方股东对目标资产的经营和运作权，以及由转让方股东担任收购方的总经理，但实际上，投资方却未按约定任命转让方股东担任收购方总经理，并以2010年、2011年的经营业绩未达到协议的约定为由拒绝向收购方支付第二笔资产转让对价。而法院认为，总经理是公司经营的实际

① （2014）沪一中民四（商）终字第105号。

运作人，对公司经营至关重要，并进一步认定，转让方股东是否担任收购方总经理并负责经营该公司系实现对赌业绩的前提。因此，法院认为投资方未按约任命转让方股东担任收购方总经理负责目标资产经营，直接影响到对赌业绩的实现，因而依据合同法第四十五条第二款之规定，投资方应当为其行为承担违约赔偿责任。

由此可见，法院认为本案系争的资产收购协议中的对赌条款为附生效条件的合同，并认定投资方不让转让方股东经营目标资产，系阻碍对赌目标实现的行为，作为对投资方违约行为的惩罚，应视为对赌目标部分实现（因目标资产的盈利具有不确定性，即使转让方股东能够取得经营权，也未必能够实现对赌目标，因此不能认定其全部实现）。

（2）对赌义务人担任公司董事长是业绩补偿目标实现的重要条件

在京×中心、恒×公司等股权转让纠纷一案[①]（以下简称案例2）中，转让方向受让方转让被投企业全部股权，转让方及其实际控制人同时与受让方签订《业绩补偿之补充协议》作出业绩承诺。协议履行过程中，受让方作出暂停原实际控制人董事和董事长职务的决定。其后，受让方起诉要求转让方及其实际控制人向其支付业绩补偿金。四川省高级人民法院认为，指定原实际控制人担任董事长管理目标医院，方能控制目标医院未来的经营风险及实现承诺的目标医院业绩，原实际控制人担任公司3年董事长是《业绩补偿之补充协议》实现的重要条件。其被暂停职务后，既无法参与和控制目标医院的运营，也难以实现对目标医院经营业绩的控制和预期，继续履行《业绩承诺之补充协议》关于业绩不达标将进行补偿的约定丧失了基础，受让方暂停实际控制人董事长职务导致《业绩承诺之补充协议》中业绩补偿条款无法继续履行，其行为构成根本违约，依照《中华人民共和国合同法》第九十四条第四项的规定业绩补偿条款应予解除。

（3）对赌义务人不能控制公司而承担因公司业绩下滑所带来的损失赔偿违反权利义务对等原则和公平原则

在新×医疗与英×公司对赌协议纠纷案[②]（以下简称案例3）中，英×公司

① （2019）川民终1130号。
② （2018）鲁民初103号。

的创始股东对收购方新×医疗作出业绩承诺，但是，业绩目标未能实现，新×医疗起诉要求其支付双倍业绩补偿。山东省高级人民法院认为，收购方参与被投企业的经营管理显然并不符合对赌协议的一般做法，也不符合合同法一般原则。如果创始股东不能控制公司而承担因公司业绩下滑所带来的损失赔偿，既违反权利义务对等原则，也违反公平原则。鉴于被投企业业绩下滑是多重因素造成的，法院酌定创始股东应负担一倍业绩补偿的70%责任（即新×医疗的诉请只获得了35%的支持）。

虽然在案例2中法院认定对赌义务人不承担对赌责任，而在案例1与案例3中法院认定对赌义务人承担部分对赌责任，但三个法院均认同对赌义务人享有被投企业的经营管理权系实现对赌业绩的前提，否则既违反权利义务对等原则，也违反公平原则。在案例1与案例2中，对赌义务人均被剥夺了被投企业的经营管理权，而在更多的案例中，对赌义务人并未被剥夺被投企业的经营管理权，而是其经营管理权受到干预或者限制，或者投资人介入被投企业的经营管理。

2. 私募投资机构介入被投企业经营管理对履行对赌协议的影响

在对赌失败后，私募投资机构要求创始股东进行业绩补偿或者回购，创始股东在诉讼中往往以经营管理权被剥夺或者被干预或者受到限制为由，拒绝履行对赌义务或者请求减轻对赌责任。鉴于案件事实以及创始股东抗辩角度不同，法院的观点也随之不同。

（1）私募投资机构委派董事、享有一票否决权，并不能得出私募投资机构实际控制被投企业的结论

在创×公司诉王某峰其他合同纠纷一案①（以下简称案例4）中，对赌义务人主张私募投资机构不正当促成股权回购条件成就，而法院认为，私募投资机构向被投企业委派董事，参与经营管理，系属正当的公司管理行为，并无不妥，现有证据并不能证明私募投资机构委派人员存在违规操作、阻碍交易、损害公司利益等妨碍被投企业正常经营的行为，因此，难以认定私募投资机构存在不正当地促使被投企业无法上市的事实。被投企业章程中关于公司重大决策需全体股东一致同意的内容，系公司自治的内容，不能得出私募投资机构实际控制被投企

① （2016）沪01民终2416号。

业的结论。

（2）私募投资机构行使一票否决权，并不排除系基于正常的商业利益和商业风险的考虑，不足以证明其滥用一票否决权

在周某星等与秉鸿××（有限合伙）股权转让纠纷案件[①]（以下简称案例5）中，对赌义务人主张私募投资机构为自己设定了一票否决权，对被投企业经营的重大事项进行干预，使得被投企业的重大经营事项都要经过私募投资机构的同意，严重影响了公司的正常业务发展，才最终导致触发回购条款，因此其不应承担股权回购义务。法院认为：未有足够证据证明私募投资机构曾就相关事项的表决行使一票否决权，此外，即便私募投资机构就被投企业融资事项提出过反对意见，也不能排除系基于正常的商业利益和商业风险的考虑而作出。因此，没有证据证明私募投资机构超出合同约定进行了恶意促成回购条款达成的行为，创始股东应按合同约定履行股权回购义务。

（3）如无法证明某个特定的创始股东系被投企业主要经营者，即使其被免除经营管理职务，只要其他创始股东仍担任被投企业高管，则无法证明创始股东已丧失被投企业经营管理权

在张某、何某、谢某胜与大族××股权转让纠纷一案[②]（以下简称案例6）中，对赌义务人主张张某是被投企业的主要经营者，其具有不可替代性，其被免去总经理职务，对被投企业业务的开展是毁灭性的打击，公司业务严重下滑。法院认为，董事会任命何某担任总经理，何某仍代表创始股东利益，并没有改变被投企业的经营管理权，也并无证据证明该提名有违反约定的情形。并且创始股东无法证明免去张某的职务与目标业绩未实现之间存在直接因果关系。

3. 总结与建议

从以上判例可以看出，法院一般认可对赌协议的效力，但是，并不会简单地因为协议有效而支持私募投资机构要求业绩补偿或者回购的主张，而是根据权利义务对等原则、公平原则以及风险与利益平衡的原理，仔细探究对赌目标未能实现的原因。若可归责于创始股东，则支持私募投资机构的主张，若私募

① （2019）京01民终1905号。
② （2018）粤03民终17606号。

投资机构对此亦有责任，则不会支持其主张，或者减轻创始股东的责任。具体而言，谁实际掌控被投企业的经营管理权，谁就应当对公司的经营成果负责。在案例 1 与案例 2 中，对赌义务人均被剥夺了被投企业的经营管理权，因而其不应承担业绩补偿的义务（当然，案例 1 考虑了其他导致业绩不达标的因素），在案例 6 中，法院认定被投企业的经营管理权没有发生改变，因而，创始股东仍需承担对赌责任。

而在案例 3、案例 4 与案例 5 中，私募投资机构均不同程度地介入了被投企业的经营管理，私募投资机构在此情形下能否主张业绩补偿或者回购则取决于案件事实与双方的攻防角度与技巧，因此存在较大的不确定性。在发生相关争议后，建议私募投资机构选择富有投融资争议解决经验的律师；而在投资协议签订与履行过程中更应在投融资专业律师的指导下妥善应对，方可避免受到挑战，或者在发生争议后占得先机。具体而言，我们建议：

（1）务必谨慎避免直接剥夺创始股东的经营管理权。案例 1 与案例 2 已经充分说明，剥夺创始股东的经营管理权将会面临无法主张业绩补偿或者回购的严重后果。在实践中，如果创始股东的经营管理出现严重问题，私募投资机构若不果断采取措施可能将导致投资损失，对此，私募投资机构应当从商业角度作出判断，被投企业的业务实质与商业逻辑是否发生变化？在变化了的商业环境或者政策环境下，被投企业是否仍处于正确的“赛道”？被投企业是否仍有可能实现经营目标？如果这些答案均是否定的，私募投资机构应当基于投资协议约定的阶段性业绩对赌目标主张权利，以免错失退出机会。如果私募投资机构认为通过接管被投企业，改变被投企业的发展方向，仍可实现投资目标，则应在实际控制被投企业的经营管理权时，基于公平原则与创始股东签订补充协议，酌减甚至免除创始股东的对赌责任，以免发生争议。

（2）基于上述第（1）点，建议在投资协议中约定阶段性业绩对赌目标以及目标不能实现的后果，使私募投资机构在此情形下享有退出或者介入被投企业经营管理的选择权。如果私募投资机构基于商业判断认为不宜严格按照协议约定行使权利，则应与创始股东签订补充协议，对对赌条款作出现变更约定，以符合当时的实际情况，同时，避免可能产生的争议。

（3）私募投资机构在投资协议中应当详细约定各种风控条款，并确保各种风控条款之间的内在逻辑，使之环环相扣，以保障私募投资机构在各种不同情形下的合法权益。在约定委派董事权、一票否决权、知情权等保护性措施的同时，应当明确该等权利的行使并非介入被投企业的日常经营管理中。当然，在约定一票否决权时既要考虑该事项是否关系到私募投资机构的核心利益，也要考虑创始股东与其他机构是否享有一票否决权，如果享有，是否会对被投企业未来发展造成障碍。在行使一票否决权时也应充分评估其必要性以及对被投企业的影响。

总之，在投资协议签订及履行过程中，私募投资机构应当谨慎评估介入被投企业经营管理对对赌条款的影响，原则上应当回归私募投资机构财务投资人的定位，非必要不介入。

第十八章　创始人股权回购条款

一、定义和适用对象

1. 定义

股权回购条款是指根据私募投资机构和被投企业的控股股东/实际控制人以及被投企业签订的，在出现特定情形时，由被投企业的创始股东/实际控制人或被投企业按照约定的价格和数量购回私募投资机构所持有的被投企业股权的条款①。对私募投资机构而言，股权回购条款可谓是最后的“救命稻草”，当被投企业无法在投资协议约定的期限内实现 IPO 或完成既定的业绩目标时，就意味着私募投资机构面临的投资风险越来越大，而有了该条款，最起码私募投资机构还能掌握一定的退出主动权。也许有人会问，那万一被投企业的创始股东/实际控制人或被投企业拿不出那么多钱来回购股权呢？解决办法就是触发下文将介绍的领售权条款，说到这里，不得不再次提及“张某对赌鼎 × 公司案”，正是因为张某未能如约回购鼎 × 公司持有的某公司股权，才触发了领售权条款，导致其最终失去了对某公司的控股权，而作为私募投资机构的鼎 × 公司则得以全身而退。

2. 适用对象

如前文所述，在私募投资领域，股权回购并不仅指《中华人民共和国公司法》规定的公司收购股东所持有的公司股权或股份。在私募投资领域，股权回购条款的适用对象，也就是回购股权的主体包括被投企业的创始股东、实际控

---

① 笔者在前一章中重点介绍、分析了对赌条款类型、效力及可执行性等，本章除讨论作为对赌条款的股权回购条款外，还将讨论附期限的股权回购（即“明股实债”）的效力与风险。

制人或被投企业。

那么，为何要将被投企业的实际控制人也作为股权回购主体呢？这主要是因为，有些被投企业的创始股东并非企业的实际控制人，而由于企业的经营权是掌握在实际控制人手中的，因此，在股权回购条款中要求实际控制人对创始股东的回购义务承担连带责任，一方面可以有效牵制实际控制人，让其为被投企业的经营发展积极贡献力量；另一方面也可以为回购股权设定“双保险”，一旦创始股东或被投企业无力回购，实际控制人须承担回购责任。

二、法律依据和条款类型

1. 法律依据

依据《最高人民法院关于适用〈中华人民共和国公司法〉若干问题的规定（五）》（2020 修正）的规定，人民法院审理涉及有限责任公司股东重大分歧案件时，应当注重调解。当事人协商一致以公司回购部分股东股份解决分歧，且不违反法律、行政法规的强制性规定的，人民法院应予支持。而结合在前一章所述最高人民法院发布的《全国法院民商事审判工作会议纪要》的相关规定，因与被投企业对赌而设置的股权回购条款如无违反法律强制性规定的情形，一般应认可其效力。另据《最高人民法院关于人民法院为企业兼并重组提供司法保障的指导意见》的规定，应依法认定兼并重组行为的效力，促进资本合法有序流转。要严格依照《中华人民共和国合同法》第五十二条关于合同效力的规定，正确认定各类兼并重组合同的效力。结合当事人间交易方式和市场交易习惯，准确认定兼并重组中预约、意向协议、框架协议等的效力及强制执行力。要坚持促进交易进行，维护交易安全的商事审判理念，审慎认定企业估值调整协议、股份转换协议等新类型合同的效力，避免简单以法律没有规定为由认定合同无效。因此，在司法实践中，法院倾向于以《中华人民共和国合同法》（现《中华人民共和国民法典》之合同篇）规定的基本原则裁判相关纠纷，我们认为，只要不存在违反《中华人民共和国民法典》的相关规定，经被投企业创始人/实际控制人、被投企业与私募投资机构协商一致的股权回购条款，应为有效。

2. 条款类型

在实践中，私募股权回购条款可分为两类，附条件的股权回购条款和附期限的股权回购条款：

（1）附条件的股权回购条款

我们在前一章重点讨论了私募投资机构与被投企业之间回购条款的效力问题，下面一则案例则可充分了解人民法院在处理私募投资机构与被投企业的创始股东之间回购纠纷时的基本思路。

在瑞×投资与×发公司、朱某起股权转让合同纠纷上诉案①中，一审法院查明：2011年，瑞×投资、朱某起、×发公司、乐×公司及嘉×公司等其他投资人共11方签订增资协议，约定由瑞×投资以及除朱立起、×发公司以外的其他投资者向乐×公司进行增资，并签署了含有股权回购条款的补充协议（以下简称补充协议一）。即如果出现乐×公司在2013年年底前没有成功实现合格上市等情形时，各增资方有权要求现有股东以现金方式回购各增资方所持的全部或部分公司股权。此外，瑞×投资还与朱某起、×发公司及乐×公司签订了补充协议二（以下简称补充协议二），其中约定，如乐×公司上市申请在2012年年底前没有取得中国证监会的核准或在此时间前出现公司无法上市的情形，瑞×投资有权要求朱某起、×发公司以现金方式回购瑞×投资所持的乐×公司全部或部分股权。后因乐×公司未能在2012年年底前取得证监会核准上市等原因，瑞×投资于2013年3月向朱某起、×发公司发出《退出投资的通知》，要求朱某起、×发公司按照补充协议二之相关约定，按时足额支付股权回购价款。后因朱某起、×发公司一直拒绝支付股权回购款，瑞×投资于2013年5月向法院起诉。审理期间，朱某起、×发公司确认乐×公司在2013年年底前不可能符合上市条件。

本案的二审法院上海市第一中级人民法院经审理认为：人民法院在对对赌条款进行评判时，应当遵循以下四大原则：1. 鼓励交易；2. 尊重当事人意思自治；3. 维护公共利益；4. 保障商事交易的过程正义。本案增资协议中股权回购条款的订立，首先，完全基于签约各方当事人的真实意思表示，属于意思自治范畴，应予充分尊重；其次，该条款亦促成了乐×公司增资行为的依法顺利完成，最大限度维护了原始股东、增资方以及目标公司的基本利益；至于触发回

---

① （2014）沪一中民四（商）终字第730号。

购的条件，各方当事人约定以乐×公司在一定期限内完成核准上市作为适用情形，亦未严重违背以上评判四大原则，故该回购条款应为有效。并且，因乐×公司客观上不可能在限期内实现上市，显然已经触发了股权回购条款，瑞×投资作为投资方，请求×发公司、朱某起按约予以回购，该请求权已具备了相应的合同依据，应予支持。但瑞×投资诉求选择适用补充协议二之回购条款，经本院二审查实，该协议仅是瑞×投资与×发公司、朱某起、乐×公司四方单独订立，损害了其他投资方基于增资协议项下的权益，故应属无效，据此瑞×投资的请求权基础应当限于补充协议一之回购条款。最终判决朱某起和×发公司向瑞×公司支付相应的股权回购款和利息。

我们认为，上海一中院的裁判思路在一定程度上代表了时下各级司法机关在审理对赌条款时的观点。即司法机关在认定股权回购条款效力时，倾向于以民法的意思自治原则来认定该条款的效力。即在不违反《中华人民共和国民法典》中关于民事法律行为效力以及合同效力相关规定的前提下，只要触发股权回购的条件合理，法院将尽可能从鼓励交易的角度出发，认定该条款合法有效。

（2）附期限的股权回购条款

有一些私募股权投资机构在向被投企业（特别是房地产项目公司）投资时，采用附期限的股权回购条款。不同于以在约定期限内上市或完成约定的业绩目标为条件的股权回购条款，附期限的股权回购条款是指被投企业的创始股东或实际控制人须在投资协议约定的期限届满时无条件回购私募投资机构持有的被投企业股权。这意味着附期限的股权回购必然会发生，而不论被投企业的经营状况如何，同时，私募投资机构不必承担任何投资风险。其通常表述为：目标公司应该从投资协议生效后的第5个自然年开始，分3年回购投资方所持有的目标公司的全部股权，回购价格等于投资方的初始投资额加上年化收益率。

我们认为，附期限的股权回购条款的私募投资机构之所以向被投企业增资，其目的只是取得所投资金在约定期限内的固定利息收益，行使回购权不过是取得利息收益的手段；而对于被投企业而言，其需要融资，但又不希望稀释股权并且不希望私募投资机构分享其投资收益，只是希望在无法获得银行贷款的情况下获得私募投资机构的资金支持。这也就是业界通常所称的“明股实债”，也就是司法机关所称的“名为投资，实为借贷”的法律关系。“明股实债”存在诸多风险：

首先是违约风险。如果没有一系列的法律文件和业务流程设计，无论私募投资机构还是被投企业在特定情形下都会有违约的冲动。

其次是违反监管的风险。在2016年11月17日的《财经》年会2017论坛上，时任证监会副主席的李超指出，部分资管机构从维护自身声誉出发采取了固定回报等经营策略，虽保障了当期投资者的本金和收益，但偏离了资产管理业务的本质，恶化了行业运行环境，积聚了行业风险。① 因此，要统一监管标准，消除“明股实债”，以“资管”之名行“借贷”之实等监管套利行为和资管乱象。无独有偶，在基金业协会于2017年2月13日发布的《证券期货经营机构私募资产管理计划备案管理规范第4号——私募资产管理计划投资房地产开发企业、项目》中，明确禁止私募资产管理计划以“明股实债”的方式投资于房地产价格上涨较快的热点城市普通住宅地产项目。此外，证监会于2020年12月30日发布的《关于加强私募投资基金监管的若干规定》也明确，私募基金管理人不得直接或者间接将私募基金财产用于明股实债等非私募基金投资活动（但是私募基金以股权投资为目的，按照合同约定为被投企业提供1年期限以内借款、担保除外）。

最后是协议无效的风险。如前文所述，“明股实债”在司法实践中称为“名为投资，实为借贷”，也就是说，司法机关在审理案件时会通过协议的形式探究真实的法律关系，附期限的股权回购协议看上去是由股权投资与股权回购两个法律关系组成，如果将两个法律关系分别独立来看，似乎均是合法、有效的商业安排，但如果将二者联系起来，特别是结合股权回购是以期限届满为触发条件，显然这是一种通过让与担保保证私募投资机构能够按时回收本金并取得约定利息的借贷及担保行为。私募投资机构并非法定的可以放贷的机构，因此，该借贷行为只能认定为民间借贷。对于企业之间的民间借贷行为，我国司法机关的态度存在一个变迁的过程：（1）早期基于贷款专营的观念，认定企业之间的民间借贷行为非法、无效。（2）2015年9月1日起施行的《最高人民法院关

① 《夯实发展基础 统一监管标准 推动资管行业持续健康发展——李超副主席在〈财经〉年会2017论坛上的讲话》，载中国证券监督管理委员会官网，http：//www.csrc.gov.cn/pub/newsite/zjhxwfb/xwdd/201611/t20161118_306175.html，2021年10月15日访问。

于审理民间借贷案件适用法律若干问题的规定》认可企业之间的民间借贷行为有效[①]，除非具有下列情形之一[②]：出借人转贷牟利并且借款人事先知道或者应当知道、出借人事先知道或者应当知道借款人借款用于违法犯罪活动仍然提供借款、违背社会公序良俗以及《中华人民共和国合同法》规定的无效情形。(3) 2020 年对上述司法解释的修订虽然只是增加了“未依法取得放贷资格的出借人，以营利为目的向社会不特定对象提供借款”这一无效情形，但在近年来的司法实践中，越来越多的法院将私募投资机构的“明股实债”条款认定为破坏金融秩序的行为，因而是无效的。最高人民法院在《全国法院民商事审判工作会议纪要》中明确“要依法否定高利转贷行为、职业放贷行为的效力”，一些法院在此精神指导下，将私募投资机构的“明股实债”条款解读为高利转贷行为（私募基金管理人向基金投资者承诺“保本保收益”实质是借贷行为，基金再以“明股实债”方式向融资方提供资金，因而属于高利转贷行为）或者职业放贷行为（私募基金管理人通过不断地募集资金并以“明股实债”方式向融资方提供资金，符合职业放贷的特征），因而认定协议无效。

综上所述，我们建议广大私募投资机构在订立股权回购条款时，应避免签订不附带任何条件，而仅为附期限的股权回购条款。

三、条款解析

例 1

上市/业绩对赌失败触发的回购：目标公司发生以下情形时，投资方有权要求目标公司的创始股东回购其持有的全部或者部分目标公司股权，目标公司的实际控制人应对创始股东的该等股权回购承担无限连带责任：

---

① 《最高人民法院关于审理民间借贷案件适用法律若干问题的规定》（2015）第十一条规定：“法人之间、其他组织之间以及它们相互之间为生产、经营需要订立的民间借贷合同，除存在合同法第五十二条、本规定第十四条规定的情形外，当事人主张民间借贷合同有效的，人民法院应予支持。”

② 《最高人民法院关于审理民间借贷案件适用法律若干问题的规定》（2015）第十四条规定：“具有下列情形之一，人民法院应当认定民间借贷合同无效：（一）套取金融机构信贷资金又高利转贷给借款人，且借款人事先知道或者应当知道的；（二）以向其他企业借贷或者向本单位职工集资取得的资金又转贷给借款人牟利，且借款人事先知道或者应当知道的；（三）出借人事先知道或者应当知道借款人借款用于违法犯罪活动仍然提供借款的；（四）违背社会公序良俗的；（五）其他违反法律、行政法规效力性强制性规定的。”

（1）目标公司在2015年年底前没有公开发行A股股票；或，

（2）目标公司2014年实现的经审计扣除非经常性损益后的净利润低于×××万元。

投资方的回购决定须在2016年4月30日之前以书面通知形式送达创始股东和实际控制人。创始股东或实际控制人应在投资方作出回购决定之日起60日内完成回购并支付全部对价。股权回购价格＝投资方取得股权时投入的投资总额×（1＋回购溢价率×投资方支付投资款之日至回购条款履行之日的实际天数÷360）－投资方从目标公司获得的累计分红以及现金补偿。逾期支付的，应按年利率20%计息。

解读：

例1是较为典型的股权回购条款，其具有以下几个特点：

1. 设置了典型的触发股权回购的条件。该条款约定的触发条件，是在约定期限内未能完成上市，或未能实现既定的业绩目标，均是实践中较为常见的触发条件。其中，关于上市的约定还可具体到上市地点和公开发行证券的种类，当然，也可约定在新三板挂牌。而关于业绩目标，既可以是被投企业的财务业绩指标，如净利润或销售收入，也可以是非财务指标，如被投企业的KPI、用户人数、产量、产品销售量、技术研发完成度、点击率、转化率等。

2. 约定了实际控制人的连带回购责任。如前所述，为了能够通过股权回购条款顺利实现退出，私募投资机构往往会让被投企业的实际控制人承担连带回购责任。而实际控制人为了被投企业的经营发展，通常也会接受这样的连带责任。需要特别提醒的是，我们也看到一些案例，股权回购条款约定得特别严密、规范，然而，实际控制人却并不是该协议的主体（即协议签约方），结果自然是“竹篮打水一场空”，因为协议不能设定第三方的义务。

3. 设定了股权回购期限和回购价格。这里的股权回购期限有两个，一个是私募投资机构行使股权回购权的期限，另一个是创始股东或实际控制人回购股权的期限。而回购价格的设定则是根据特定的公式，在例1的公式中，预先设定了回购溢价率（通常为10%左右），再根据实际投资天数计算出初步回购价格，最后再扣除私募投资机构从被投企业获得的累计分红和现金补偿。应当说，这是一个较为公平合理的股权回购价格。

4. 约定了逾期回购的违约责任。一般而言，违约责任就是支付逾期违约金，例 1 中设定的比例为年利率 20%，容易与民间借贷相混淆，我们建议应当明确表述为违约金的计算方式，而非利率或利息。

例 2

不利变化回购：如果目标公司的前景、业务或财务状况发生重大的不利变化（以投资方的自由裁量为准），投资方有权向目标公司创始股东发出书面通知，要求创始股东于通知规定的期限内回购投资方所持有的目标公司全部或部分股权（以投资方的书面要求为准）。回购价格为投资方的初始投资额加上已宣布但尚未发放的股息和红利。

解读：

相较而言，例 2 在实践中并不常见。能够接受这个回购条款的创始股东，往往在谈判中处于极度弱势地位，或者急需资金以解被投企业的“燃眉之急”。因为，一旦接受了这个条款，就意味着私募投资机构可自行对被投企业的经营等重大方面进行判断，如其在此基础上得出被投企业发生了“重大不利变化”，则可立即触发股权回购条款，换言之，被投企业的创始股东和实际控制人将处于十分被动的地位。我们认为，之所以这样的条款在实践中并不常见，主要是因为该类条款很容易被司法机关认定为显失公平而可撤销，相信这是私募投资机构最不愿意看到的结果。

虽然，股权回购并非私募投资机构最理想的退出方式，他们更愿意看到被投企业在约定期限内实现上市或达到预期的业绩指标，从而也让自己赚得“盆满钵满”。然而，现实情况是，在经济大环境并不理想的时下，企业经营业绩普遍不佳，能够成功上市更不容易，私募投资机构的投研能力又参差不齐，即使眼光再好，也不可能一看一个准儿，因此，被投企业最终无法在约定期限内成功上市是大概率事件，因而触发股权回购条款就成了私募投资机构退而求其次的退出手段，同时，该条款也被视为私募股权机构的保底条款。

第十九章　共同出售权条款

一、定义和适用对象

1. 定义

与下一章将介绍的强制出售权条款一样，共同出售权（tag - along right）条款也是私募投资领域较为常见的，通常也被称为随售权或依托权或搭车权，是指在其他股东尤其是创始股东欲转让被投企业股权时，私募投资机构有权按出资比例以与创始股东相同的出售价格和条件与创始股东一起向第三方转让被投企业股权。

私募投资机构之所以要设置这样的条款，最主要的目的是能够在创始股东拟从被投企业“撤退”时，与创始股东共同“撤退”。因为在通常情况下，私募投资机构往往是被投企业的小股东，不仅所占股权比例较低，而且作为财务投资者并不参与被投企业的具体经营管理，因而私募投资机构很难第一时间获取被投企业的最新真实信息，同时对许多重大事项也没有话语权（设置了一票否决权条款的情形除外）。如没有共同出售权的存在，一旦被投企业的创始股东向第三方（以下简称受让方）转让其持有的被投企业全部或大部分股权，从而使该受让方成为被投企业的大股东，则私募投资机构将不得不与一个自己并不熟悉的大股东共事。正如本书前文中不止一次提及，私募投资机构之所以向被投企业投资，最重要的考量因素是被投企业创始管理团队的专业和经营管理能力。如创始股东向受让方进行股权转让，私募投资机构最关心两点：一方面，该受让方是否具备与创始管理团队相当甚至更高的专业和经营管理能力；另一方面，该受让方是否能够接受私募投资机构与创始股东在先订立的投资协议中的关键条款。如该受让方无法同时满足这两个条件，对私募投资机构而言即其将会面临重大风险，因为受让方能力不足将直接导致被投企业无法达成私募投资机构的预期投资收益，而拒绝投资协议的关键条款则直接“摧毁”了私募投资机构的“投资之盾”，从而使其直面巨大的投资风险。因此，设置共同出售权条款相当于赋予私募投资机构一项卖出期权——在创始股东出售被投企业股权时，如私募投资机构认为条件合适，可通过行使该项权利迫使潜在受让方在同等条件下购买其持有的被投企业股权，进而实现提前全部或者部分退出的商业目的。

鉴于触发共同出售权条款的结果很可能使得私募投资机构退出对被投企业的投资，因此，该条款从某种意义上来说，也可被视为私募投资机构退出投资的途径之一。

2. 适用对象

依据《中华人民共和国公司法》的相关规定，对于有限责任公司，经股东同意对外转让的股权，在同等条件下，其他股东有优先购买权。公司章程对股权转让另有规定的，从其规定。因此，如被投企业系有限责任公司，则在其投资协议以及章程中约定共同出售权并未违反法律的强制性规定。而对于股份有限公司，则需要一分为三：对于其中的上市公司，由于监管层为其制订了专门的交易规则，因此共同出售权并不适用于该等公司；对于非上市公众公司（即新三板挂牌公司），从监管层审核其挂牌申请的情况来看，也被明确要求在挂牌前终止相关投资协议中的共同出售权条款[①]；而对于除上市公司和非上市公众公司之外的股份有限公司（即非公众股份有限公司）来说，鉴于《中华人民共和

① 比如，在《创业板发审委2016年第80次会议审核结果公告》中，证监会发审委对恒锋公司首发申请所提出的问题之一为：报告期内发行人及其实际控制人与榕辉、新一代和中比基金三家机构签订有对赌协议，约定有诸如股权回购、价值调整/业绩承诺及投资补偿、优先购买（出售）权/共同出售权、反稀释和重大决策权等对赌条款。这些协议由于首发申报材料被中国证监会受理后中止执行，但并未终止。请发行人代表说明这些协议在2016年11月29日签约终止的情况。请保荐代表人说明核查过程并发表核查意见。又如，有不少新三板挂牌公司，包括石头造公司（代码：8333××）和华燕公司（代码：8314××）在申请挂牌时都自动终止执行相关投资协议中的共同出售权条款，从而使其得以顺利通过挂牌审核。《创业板发审委2016年第80次会议审核结果公告》，载中国证券监督管理委员会官网，http：//www. csrc. gov. cn/pub/zjhpublic/G00306202/201612/t20161223_308337. htm，2021年10月15日访问。

国公司法》等法律法规并未明确规定共同出售权，因而我们认为，该等公司的共同出售权可以参照有限责任公司进行约定。

综上，我们认为，虽然法律并未严格禁止股份有限公司的创始股东与私募投资机构约定共同出售权，但在实践中，监管层并不支持上市公司和新三板挂牌公司的股东与私募投资机构订立共同出售权条款。因此我们建议，如股份有限公司拟与私募投资机构约定共同出售权条款，则应在申请新三板挂牌或首发上市之前终止执行该条款，以消除相关监管障碍。

二、法律依据

作为私募风险投资条款之一，共同出售权在中国法下并无明确的相关规定，仅在监管层针对一些新三板拟挂牌公司和拟上市公司的申请批复中有所提及。如前所述，有限责任公司可自由约定，而股份有限公司应谨慎对待。不过，该条款的特殊之处在于，其涉及对第三方（即股权受让方）的收购义务，也对创始股东的股权转让构成限制，这就需要在具体的条款设计上进行相应安排，以确保该条款的顺利执行。

三、条款解析

例 1

(1) 如果创始股东拟向任何第三方（以下简称受让方）出售其所持有的全部或部分目标公司股权，投资方可以在收到书面转让通知后的30天内（以下简称行权期）行使优先购买权，如果不行使优先购买权，投资方有权要求受让方以与受让方向创始股东发出要约的相同价格及相同条款和条件购买投资方所持有的目标公司全部或部分股权（以下简称投资方股权），并且，创始股东应有义务促使受让方以该等价格、条款和条件购买全部或部分投资方股权。

(2) 在行权期内，投资方可通过向创始股东交付书面的共同出售通知，说明其行使共同出售权的决定及受让方应从其购买的股权比例。

(3) 如果在行权期结束时，投资方已经善意发出共同出售通知但在共同出售通知后180天内（以下简称批准期）政府部门未授予所需批准、同意或豁免，则无论本协议是否存在任何其他约定，创始股东不得在未经投资方事先书面同意的情况下向受让方转让股权。

（4）如果在行权期结束时，投资方既未发出优先购买的承诺通知，亦未发出共同出售通知，则创始股东享有90天期限（该期限能且仅能根据获得政府批准该出售的需要予以延长）（以下简称转让期限）按照转让通知中的条款向受让方转让股权。创始股东应将经签署的股权转让协议副本提交投资方审阅。

（5）如果在转让期限结束时，创始股东未完成股权转让，则创始股东不得转让该等股权，除非该转让再次完全遵循本协议共同出售的约定，而且本协议所含的对出售、转让、让与或其他处置的限制均应对该转让再次生效。

解读：

例1是卢森堡国际钢铁巨头阿赛洛（Arcelor）与莱芜钢铁集团有限公司于2006年签订的《股东协议》中的共同出售权条款①（为便于理解，我们稍做修改并添加了一些定义），因其较为具体和全面，成为此后的许多私募投资协议中的共同出售权条款的参考。具体而言，该条款有以下几个特点：

1. 设置了行权期，并赋予私募投资机构在行权期内选择行使优先购买权或共同出售权的权利。如前所述，优先购买权是《中华人民共和国公司法》赋予有限责任公司股东的一项权利，而共同出售权则是投融资双方自行约定的一项赋予私募投资机构的权利。作为私募投资机构，可在被投企业创始股东拟转让被投企业股权时，根据实际情况在行权期内作出相应选择：行使优先购买权或共同出售权。我们认为，通常情况下，作为财务投资者和小股东的私募投资机构会选择行使共同出售权，因为选择优先购买权意味着其将成为被投企业的控股股东，而在创始股东退出被投企业的情况下，被投企业就好似一艘失去方向的舰艇，私募投资机构很难在创始股东退出后的第一时间找到一位足够胜任的舰长，因而，被投企业的经营很可能会陷入停滞甚至倒退。不过，也有一小部分私募投资机构会选择行使优先购买权，主要是因为其拥有接替创始股东经营被投企业的合适人选，同时，其也非常看好被投企业未来的发展前景，成为被投企业的控股股东，能够让其在生产经营的重大事项上真正拥有绝对话语权，

① 《共同出售权条款》，载金融百科网，http：//www.jinrongbaike.com/doc-view-3717.htm，2021年10月15日访问。

至此，其就完成了从财务投资人到战略投资人的华丽转身。当然，私募投资机构也可以两项权利均不选择，一旦行权期届满，如私募投资机构未能在两项权利中作出选择，就意味着其接受受让方接替创始股东成为被投企业的控股股东。我们认为，私募投资机构之所以愿意放弃该两项权利，要么是因为私募投资机构早已对受让方的各方面情况了如指掌，或者，私募投资机构在行权期内完成了对受让方的全面尽职调查，确信受让方经营被投企业的能力不低于甚至高于创始股东，否则，私募投资机构不会贸然放弃行权。

2. 在私募投资机构行使共同出售权时，对私募投资机构向受让方转让被投企业股权设置了180天的批准期。这是在当时外商投资尚需经过商务部门审批的背景下设计的条款。而在目前的实践中，如果私募投资机构或者被投企业涉及国资，或者，被投企业系限制外商投资行业，而受让方系外资，在该等情形下，相关股权转让的行为就需要得到国资或者商务等政府部门的批准。鉴于获得政府部门批准的时间节点很难预估，有必要作出务实的批准期约定，在此期间禁止创始股东私自转让被投企业股权，以避免日后产生不必要的纠纷。

3. 在私募投资机构放弃行使优先购买权和共同出售权时，对创始股东的股权转让设置了90天的转让期限。之所以要设置转让期限，我们认为，主要是给予私募投资机构更多的自主权。如果在90天的转让期限内，私募投资机构能够找到一位可接替创始股东的被投企业经营者，或者，能够找到一个比受让方更理想的被投企业股权买方，则一旦创始股东和受让方未能在90天的转让期限内就股权转让达成一致，则创始股东原先向私募投资机构发出的书面转让通知应自动失效。如其拟继续与受让方就股权转让事宜进行谈判，则应向私募投资机构发出新的书面转让通知，而私募投资机构可享受新的行权期和/或批准期等共同出售权条款所赋予其的所有权利。

例2

创始股东（含创始股东持股平台），员工持股平台和/或公司高管人员（名单见本协议附件）（以下简称出售股东）持有的目标公司股权应遵循与投资方的共同出售权条款（除了某些合理例外情形）。如任何和/或全部出售股东拟与任何第三方（以下简称受让方）签署出售其所持有的目标公司股权的股权转让协议，则投资方有权在收到出售股东拟与受让方签订股权转让协议的通知后30日内向出售股东和受让方发出书面的共同出售通知，以向受让方出售其所持有的目标公司全部或部分股权，出售条件应根据投资方的选择予以决定：或者按照股权转让通知中的同等条件，或者按照投资方和受让方所另行约定的条件。如受让方在收到共同出售通知后的30日内未与投资方达成符合本条约定的股权转让协议，则出售股东不得向受让方转让其持有的目标公司股权。共同出售权条款应在目标公司首次公开募股时自行终止。为免疑问，投资方行使共同出售权时可出售的目标公司股权基数应当排除已被目标公司的其他股东行使优先购买权部分的股权。

解读：

与例1相比，例2条款更能体现出创始股东与私募投资机构的博弈，它不仅扩大了共同出售权覆盖的被投企业股东范围，设置了终止条件，还在私募投资机构可行使共同出售权的股权中剔除了已被行使优先购买权的被投企业股权，可以说是例1的升级版：

1. 约定了共同出售权的合理例外情形，即在该等情形下，私募投资机构不得行使共同出售权。该等情形可以包括但不限于：创始股东关联方之间的股权转让；创始股东在与私募投资机构的投资交割完成后的12个月内出售被投企业10%以内的股权，同时保持其对被投企业的控股权，并且不会影响其控制和管理被投企业；由于不可抗力、行政处罚、政府禁令、法院生效判决或裁决、继承等原因需要创始股东向任何第三方转让相应股权。

2. 私募投资机构可选择转让股权的条件。与例1相比，例2使得私募投资机构在转让股权的条件上多了一种选择，即其能够与受让方另行达成转让股权的条款和条件。我们认为，该等条款和条件应优于创始股东的转让股权的条件，或者在其他方面（如交割时间和对价支付方式等）更适合私募投资机构。

3. 扩大“行权”（共同出售权）覆盖范围，剔除已被“行权”（优先购买权）的股权。将创始人持股平台、员工持股平台和被投企业高管人员转让被投企业股权的情形一并纳入私募投资机构可行使共同出售权的覆盖范围。此外，如拟行使共同出售权的私募投资机构所持有的部分被投企业股权已被其他股东行使了优先购买权，则该部分股权应从可行使共同出售权的股权中剔除。

4. 约定在IPO时自动终止。如前所述，共同出售权条款对于拟上市公司而言将会是一大障碍，很可能因此受到监管层的质疑，甚至因此直接导致上市申请遭拒。因此，在共同出售权条款中直接约定终止条件，将可在日后申请上市的过程中减少很多麻烦和阻碍。

除了上述两个条款所提及的重点之外，在投资协议中约定共同出售权条款时还应关注一些其他方面的问题，包括但不限于：信息披露（包括披露对象和披露费用），对价之外的转让股权费用的承担方式，无法转让股权（包括无法获得政府审批等）的责任承担，以及约定根据该条款相应修改被投企业章程等。此外，在受让人无意受让更多股权的情形下，还可以约定：私募投资机构有优先于创始股东以同等条件向受让方转让其所持全部股权的权利。也就是说，如果受让方拟受让的股权比例低于创始股东拟出让的股权比例与私募投资机构所持股权比例之和，在同等条件下，受让方应先受让私募投资机构所持的全部股权，然后再受让创始股东的部分股权。在此情形下，私募投资机构的共同出售权即升级为优先出售权，从而保证私募投资机构能够优先于创始股东退出被投企业。

无论最终如何约定，共同出售权条款都是投融资双方充分博弈的结果，而作为律师，则应在博弈的过程中充分发挥其专业能力，在现有法律框架中设计出对私募投资机构最为有利的条款，从而最大限度地保护私募投资机构的投资权益。

第二十章　强制出售权条款

一、定义、起源和适用对象

1. 定义

强制出售权在英文中称为 Drag-along right，通常也称为“领售权”“拖带权”或“强卖权”，多被应用于国外的私募投资领域，是指私募股权投资机构在向第三方转让被投企业股权时，有权按照与创始股东之间的事先约定，强制要求创始股东以相同的交易条款和条件与其一同转让被投企业股权给第三方的权利。

2. 起源

说起这个条款，此处要提及美国商界的一个著名并购案，即 Genesis 公司（以下简称 Genesis）对 NCS 公司（以下简称 NCS）兼并案[①]。在该案中，NCS

---

① 以下内容节选自 Caselaw. Findlaw. com：The board of directors of NCS, an insolvent publicly traded Delaware corporation, agreed to the terms of a merger with Genesis. Pursuant to that agreement, all of the NCS creditors would be paid in full and the corporation's stockholders would exchange their shares for the shares of Genesis, a publicly traded Pennsylvania corporation. Several months after approving the merger agreement, but before the stockholder vote was scheduled, the NCS board of directors withdrew its prior recommendation in favor of the Genesis merger. In fact, the NCS board recommended that the stockholders reject the Genesis transaction after deciding that a competing proposal from Omnicare was a superior transaction. The competing Omnicare bid offered the NCS stockholders an amount of cash equal to more than twice the then current market value of the shares to be received in the Genesis merger. The transaction offered by Omnicare also treated the NCS corporation's other stakeholders on equal terms with the Genesis agreement. The merger agreement between Genesis and NCS contained a provision authorized by Section 251 (c) of Delaware's corporation law. It required that the Genesis agreement be placed before the corporation's stockholders for a vote, even if the NCS board of directors no longer recommended it. At the insistence of Genesis, the NCS board also agreed to omit any effective fiduciary clause from the merger agreement. In connection with the Genesis merger agreement, two stockholders of NCS, who held a majority of the voting power, agreed unconditionally to vote all of their shares in favor of the Genesis merger. Thus, the combined terms of the voting agreements and merger agreement guaranteed, ab initio, that the transaction proposed by Genesis would obtain NCS stockholder's approval. The Court of Chancery ruled that the voting agreements, when coupled with the provision in the Genesis merger agreement requiring that it be presented to the stockholders for a vote pursuant to 8 Del. C. §251 (c), constituted defensive measures within the meaning of Unocal Corp. v. Mesa Petroleum Co. 2 After applying the Unocal standard of enhanced judicial scrutiny, the Court of Chancery held that those defensive measures were reasonable. We have concluded that, in the absence of an effective fiduciary out clause, those defensive measures are both preclusive and coercive. Therefore, we hold that those defensive measures are invalid and unenforceable。

是特拉华州一家即将破产的公司，其董事会在寻求公司被并购的过程中，与 Genesis 达成了初步意向。在并购谈判过程中，Genesis 主张并购协议中必须包含特拉华州公司法第 251（c）节（即交易保护条款）的内容：即使 NCS 董事会最终不同意此项交易，并购协议仍应提交 NCS 股东进行投票表决。并且，在 Genesis 的坚持下，NCS 董事会未能在并购协议中加入信义义务保护条款①。此外，NCS 的两位合计持有 NCS 65% 股权的股东兼董事签署了无条件同意该并购协议的投票权协议。在上述协议签订几个月后并在 NCS 的股东投票表决前，Omnicare 公司（以下简称 Omnicare）也向 NCS 董事会提出了并购意向，且其提议的并购价格是 Genesis 并购价格的两倍。NCS 董事会经过权衡后认为 Omnicare 提出的并购方案对 NCS 股东更为有利，因而向股东推荐了 Omnicare 并购方案。然而，尽管存在更有利的并购方案，但由于交易保护条款以及投票权协议的存在，Genesis 依然能够成功实现对 NCS 的并购。

此后，Omnicare 向法院起诉，特拉华州法院认为 Genesis 和 NCS 的交易保护条款是合理的。Omnicare 于是上诉至特拉华州最高法院，后者于 2003 年 4 月 3 日作出最终判决：

特拉华州最高法院认为，虽然 NCS 董事会在与 Genesis 签订并购协议时已经尽到注意义务，但相关的投票权协议和依据特拉华州公司法第 251（c）节制定的交易保护条款应受到更为严格的审查。法院承认 NCS 的股东确实有权以任何价格处置自己的股权，但是并购协议中的交易保护性条款必须和投票权协议一并考量。交易保护条款不能具有排斥性或强制性，否则便不具有法律效力。尽管 NCS 和 Genesis 的并购协议和投票权协议并未强制 NCS 的其他小股东投票同意该并购交易，但在事实上，不论该竞争性并购的条件多么优越，交易保护条款和投票权协议的存在使得任何竞争性并购交易均无法实现，因而损害了被投企业小股东的利益。法院据此认为 Genesis 并购协议和投票权协议具有排斥性和强制性，因而不能予以执行。换言之，在一起并购交易中，当出现更优越的竞争性并购机会时，被投企业董事会应选择该更优并购方案。

---

① 信义义务保护条款是指，卖方的管理层对于卖方股东负有的基于信义关系而产生的义务，管理层所做的一切决定都不得损害股东利益，并且以股东利益最大化为宗旨。因此，若有第三方买家提出对卖方更优的条件时，本着股东利益最大化的原则，管理层必须选择更优的第三方。

在此我们试用通俗易懂的语言解释一下特拉华州最高法院的基本逻辑：如果您是 NCS 的小股东，NCS 经营不善濒临破产，在寻求外部并购机会的过程中，您必然希望能够掌握主动权，以便达成对您最有利的交易条件。而如果法院最终判决 Genesis 对 NCS 的并购协议有效，即使您愿意将所持有的 NCS 股权转让给 Omnicare，后者也不会接受，因为其只能得到 NCS 的少量股权，无法实现对 NCS 控股；更糟糕的是，因无法将股权转让给 Omnicare，您将不得不面临与 Genesis “共事” 的局面（除非与 NCS 的大股东约定过共同出售权条款）。因此，Genesis 并购协议和投票权协议实质性地损害了您作为小股东的利益。

那么您如何才能不经法院判决即可实现与 Omnicare 达成交易并顺利退出 NCS 呢？在投资 NCS 之初即引入强制出售权条款就是最佳选择，也就是说，您能够根据与 NCS 大股东的事先约定，要求其将持有的 NCS 股权与您持有的 NCS 股权一并转让给符合一定条件的特定受让方（比如本案中出价更高的 Omnicare），至此，您就实现了从 NCS 的顺利退出。

基于以上分析，我们可以看到私募投资机构引入强制出售权条款的必要性。因为私募投资机构通常扮演的是财务投资者的角色，一般并不会在被投企业中占有很高的股权比例，而一旦被投企业经营不善，无法实现预期业绩目标，私募投资机构就会面临巨大的退出压力，在此情形下，退出的渠道之一就是被投企业被第三方并购。如果私募投资机构自行寻找到了合适的并购方，却遭到被投企业创始股东的反对（因为并购方通常是其竞争对手），此时就很难将该并购交易继续下去。因为对并购方而言，其最终目的是通过收购被投企业的全部或大部分股权而实现对被投企业的控制，因此，仅收购私募投资机构所持有的少数股权并无意义。也就是说，创始股东的反对将直接导致并购交易无法实现，私募投资机构因而无法及时退出。因此，在 Omnicare 案发生后，众多私募投资机构受到了启发，为了保护自身利益，纷纷引入强制出售权条款，并在 Minnesota Invco of RSA #7, Inc. v. Midwest Wireless Holdings LLC.（Del. Ch. June 7, 2006）案的判决中首次得到法庭的支持①，使得该条款从此在美国的私募投资领

① CA #1887 - N，载特拉华州法院官网，https：//courts. delaware. gov/Opinions/Download. aspx? id = 77800，2021 年 11 月 19 日访问。

域大行其道。

3. 适用对象

强制出售权条款的核心是被投企业的股权转让。依据《中华人民共和国公司法》的相关规定，有限责任公司的股东向股东以外的人转让股权，应当经其他股东过半数同意。并且，经股东同意转让的股权，在同等条件下，其他股东有优先购买权。公司章程对股权转让另有规定的，从其规定。由此可见，对于有限责任公司而言，其股东可在章程中自行约定股权转让的各项事宜。而对于股份有限公司而言，则应当一分为二：对于非上市的股份有限公司，《中华人民共和国公司法》并未对其股份转让作出硬性规定（关于对公司发起人和董监高转让其股份的限制性规定除外），我们认为可参照有限责任公司的规则进行处理，但其他股东不享有优先购买权；而对于上市公司，《中华人民共和国公司法》要求其股票应依照有关法律、行政法规及证券交易所交易规则上市交易，也就是说，上市公司在客观上无法适用强制出售权条款。此外，新三板挂牌公司也存在类似情形。

综上，强制出售权条款应仅适用于非公众公司。

二、法律依据和相关案例

1. 法律依据

在私募投资尚处于初级阶段的中国，目前并无任何针对强制出售权条款的禁止性或支持性规定，并且，截至本书出版之日，我们尚未从公开渠道获取任何相关的司法判例。那么，这是否意味着投融资双方可自由约定而不必受到任何法律约束和限制了呢？答案是否定的，因为最起码该条款应受到《中华人民共和国公司法》的约束。

如前所述，该条款应仅适用于非公众公司。而在实践中，被投企业中的初创企业居多，其中的大多数为有限责任公司，因此，我们将着重分析有限责任公司适用强制出售权条款的情形。《中华人民共和国公司法》明确规定了有限责任公司的章程可以自由约定股权转让事宜。也就是说，私募投资机构可要求将投资协议中的强制出售权条款写入被投企业章程，通常还会要求被投企业的其他股东在强制出售权条款启动时放弃优先购买权，这样即可确保其正常行使强制出售权以便顺利退出被投企业。

2. 相关案例

案例1：FilmLoop VS ComVentures①

美国互联网公司FilmLoop曾于2006年5月向ComVentures LLP融资700万美元。在2006年11月，由于ComVentures的出资人要求清理非营利的投资项目，而FilmLoop就在其中，因此，ComVentures要求FilmLoop在2006年年底之前找到受让方。由于FilmLoop在2006年年底未能找到受让方，于是ComVentures就启动了强制出售权条款，将自己对FilmLoop的持股以极低的价格出售给自己投资的另外一个公司Fabrik，并强制FilmLoop的创始股东跟随出售。并且，根据清算优先权条款，ComVentures拿走了全部收购价款，FilmLoop的创始股东和管理团队在此交易中分文未得。

该案是强制出售权条款的典型应用，但因被投企业创始股东接受了对其极为不利的强制出售权条款，因而导致其最终不仅完全丧失了对企业的控制权，而且还未能取得任何股权支付对价。

案例2：某公司VS鼎×投资②

在私募投资尚处于初级阶段的中国，相关的公开案例并不多见。某公司与鼎×投资案引发了私募投资界和财经媒体对于强制出售权条款的极大关注。

如我们在对赌条款章节中所述，某公司的创始人张某与鼎×投资签署了对赌协议，而由于某公司未能实现在2012年年底前上市，因而触发了股权回购条款。但因当时高端餐饮业普遍不景气，致使张某无法拿出足够的回购款，于是鼎×投资就启动了强制出售权条款。其向欧洲最大的私募股权基金CVC转让某公司10.53%的股权，而作为创始股东的张某则根据强制出售权条款跟随出售72.17%的股权，CVC合计持股达82.7%，因此又触发了优先清算权条款。下图为启动强制出售权后的股权架构：

---

① 谈毅：《风险投资学》，上海交通大学出版社2013年版，第130页。

② 上海大学管理学院MPAcc案例编写委员会编：《会计专业硕士（MPAcc）教学案例集Ⅱ》，上海大学出版社2017年版，第133～135页。

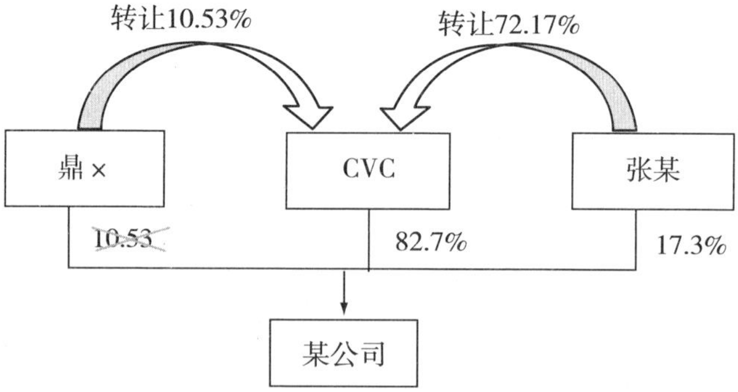

从上述两个案例可以看出，虽然强制出售权条款将直接导致被投企业创始股东在转让被投企业股权时陷入极其被动的局面，并且私募投资机构所引入的并购交易条款和条件很可能会损害创始股东的利益，然而，对私募投资机构而言，强制出售权条款在某种程度上是其能够得以顺利退出的有效保障。当然，在具体的条款制定上，还需根据投融资双方的实力和实际情况进行安排。对于被投企业的创始股东而言，虽然强制出售权条款将直接导致其失去对被投企业的控制权，但还不至于令其一无所有。然而，如果强制出售权条款的启动触发了清算事件，那么，等待着创始股东的可能将是“血本无归”。由于清算优先权的存在，私募投资机构会在极短时间内以超低价领售被投企业股权，因为即便其出售自身股权所得的价款不足以收回投资款和/或预期的投资收益，其仍可依仗清算优先权获得全部或部分创始股东被强制出售的股权支付对价，以此来补足投资款和/或预期投资收益（关于清算优先权请参见本书优先权条款章节）。

三、条款解析

例 1

在被投企业合格 IPO 之前，如果 2/3 及以上的投资方股东（以下简称领售人）同意向任何第三方出售被投企业股权，剩余的投资方股东和创始股东应该同意此交易，并不可撤销地放弃优先购买权，并以与领售人相同的价格、条款和条件出售他们持有的被投企业股权。但该等出售应同时符合下列条件：

（1）持有 50% 以上（含 50%）被投企业表决权的股东同意；

（2）拟向第三方出售的被投企业股权的合计出售价格不得低于 10 亿元人民

币（如非被投企业的全部股权，则以此出售价格按比例折算）。

解读：

例 1 是一个较为典型的强制出售权条款，它具备了该条款的基本要件：

1. 限定了作为领售人的私募投资机构数量。即要求绝对多数（2/3 及以上）的私募投资机构同意向第三方出售股权方可启动该条款。这主要是为了避免该条款被少数私募投资机构随意滥用，毕竟私募投资机构的强制出售权对创始股东的权益影响太大，不能仅由少数私募投资机构任意启动。

2. 定义了被领售人的范围。被领售人即强制出售权条款的约束对象，在例 1 中，该等约束对象包括被投企业的其他私募投资机构股东和所有创始股东。虽然强制出售权条款主要用来约束持有被投企业大部分股权的创始股东，但是，考虑到被投企业往往会进行多轮股权融资，存在多轮私募投资机构股东，在这种情况下，各轮私募投资机构股东也应纳入强制出售权条款的约束范围。

3. 明确了被领售人应放弃优先购买权。如前所述，优先购买权是《中华人民共和国公司法》赋予有限责任公司股东的一项权利，但可通过章程另行约定。虽然如果被领售人行使优先购买权同样能够保障私募投资机构顺利退出，但是，私募投资机构通常是在创始股东无力回购私募投资机构的股权时才会行使强制出售权，在此情形下，如果被领售人没有放弃优先购买权，将会拉长完成交易的时间，增加交易的不确定性，不利于领售人顺利行使领售权。

4. 约定了启动强制出售权条款所需的股东表决权。我们认为，这主要是一些较为谨慎的私募投资机构出于程序合法的考量而作出的约定。虽然《中华人民共和国公司法》赋予有限责任公司较大的自主权，可自行约定股权转让事项，但毕竟出售被投企业的大部分甚至全部股权对被投企业而言是重大事项，经持有一般多数表决权的股东同意合情合理。不过，为了确保股权转让的顺利进行，通常私募投资机构还会与被投企业的创始股东另行签订投票权协议，即创始股东所持有的被投企业全部表决权应无条件同意向私募投资机构选定的第三方出售被投企业股权。

5. 设定了最低的出售股权的支付对价。通常，被投企业的创始股东为了保护自身利益，会要求在强制出售权条款中对被投企业的股权出售价格设定一个底线，以避免私募投资机构恶意利用该条款和清算优先权条款，最终导致创始股东的巨大损失。

例 2

在被投企业本轮融资交割结束 4 年后，并且在合格 IPO 之前，如不低于 2/3 的投资方股东（以下简称领售人）和被投企业董事会同意出售全部或部分股权给任何第三方，并且收购价格不低于本轮融资估值的 3 倍，则领售人有权要求其他股东（包括其他投资方股东和创始股东），其他股东也有义务按照与领售人相同的条款和条件向该第三方出售他们的股权（全部或按相同比例），如有股东拒绝出售，则该股东应以不低于第三方的收购价格、条款和条件购买领售人的股权（全部或按相同比例）。

解读：

例 2 是在例 1 基础上的升级版本，主要体现在以下几个方面：

1. 设定了可启动强制出售权条款的时间范围。在实践中，私募投资机构实现资本退出是由被投企业的发展阶段来决定的，而被投企业的发展通常可分为初创期、成长期和成熟期三个阶段。在初创期，被投企业可能尚未产生盈利或盈利甚少，即便行使强制出售权，私募投资机构也无法获得预期的投资收益，甚至无法收回投资，因此该条款一般不会在该阶段启动。在成熟期，随着被投企业顺利实现 IPO 或者并购，私募投资机构只要按规定或约定转让其持有的股权即可实现资本退出，因此一般情况下并没有必要启动该条款。而在成长期，尤其是当被投企业经过若干年发展之后依然无法顺利实现 IPO，此时私募投资机构需要寻求第三方收购来实现资本退出，通常在这个阶段才有必要启动强制出售权条款。虽然例 1 也约定了该条款应在被投企业合格 IPO 之前行使，但并未对可启动该条款的时间进行限制，很显然，例 2 更符合投融资双方的实际需求。

2. 增加了被投企业董事会同意这一先决条件。毋庸置疑，为了维护自身的投资利益，私募投资机构必然会要求在被投企业的董事会中占有一席之地，然而，由于其持股比例较低，在多数情形下仍是创始股东取得董事会多数席位并保持被投企业的控制权。加入“董事会同意”这一条件将对私募投资机构顺利行使强制出售权造成一定的不利影响，因为一旦创始股东认为私募投资机构提议的股权转让交易将对其造成损害，创始股东完全可以在董事会会议中否决该项议案，这样，私募投资机构就无法继续行使强制出售权了。该条件显然是投融资双方博弈的结果。

3. 未剥夺其他股东的优先购买权。如前文所述，其他股东行使优先购买权同样能够保障私募投资机构顺利退出，因此，要求其他股东放弃优先购买权并不是私募投资机构行使强制出售权必需的前提。与例 1 不同的是，在例 2 中，领售人可接受被投企业其他股东以与第三方相同的价格、条款和条件受让领售人所持有的被投企业股权。如系创始股东行使优先购买权，就相当于股权回购；如系其他私募投资机构股东行使优先购买权，则可能是其看好被投企业的未来发展，希望通过持有更多股权来获得更多话语权。

除了上述两个例子中所提及的内容以外，在实践中，部分创始股东还会提出一些启动该条款的额外条件，例如，要求私募投资机构不得将被投企业股权出售给私募投资机构的关联方或者同业竞争的公司等。通过比较我们不难发现，例 1 对私募投资机构比较有利，而例 2 则平衡保护私募投资机构与被投企业的创始股东的利益。但无论如何，通过该条款的安排，私募投资机构不仅享有了资本退出权，还同时享有了转卖被投企业股权的权利，因此，私募投资机构应充分利用该条款，以便获得对自身最为有利的退出时机和条件。

图书在版编目（CIP）数据

私募股权投资基金风险防控操作实务 / 杨春宝，孙瑱著 . —2 版 . —北京：中国法制出版社，2021. 12
ISBN 978 - 7 - 5216 - 2301 - 7

Ⅰ. ①私… Ⅱ. ①杨… ②孙… Ⅲ. ①股票投资 - 投资基金 - 风险管理 - 研究 Ⅳ. ①F830. 59

中国版本图书馆 CIP 数据核字（2021）第 238967 号

责任编辑：韩璐玮（hanluwei666@ 163. com） 封面设计：杨泽江

私募股权投资基金风险防控操作实务

SIMU GUQUAN TOUZI JIJIN FENGXIAN FANGKONG CAOZUO SHIWU

著者/杨春宝 孙瑱

经销/新华书店

印刷/三河市紫恒印装有限公司

开本/710 毫米 ×1000 毫米 16 开 印张/22 字数/265 千

版次/2021 年 12 月第 2 版 2021 年 12 月第 1 次印刷

中国法制出版社出版

书号 ISBN 978 - 7 - 5216 - 2301 - 7 定价：78. 00 元

北京市西城区西便门西里甲 16 号西便门办公区

邮政编码：100053 传真：010 - 63141852

网址：http：//www. zgfzs. com **编辑部电话：010 - 63141790**

市场营销部电话：010 - 63141612 **印务部电话：010 - 63141606**

（如有印装质量问题，请与本社印务部联系。）